MA BIOGRAPHIE OFFICIELLE

suivi de

LA VÉRITÉ, TOUTE LA VÉRITÉ

La présente édition réunit les deux ouvrages suivants, ainsi qu'un chapitre inédit :

34-36, rue la Pérouse
75116 Paris
www.hugoetcie.fr

Collection Hugo Poche, dirigée par Franck Spengler
Ouvrage dirigé par Sophie Le Flour

Graphisme de couverture : Emmanuel Pinchon
Photo de couverture : © Damien Straker

ISBN : 9782755647334
Dépôt légal : avril 2020
Imprimé en Espagne par Black print

JEREMSTAR

MA BIOGRAPHIE OFFICIELLE

suivi de

LA VÉRITÉ, TOUTE LA VÉRITÉ

Hugo Poche

DOCUMENT

JEREMSTAR

par Jérémy Gisclon

MA BIOGRAPHIE OFFICIELLE

Avec la collaboration
de Clarisse Mérigeot-Cassaignau

Pardon Maman.

Pour ne pas vivre seul,
on se fait des amis,
Et on les réunit
quand viennent les soirs d'ennui
On vit pour son argent,
ses rêves, ses palaces,
Mais on n'a jamais fait
un cercueil à deux places

Dalida
(Daniel Faure/
Sébastien Balasko, 1972)

AVERTISSEMENT

Ma vie est ce qu'elle est. Je vous la livre ici en toute sincérité. Dans les pages qui suivent, vous découvrirez mes souffrances, mes erreurs ; de même que le récit de mille horreurs que j'imaginais nécessaires de m'infliger pour percer.

Je vous supplie de ne pas m'imiter.

Je n'encourage pas mes Jeremstarlettes à suivre ma voie, jamais. D'ailleurs, je n'encourage personne à intégrer le monde de la téléréalité, que je rêve pour ma part de quitter.

J'aimerais que mon témoignage soit plus considéré comme une mise en garde que comme un mode d'emploi.

Non, la notoriété n'est pas une fin en soi. C'est une malédiction terrible, un métier cauchemardesque à exercer.

Être connu ne veut pas dire exister.

Je ne le dirai jamais assez : pour réussir dans la vie, il faut travailler.

Contentez-vous de lire, les vermines purulentes. Et surtout, n'oubliez jamais : un adolescent qui lit, c'est un candidat de téléréalité qui disparaît !

CHAPITRE 1

Je suis le père Noël, la fée Clochette, une licorne...

Les seuls moments où j'ai du temps pour moi, c'est dans l'avion. Quand je prends des long-courriers, je trouve enfin du temps pour penser. J'ai souvent dit qu'à force de Snapper, je finirais le pouce plus carré qu'un bâton de poisson surgelé. Pour un garçon aussi connecté que moi, quinze heures sans réseaux sociaux, c'est le monde à l'envers. Je regarde par le hublot, je m'ennuie. Je réfléchis. Je me dis que le temps passe, que tout va trop vite, que j'ai perdu le fil de mon existence…

Une vie, c'est simple, ça fait longtemps que je n'en ai plus. Je ne sais même pas pourquoi j'utilise ce mot, « vie ». À mon stade, on est plus proche du scénario. Jeremstar est un studio de télévision permanent, c'est le *Truman Show*. Je pousse des cris qui sont déversés dans vos oreilles sans aucun filtre. Ils entrent dans le micro de mon iPhone pour emprunter je ne sais quel Wi-Fi imaginaire. Des centaines de poules s'envolent dans les airs. Elles sont chaque jour plus nombreuses. Ce sont des poules de toutes sortes : des « poules pondeuses », des « poules menteuses », des « poules 100 % coton ». Je les hurle tous les jours plus fort, et surtout « plus loin ». Ma voix déraille. Quinze heures de vol pour partir en vacances, mon Dieu… J'aimerais ne pas mourir parce que l'avion percuterait une « poule volante » égarée.

Entre deux nuages, j'imagine que j'ai soixante ans, que c'est l'enterrement ma mère. Ma mère adorée. La vie est passée trop vite, et je n'ai même pas eu le temps de lui dire que je l'aimais. J'en pleure. Une hôtesse passe. La copine qui m'accompagne s'est endormie. Alors qu'elle ronfle, l'horreur m'envahit. Je ne sais plus pourquoi Jeremstar est là, ni qui je suis. « Avoir réussi sa vie », est-ce que c'est avoir atteint la notoriété ? C'est fait. Est-ce que c'est avoir un bon métier ? C'est fait. Gagner correctement sa vie ? OK. Mais est-ce que c'est aussi n'avoir personne à aimer ?

Je vis dans un monde où des morues rivalisent de faux-culterie. J'ai autour de moi une bande d'imbéciles qui profitent de mon fric et qui pompent mon réseau ; je peine à distinguer le vrai du faux. Si cette saleté d'avion s'écrasait ? Qui me regretterait ?

C'est toujours dans l'avion que se prennent mes grandes décisions. Je pense, donc je suis. Non… dans mon cas, c'est plutôt je pense, donc je serai ! Je ne suis encore personne, mais ça viendra un jour, peut-être.

C'est une bien curieuse vie que je mène. Vous trouvez normal de palper tous les jours les plastiques mammaires de morues siliconées ? Ça fait dix ans que Jeremstar vit. Qui pourrait rester sain d'esprit en ayant aussi longtemps pour seul fond sonore une myriade d'émissions bêtifiantes chez lui ?

Je me défends contre la solitude avec les armes que me donne la notoriété. La normalité est un luxe auquel j'ai renoncé. Je ne sais pas m'exprimer autrement qu'en public. Si je n'avais pas de Jeremstarlettes, ma vie ne vaudrait rien. J'ai pris l'habitude de prendre ma communauté à témoin. Elle m'apporte chaque jour les choses dont j'ai besoin : des conseils de ménage, un nouveau chauffeur, un médecin. Je vais mal ? J'écris un Tweet : « Je vous aime. » J'ajoute à mon message des smileys. C'est l'histoire du pêcheur qui trempe l'asticot dans la mare : j'attends que le poisson morde. Quelques secondes plus tard, je suis submergé par une vague d'amour qui me procure un peu de paix.

On me pose souvent cette question : « Pourquoi Jeremstar ? » Jeremstar n'est pas né par hasard. Ce que je suis ? Un phénomène de société, un garçon timide, un fou furieux, une planche à billets. Il paraît. On me prend souvent pour un demeuré, on m'imagine intellectuellement limité. Je suis pourtant le premier à me questionner sur mon succès. Finalement, il n'y a pas de « pourquoi Jeremstar ». Jeremstar existe parce qu'il l'a voulu, parce qu'il a bien manœuvré. Jeremstar est un message, il n'est rien de plus qu'une idée : pour réussir, il faut retrousser ses manches et bosser.

Je ne suis qu'un adolescent comme les autres, à bientôt trente ans, une pucelle sans appareil dentaire qui rêve de marquer son temps. Je suis né au bon moment. Je dois ma réussite à la numérisation du monde, à l'abêtissement de la télévision. Les années passant, la téléréalité s'est épanouie comme une fleur toxique. Merci les réseaux sociaux ! Quels événements m'ont façonné, qui m'a fait ? Mon cerveau sélectionne les informations. Je me visualise enfant et je me vois maintenant, assis dans l'avion. J'ignore quels chemins j'ai choisi d'emprunter entre ces événements. Comment s'est articulée ma vie ? Quelles portes ai-je enfoncées pour arriver où j'en suis ? Je crains de n'avoir pas choisi les bonnes priorités. Maintenant que j'ai du succès, je me sens fatigué et triste.

Je suis connu depuis dix ans. C'est l'heure du bilan. Je vais parler, je vous le promets, mais j'utiliserai des pseudos. J'aimerais balancer frontalement, mais je ne suis pas au-dessus des lois, je n'ai pas le choix.

On m'a toujours dit que je protégeais mes copines. C'est vrai, mais je vous annonce ici que c'est fini. Toutes les histoires que vous lirez dans ce livre sont vraies. Je lève la main droite, je dis « je le jure ». La bonne nouvelle, c'est qu'en les affublant de surnoms, je pourrai toujours dire aux candidats : « C'est pas toi vermine, voyons ! » La plupart sont tellement bêtes qu'ils me croiront. Il ne s'agit pas de trahison, car soyons honnêtes : un ami de téléréalité n'est pas un ami. C'est un collègue de bureau. Ils existent, les candidats sympas, mais ce ne sont en définitive que des animaux de compagnie : on s'y attache, on les caresse, on les sort. On les remplace sitôt qu'ils sont médiatiquement morts…

Si vous avez un tant soit peu de jugeote, vous tomberez de haut. Je vous promets un monde qui est tout sauf beau. Un monde qui pourrait servir de canevas à une série télé, de type *Dallas, Les Feux de l'amour, Santa Barbara du Pôle Emploi*.

Je n'ai réalisé que récemment l'infinie tristesse du monde dans lequel j'évoluais. Je me suis tu jusque-là, tout me semblait normal, excusez-moi. Les vies des candidats sont aussi mises en scène que les émissions qu'ils font. C'est seulement en travaillant à ce livre que je me rends compte qu'il ne s'agit pas de fiction. Je me dis « merde, je me suis voilé la face, je suis sacrément con ». J'en suis arrivé à un stade tel, que quand je parle de drogue ou de puteries, j'en arrive à penser que c'est un scénario, pas la réalité. Ces choses existent pourtant pour de vrai. Des mafieux frappent à ma porte, je suis tous les jours convoqué par des juges d'instruction. Dix ans après l'invention de Jeremstar, je réalise que j'ai dans mes tiroirs de quoi envoyer la moitié de la production audiovisuelle française en taule ou faire soigner ses MST.

Pendant mon trajet en avion, je discute avec mon amie.

« Tu ne sais pas que machin se prostitue ? je lui dis. Il paraît que pour dix mille balles, elle se fait c**** à la gueule par des types des Émirats !

– C'est pas vrai ? Merde alors ! »

Tandis que je continue d'énumérer les monstruosités du moment, je me répète intérieurement ces mots. « Elle fait ça pour dix mille balles. » Non mais au secours ! Dans quel monde je vis ?

Quand j'ai quitté Lyon pour Paris, j'ai trop vite été plongé dans le monde de la téléréalité. J'ai sauté dans le grand bain en me bouchant le nez, je n'ai pas eu le temps de penser. Pour sauver mon intégrité, j'ai appris à trouver l'incongru banal. Je trouve maintenant la normalité extraordinaire, je vis la tête à l'envers.

Au moment où sont écrites ces lignes, je termine le montage d'un reportage sur la chirurgie plastique. J'ai suivi une candidate en Tunisie. Dans mon ordinateur, j'ai des milliers d'images d'elle inanimée, trouée de part en part, nue comme un ver. Une meule d'emmental badigeonnée de Bétadine. Une chirurgienne trie sa couenne à la petite cuiller :

« Vous savez que, quand on assiste à sa première lipo, la tradition veut qu'on goûte le patient ? La dame touille, elle ricane sous son masque.

– Vous ne parlez pas sérieusement, j'espère ?

– Si si ! Avec un peu de harissa et un bon vin, ça passe bien ! »

N'importe qui vomirait devant ces images de dînette, et moi, j'en ris encore. Est-ce que j'ai parfois honte de ce que je fais ? Ouais. Contrairement aux gens qui se racontent dans mon bain, je pars du principe que mes états d'âme n'intéressent pas. Alors je me tais. C'est le fait d'avoir mon portrait dans *Libé* qui a changé ma façon de penser.

Un jour, j'ai remarqué sur Twitter qu'un type de chez eux me suivait. Je lui ai tout de suite écrit. « Que me vaut cet étrange follow ? je lui ai demandé. C'est un suicide intellectuel, ou bien ? » Quentin était un objet non identifié, une brebis égarée parmi le million de gens abonnés à mon compte. Sa réponse n'a pas traîné.

« Vous posez la question à tous vos abonnés ?

– Non, mais en général, ce sont des collégiennes, pas des journalistes branchés…

– J'ai envie de faire votre portrait de "der" un jour, si ça vous dit. »

Évidemment, j'ai dit oui. Tu penses. « Jeremstar a son portrait dans *Libération* », franchement… On dirait un papier du *Gorafi*, non ? Ça m'a immédiatement rappelé un titre qu'ils avaient sorti il y a quelques années : « Morandini sort un manuel de philosophie ».

J'étais persuadé que mon portrait sauterait. Je craignais une actualité cruelle, qui rendrait mon apparition grotesque. J'avais peur que la rédaction ne l'annule, que le mec passe sous un bus.

Moi qui n'avais jamais eu peur des journalistes, je me suis mis à paniquer à l'idée de ce qu'il écrirait. C'est quitte ou double, je me disais ; soit il fait de toi un portrait flatteur, soit il détruit ta petite carrière ! C'est comme dans la vie : tout est conditionné par l'humeur des gens sur qui tu tombes. Le juge, au tribunal ; le chirurgien, la contractuelle… S'il est dans un mauvais jour ou qu'il trouve que je suis demeuré… qui sait ?

Le jour J., Quentin est resté deux heures avec moi. Assis dans mon fauteuil, j'avais tellement de sueurs froides que mes doigts laissaient des traces sur l'accoudoir. Je voulais qu'il ait de moi l'image d'un garçon calme. J'avais peur de dire une connerie.

« Comment se fait-il que vous soyez si impressionné par des gens qui couchent ensemble, Jérémy ? C'est la vie !

– …

– Et sinon, vous lisez ?

– … »

Il a été dur, mais l'exercice s'est rapidement transformé en moment agréable. J'ai toujours adoré les trucs comme ça, en fait : on m'a tellement peu aimé dans ma vie que j'ai toujours pris plaisir à parler, de tout et n'importe quoi, pourvu que quelqu'un soit là. Quand je faisais des téléréalités en guest, mes moments préférés, c'est quand je passais des heures au Confessionnal la nuit.

Je crois que j'ai croisé le bon journaliste au bon moment. Il m'a respecté. Il m'a compris. Il ne m'a pas demandé ce que je pensais de trucmuche, Pupute ou Nabilla. Il ne m'a pas humilié en me rappelant que je n'étais pas chanteur ou comédien. Je lui ai dit à quel point je craignais la mort. Je lui ai parlé de ma mère. Pour la première fois, j'ai compris que j'avais de l'intérêt. Quentin m'a mis le pied à l'étrier. Il m'a donné envie de me raconter.

Je vous l'annonce ici, les vermines : j'ai décidé de rétablir un peu d'équité dans ma façon de travailler. C'est vrai, après tout, je dévoile les coulisses de mille émissions, sans jamais montrer les miennes ! Dans ce livre, je me réserve le même traitement que celui que j'inflige aux candidats de téléréalité : l'exposition, le jugement ; le moindre de mes faits et gestes, le pourquoi, le comment. La vérité est au-delà de ce que vous imaginez : elle se niche dans la bêtise, dans la crasse. Elle vit dans les poches de maquereaux, entre sachets de farine et liasses de faux billets. Soyez courageuses mes Jeremstarlettes, fuyez. Dans quel monde pensiez-vous que j'évoluais ? Celui des paillettes, des canards de bain et des flamants roses, peut-être ?

Parfois, je me demande si les gens sont nés cons ou s'ils le font exprès. Sur un tournage, un producteur me tend la main : « Ravi de te rencontrer, Jeremstar. » Je rectifie : « Je m'appelle

Jérémy ! » Il pensait que c'était mon prénom, cet idiot : Jeremstar. Je sais que beaucoup de candidats ont des patronymes délirants, mais franchement… Une autre fois, un patron de boîte de nuit m'a sorti : « Je réserve tes billets de train à quel nom ? Jerem Star ? Star, c'est ton nom de famille, n'est-ce pas ? »

Je ne suis pas Jeremstar, non. Je m'appelle Jérémy. Jeremstar est fou ; Jérémy est un enfant perdu, un inconnu. Jeremstar, c'est le père Noël, la fée Clochette, une licorne. Ne pleurez pas, les vermines : le Jeremstar que vous aimez n'existe pas ; du moins, pas en l'état. Moi, je suis comme le personnage dans Batman, je suis comme le Scotch : double face. Je m'appelle Jérémy. Jeremstar n'est rien de mieux qu'un avatar. Voudrez-vous encore de moi en sachant qui je suis, sans le vernis du spectacle, sans le masque de la comédie ? Vous regardez Jeremstar évoluer, mais rien n'a jamais été dit de Jérémy… Ce que vous trouverez dans ce livre, c'est moi. Rien de plus, rien de moins. Je suis ravi que nous fassions connaissance enfin.

Derrière l'écran de mon téléphone, il y a le vrai. Les gens pensent que je n'ai pas de vie privée. Ils pensent voir sur mon Snap l'intégralité de mes journées. Me voit-on avec des amis, en grande conversation ? Et si ces amis n'en étaient pas ? Et s'ils étaient seulement des gens de passage, des sacs à merde, de simples personnages ?

J'ai décidé d'étirer l'élastique du temps pour vous livrer les moments cachés. J'ai envie de décomposer

Jeremstar, de lui ouvrir les tripes, de le vider. Peut-être ai-je aussi – un peu – envie de le tuer ?

Ce bouquin est comme un trajet en avion. Considérons-le comme un moment privilégié.

Mon dernier livre a été placé au rayon « humour », les vermines. Et si les choses changeaient ? Envahissons les librairies. Après avoir ri, lisons. On dit qu'un enfant qui lit, c'est un candidat de téléréalité qui disparaît. Les morues décérébrées, j'en ai ras la casquette. En admettant que mon personnage me tienne encore prisonnier des années… Si je pouvais au moins fréquenter des gens un peu plus évolués !

***

CHAPITRE 2

On me demande souvent d'où je viens. Même moi, je n'en sais rien !

Je ne maîtrise de moi-même que quelques notions de base. Je m'appelle Jérémy. Je suis né à Lyon. Qui sont mes parents ? C'est le mystère de la vie : tu tombes dans le ventre de quelqu'un que tu ne connais pas. Si tu as de la chance, tant mieux pour toi. Si tu n'en as pas… tu finis dans une poubelle ou dans un congélateur, après avoir été expulsé du corps d'une folle. J'entends partout dire que « la famille, c'est important ». Je ne sais pas si je vous choque, mais j'ai une approche très pragmatique de l'existence. Dans ma tête, ma naissance est totalement dépourvue d'affect. Je suis le résultat de deux gamètes. Enfin… je ne crois pas en Dieu, mais quelqu'un a visiblement décidé pour moi qu'une dame, qui s'appelait Nelly, rencontrerait un monsieur prénommé Gérard et que de leur union naîtrait Jeremstar.

Un homme, une femme, la pièce dans la tirelire, le cadeau qui tombe comme à la fête foraine. Paf ! J'ai du mal à me dire que j'ai été fabriqué par quelqu'un. Je ne veux rien devoir à personne. Si Jeremstar existe, c'est uniquement grâce à moi, basta !

J'ai peu de souvenirs de ma vie, bizarrement. Quand je m'imagine petit, je me vois tel que je suis aujourd'hui. À quoi ressemblait un dimanche chez moi quand j'étais gamin ? Je n'en sais rien. Comment se sont rencontrés mes parents ? Je n'en sais rien. Mon enfance est un décor qui n'a pas de couleur, pas d'odeur. Si vous pensez que je fais un blocage, les vermines, vous n'avez pas tort. Dans ma tête, ma vie a plus ou moins commencé quand j'avais six ans. On me fait croire que j'ai vécu avant, mais je suis persuadé qu'on me ment.

Je m'appelle Jérémy Gisclon. Gisclon, comme Maman. On pourrait penser que j'ai grandi sans père, mais c'est faux. Selon la légende familiale, Nelly ne lui aurait tout simplement pas laissé le choix. Il était trop instable, disait-elle ; voire dangereux pour moi. J'étais « son bébé à elle », répétait-elle quand ils se disputaient. « Je l'ai fait toute seule, le gosse ! Il est rien qu'à moi. » J'étais une poupée vivante, son enfant. Elle se mettait à découvert pour m'habiller, elle consignait mes mèches de cheveux dans un petit carnet.

Nelly m'a eu à vingt ans. Mon père en avait dix de plus. Bien qu'ils aient vécu ensemble un moment, j'ai le souvenir de deux personnes qui ne s'adressaient pas la parole. Un jour, ils se sont disputés plus fort que d'ordinaire, et moi, je suis parti vivre avec Nelly chez son nouveau compagnon.

Seul dans ma chambre, je me vois jouer au tunnel. Je me terrais sous les lattes de mon lit pendant des heures. Accompagné de mes peluches, je m'imaginais contraint à une survie cruelle. J'étais un grand explorateur, un aventurier en quête d'un nouveau monde. « Au secours ! je criais. Je suis coincé dans une grotte ! » J'allumais dans ma tête feux de détresse et lanternes. Personne ne venait. Vous trouvez ça triste ? Ça ne l'est pas. Je suis fils unique. C'est un mot qui a du sens, « unique » ! J'étais un peu l'enfant qu'on s'arrache, celui qu'on veut avoir à tout prix, l'accessoire à la mode. Quand elle venait me chercher à l'école, ma grand-mère se faisait passer pour ma mère. « Bonjour, c'est moi, Josiane, la maman de Jérémy ! » Ma mère me prenait à mon père, ma grand-mère à ma mère… Tiraillé entre les uns et les autres comme une vulgaire poupée, je suis content de ne pas avoir fini déchiré.

Le mercredi, la Josiane avait le droit de m'avoir pour elle seule. C'était un personnage haut en couleur, ma grand-mère : elle était bruyante, commère, outrancière. Elle avait expédié son mari, vite fait bien fait. À un moment, elle fréquentait un type qui logeait chez elle. Ils avaient beau flirter ensemble, elle lui réclamait encore son loyer. Elle avait le sens des priorités.

Je passais mes après-midi dans son sous-sol à fouiner. J'y trouvais plein de trucs géniaux : des lettres de son ex qui lui écrivait de l'armée, des cahiers, du papier. Parfois, la Josiane recevait.

« Il est où, le gosse ? j'entendais.

– Eh bien il est enfermé au sous-sol, comme d'habitude ! »

Chez la Josiane, j'étais hyper occupé. Je consignais les faits et gestes des voisins. J'avais des fiches signalétiques sur chacun. Dans mes carnets, je notais les heures d'entrée et de sortie, ce qui me semblait être leurs métiers d'après mes enquêtes… La Josiane m'appelait « Coco Bleu », en hommage à mes beaux yeux. « Je t'aime, mon bébé bleu, elle disait. Tu es le plus beau des bébés bleus. »

Cette femme était un spectacle à elle toute seule. Très investie au sein de sa paroisse, elle était toujours assise au premier rang de l'église à gueuler ses chants pour qu'on l'entende mieux que les autres. Elle ne récitait pas ses prières, la Josiane, elle HUUUUURLAIT. Peut-être qu'en s'y prenant comme ça, elle pensait mieux se faire exaucer par Dieu ?

La Josiane connaissait son missel par cœur. En toute logique, elle animait la classe de cathé. J'étais un peu le fils de la prof, dans l'histoire. Je me sentais privilégié, j'en profitais. Je refusais de faire les exercices. Je répondais. Je faisais sortir les élèves de la salle en douce, en plein milieu du cours. La Josiane nous cherchait. Elle nous courait après en faisant résonner l'affreux sifflet qu'elle portait autour du cou comme un collier.

On m'a désiré et puis un jour, j'ignore pourquoi, on n'a plus voulu de moi. Peut-être que j'avais grandi. J'étais en permanence livré à moi-même. Je voulais voir une copine ? « Prends le bus, disait ma mère. Débrouille-toi ! » J'allais à l'école seul. On me collait au centre aéré l'hiver, en colonie de vacances l'été. Je crois que j'ai tout fait : escalade, danse classique, trombone à coulisse… Tout était bon, pourvu qu'on ne m'ait pas à la maison. Je faisais des compétitions de rock sauté. Il paraît que j'étais doué.

J'avais l'impression de faire chier. J'étais le gosse dont il faut s'occuper parce qu'on n'a pas trop le choix, un peu comme un chien qu'il faut faire pisser, bon gré mal gré.

Quelle que soit l'activité, j'attendais des heures qu'on vienne me récupérer comme un encombrant paquet. Sur des parkings glacés, j'attendais. On avait éteint l'éclairage public, les femmes de ménage étaient rentrées. Je finissais toujours assis par terre, comme le dernier des derniers.

Une fois, mon père m'a perdu en forêt. Une autre fois, il m'a carrément laissé derrière lui au ski. Il était monté tout seul dans le car du retour, sans pression. J'avais huit ans. C'est la skieuse Marielle Goitschel[1] qui m'a ramassé dans la station

1. En 2006, Marielle Goitschel a participé à une émission de TF1, *Je suis une célébrité, sortez-moi de là !*

et m'a ramené en voiture personnellement. C'est amusant, quand j'y pense : elle est la première star de téléréalité que j'aie rencontrée !

J'en ai fait des choses, pour attirer l'attention, quand j'étais enfant. Il paraît qu'à sept ans, j'urinais sur la moquette de ma mère, que j'en étalais sur les murs pour faire disputer le chien. Et puis je volais en classe, énormément. Écharpes, stylos, ciseaux… Pour moi, l'école, c'était un peu comme le bingo : chaque jour un nouveau cadeau ! Jusqu'au jour où ma mère, bien peu discrète, a eu l'idée de réunir tout ce qui traînait dans ma piaule et de le ramener à la maîtresse. Ce jour-là, avec une voix anormalement traînante, Nelly lui a dit, mot pour mot : « Voilà madame, je vous ramène tous les objets qui ont étéééééééé… » Elle ne lâchait pas le mot, la pauvre. « Ce sont tous les objets que Jérémy aaaaaa… enfin voilà ! » Et elle a largué le sac aux pieds de la bonne femme, comme ça. On dit que la cleptomanie est le résultat d'un manque d'affection profond. Si le bon Dieu de ma grand-mère existait, il a un jour décidé que ma vie changerait. Il m'a envoyé ce passe-temps fabuleux, cette activité merveilleuse, le poney. J'ai très vite nourri une grande passion pour les chevaux. J'avais mon cours à dix-huit heures quinze minutes précises, le samedi. Tu penses : toute ravie qu'elle était de se débarrasser du gamin, ma mère m'y lâchait dès midi. Ainsi pouvait-elle vaquer à des choses essentielles, disait-elle : faire ses courses, son ménage, voir son mec… Quand j'étais chez mon père, en revanche… Gérard travaillait de nuit, il dormait tard. Je n'osais pas le réveiller. Tapi dans le noir, l'oreille collée contre la porte de sa chambre, j'arrêtais de respirer. Je mangeais ce qui traînait, il ronflait. Les heures passaient, j'attendais, encore. Délaissé par mon père, évacué par ma mère, je passais ma vie à rêver de m'enfuir avec mes poneys. J'en pleurais.

Je me souviens d'un week-end terrible où la Josiane était en voyage. Elle m'avait chargé de sortir sa chienne. En rentrant, elle avait retrouvé son salon maculé de pisse et de crotte. Ce que j'y ai gagné ? Je vous le donne en mille, les vermines, trois mois sans poney.

Quand j'étais gosse, la pire punition qu'on pouvait m'infliger, clairement, c'était me priver de poney. Je vous explique : moi qui n'avais pas d'amis à l'école, je vivais le cheval comme le monde de ma revanche. Toute la semaine, je n'attendais que ça. Darius. Stella. Falco. Booba. Je dessinais les noms de mes poneys dans mes agendas. Je pensais à eux, je les brossais. Je m'amusais à faire des nœuds avec leurs queues.

Si vous me suivez, vous connaissez mon amour des animaux. C'est Nelly qui me l'a inculqué. Elle en a toujours eu beaucoup : des chiens, des chats, tout ce qu'on pourrait ficher sur l'arche de Noé.

Les seules fois où j'ai vu ma mère pleurer, c'était pour ses animaux. J'aurais bien pu mourir : j'ignore si elle aurait été plus émue qu'en devant se séparer d'un chiot. Il y a deux ans, elle dormait encore par terre, son duvet à même le carrelage de son salon, pour accompagner son chien préféré dans la mort.

Les souvenirs de vacances que j'ai avec elle remontent à si loin… Je me souviens qu'elle m'emmenait à Châtel-Guyon. Elle y faisait des cures de nettoyage intestinal. Quand on préparait le voyage, elle ne se préoccupait pas de ma valise, ni de mon repas. Je me contentais de monter dans sa caisse pour finir écrasé sous celles des animaux. C'était toute une logistique, ces trajets : il y avait la bouffe, les pipettes à eau pour abreuver les bestiaux. Le confort des bêtes avant celui du gosse ! Dès qu'un chat miaulait trop fort ou qu'il chiait, c'était le branle-bas de combat : elle nettoyait la bagnole sur les aires d'autoroute à grandes eaux.

Je ne l'ai jamais appelée « maman », ma mère. Je l'ai toujours appelée Nelly. J'ignore pourquoi. Quand j'étais petit, je refusais de la quitter. Je restais accroché à son bras, je pleurais « Ma petite Nelly ». Nous nous ressemblons comme deux gouttes d'eau, il paraît. Des jumeaux. Elle qui voulait que je ne sois qu'à elle… L'idée devrait a priori lui plaire, mais non : quand on lui fait la remarque, elle se contente de changer de sujet. C'est terrible, mais je n'ai aucune idée de la manière dont me perçoit ma mère. Je ne sais pas si elle me trouve beau, ni si elle est fière. Ce que je sais, c'est que passé un certain âge, elle ne s'est plus préoccupée de moi. Quand elle était aux WC, je lui glissais mes rédactions sous la porte pour qu'elle puisse les corriger. Elle a toujours été pour moi la plus belle des stars, quelqu'un qu'on adule, une personne inaccessible à laquelle on rêve de plaire. Mon opinion n'a pas changé.

Il ne me reste pas grand-chose de ma vie passée. Je devrais la questionner pour combler mes lacunes, je le sais. Mais je n'ose pas. J'ai peur qu'elle me dise que je l'agace. C'est fou, quand j'y pense : à bientôt trente ans, j'ai toujours l'impression d'être un parasite, quelque chose d'embêtant, quelque chose qui fait perdre son temps. Quand je vais à Lyon pour la voir, Nelly n'est toujours pas à l'heure. J'ai beau lui expliquer qu'elle ne peut pas me laisser seul dans une gare bondée sans que je me fasse ennuyer, rien n'y fait. Je suis toujours obligé de me cacher dans des sous-sols, capuche sur la tête, en priant pour qu'elle arrive rapidement. Je l'engueule. La scène se reproduit indéfiniment. Rien n'y fait. Ma mère n'est pas un monstre, pourtant : c'est juste une femme ordinaire, qui a eu le malheur d'accoucher d'un enfant terrible, au destin extraordinaire.

***

CHAPITRE 3

« Jérémy n'a pas de copine, on s'inquiète ! »

Il est souvent attendu de moi que j'aborde le thème de l'homosexualité. Je sais que c'est un sujet important, qui taraude beaucoup de jeunes gens qui voient en moi un modèle. En dix ans, j'ai reçu beaucoup de messages déchirants. « Comment faire pour surmonter le regard des autres ? » « J'ai envie de me suicider, que faire ? » Ces questions reviennent régulièrement et j'avoue que j'ai tenté d'y répondre souvent. Il fut un temps où j'ai même pensé y consacrer l'une de ces vidéos « Ask » dont je sais que vous raffolez. J'avoue qu'en la tournant, je me suis trouvé un peu con. Qui j'étais, moi, Jeremstar dans ma baignoire, le torse enduit de mousse, à parler de choses aussi graves entre flamants roses et canards ? Je me perdais dans des explications tristes et longues. On exigeait de moi des conseils pertinents. Je pataugeais. Je n'arrivais pas à traiter le sujet sans tomber dans le pathos, ni me livrer à des excès qu'on aurait trouvé déplacés.

J'ai préféré attendre ce livre pour vous raconter l'itinéraire du Jérémy dalepé, adolescent torturé, un brin efféminé. « Chatounette », vous me direz.

Mon histoire est ce qu'elle est. Vous en ferez ce que vous voudrez. Par où commencer ? On me demande toujours comment j'ai compris que j'étais gay. La vérité, c'est que c'était pour moi quelque chose d'inné. Certains d'entre vous sont nés bruns ou roux… Moi, je suis né gay. J'étais fait pour ça. C'est comme ça. Quand certains ados ont un goût pour les femmes généreusement pourvues, mes rêves à moi étaient peuplés de garçons.

Pourtant, ma vie de bourreau des cœurs avait bien commencé. Ma première amourette remonte exactement à l'été de mes onze ans. Mon père et moi étions en vacances à Pornic. Cet été-là, une drôle de bête m'a poursuivi de ses assiduités. Une FILLE, rendez-vous compte. On dira qu'elle s'appelait Ariel, comme la sirène. Elle habitait l'année dans une ville qui s'appelait Moret-sur-Loing. Elle avait mon âge et on passait beaucoup de temps ensemble. On sautait du plongeoir, on mangeait des chouchous. Je poussais déjà des cris ultra aigus parce que j'avais peur des méduses.

Un jour, en rentrant de la plage, elle m'a tendu une enveloppe. « C'est quoi ? je lui ai demandé. Un cadeau ? » Je me revois coller le truc dans mon sac, à côté de mon goûter. En rentrant à la maison, j'ai été stupéfait. La gamine disait dedans qu'elle me trouvait beau, qu'elle m'aimait. J'étais flatté, mais quelques jours plus tard, Ariel me faisait déjà jouer à des trucs pas très nets : elle me tenait fort les mains, là où nous avions pied. Elle comptait. « À la une ! elle criait. À la deux… » À la trois, nous finissions sous l'eau, la langue enfoncée dans la bouche de l'autre pour un carwash des plus répugnants. Une algue se nichait quelquefois dans nos cavités buccales. Pour être honnête, la salive d'Ariel me rappelait les escargots que j'élevais à Lyon, dans les boîtes Slim Fast de ma mère. Ils laissaient des dépôts blancs sur mes feuilles de salade.

« À la une, à la deuuuuuuux…

– Ah non, je peux pas, je pleurais, j'ai trop peur ! »

J'étais plutôt mignon, étant gosse. Un gamin sage et gentil. Je crois bien que c'est cette sirène, qui m'a perverti. Un jour, elle eut la curieuse idée de vouloir faire pipi. Je nous revois remonter l'escalier de la plage, main dans la main. Au moment de baisser sa culotte, elle m'a tiré par la manche et j'ai hurlé comme jamais.

« Tu diras rien à ton père, Jérémy, tu promets ! »

Mon premier réflexe a été de courir raconter la chose à mon père, de même qu'à la terre entière. « Ariel m'a montré sa zézette dans les cabinets. » Gérard était choqué.

« Elle m'a demandé de faire des choses interdites, j'ai dit sur le ton de la plaisanterie. (L'image de l'escargot qui bavait sur ma feuille n'en finissait plus de me soulever le cœur.)

– C'est-à-dire ?

– Ben, elle m'a demandé de m'approcher de sa zézette ! »

Curieux animal, cette Ariel. Souvent, elle et moi escaladions les rochers jusqu'à nous retrouver dans une crique voisine. Si vous m'imaginiez viril… Sachez que cette crique était pleine d'argile. L'idée m'était venue d'en faire des masques.

Fin de l'été, promesses de fidélité, câlins, baisers. Pendant un an, Ariel et moi avons échangé des centaines de courriers. On s'envoyait des lettres… des posters de mecs dénudés. C'était la mode des boys band… Qu'est-ce que j'y peux si j'adorais ?

Aux vacances suivantes, Ariel portait ma bague de fiancée. Mon père l'a invitée à dîner. Jamais je n'oublierai cette soirée. Pour l'occasion, Ariel s'était « habillée ». Elle portait une minijupe et des chaussures à talons. Je me souviens avoir crié qu'elle ressemblait à une pute, après quoi j'ai soulevé sa jupe pour voir si elle portait une culotte. Il faut croire que j'étais prédestiné. Gérard nous avait installé une table en bois, sous un saule. Il nous avait préparé une choucroute. Pendant qu'il débarrassait, Ariel et moi nous sommes isolés dans l'abri de jardin et dans le noir, au milieu des pelles, nous nous sommes tripotés. Je ne saurai pas dire si c'est cette expérience qui m'a écœuré… En tout cas, j'ai fait ce que j'ai pu. J'ai essayé.

L'histoire s'est répétée quelques années après. J'étais meilleur ami avec une certaine Élodie, avec qui je passais mes nuits à chatter sur MSN. Un soir, elle m'a fait le même coup que l'autre. Au moment où je m'y attendais le moins, elle m'a avoué qu'elle voulait qu'on « sorte ensemble » et autres absurdités. On ne va pas se cacher les choses, les vermines : je l'aimais beaucoup, Élodie ; mais physiquement… Comment dire les choses poliment ? Les seins, la féminité, tout ça… Elle m'avait mis au pied du mur, en plus : j'avais tellement peur de perdre ma seule copine que, contraint et forcé, j'ai répondu un tout petit « oui ».

Quelle horreur, quand j'y pense. Au bout de deux soirs, elle m'envoyait déjà des mots d'amour par texto. « Je t'aime, chou ! » Le jour où on se reverrait en vrai, elle avait décidé qu'on s'embrasserait sur la bouche pour « officialiser ».

« J'ai trop hâte !

– Moi aussi », je répondais.

Tu parles… J'en faisais des diarrhées. Mais c'était sans compter sur ma bonne étoile, qui m'a une fois de plus sauvé. Au moment où j'avais fini par accepter mon triste sort – presque en pleurs –, Élodie m'a collé le plus beau râteau de ma vie. Je me souviens avoir reçu ce message, net et précis : « Je suis désolée, mais j'ai trop de problèmes en ce moment. Je peux pas tout donner. »

Est-ce que je me suis forcé à lutter pour avoir dans ma vie un semblant de normalité ? Il paraît que mon homosexualité a été évidente très tôt. Pour ma part, je ne l'ai pas réalisé. Perdu entre deux univers, je souffrais. Je n'appartenais pas au monde des garçons, ni à celui des filles. Cette différence me poursuivait jusqu'au poney. Il y avait deux écuries, dans le centre équestre où j'allais : « l'écurie des chevaux » pour les garçons, et celle des « poneys » pour les filles et les gosses un peu ballots. Normalement, un mec de treize ans montait à cheval, mais Jérémy Gisclon, non. Vous m'épargnerez les commentaires désobligeants, les vermines, mais sachez que j'ai monté à poney jusqu'à mes dix-sept ans.

« Les garçons. » Ces mots avaient pour moi une connotation particulière. « Les garçons » étaient des étrangers. Ils fréquentaient le monde de tous les dangers. Pour le jeune homme impressionné que j'étais, l'idée de franchir le pas de « l'écurie des chevaux » était inconcevable, presque sale. Les mecs qui y allaient portaient des bottes de cuir noir, ils commençaient à avoir des poils. On se croisait parfois dans la salle des selles et je me cachais pour les observer entre deux filets. Ne me jugez pas, mais déjà, les bosses de leurs pantalons exerçaient sur moi un grand pouvoir d'attraction.

C'est au lycée que j'ai compris que j'aimais les garçons pour de bon. On nous infligeait des cours de natation. Alignées sur les bancs, les filles avaient leurs règles toutes les semaines. J'étais totalement imberbe. J'avais une voix de crécelle. Dans le vestiaire, les mecs m'insultaient. Ils répétaient :

« Regardez-moi ce pédé ! » Ces types étaient ravagés par l'acné, cruels, bêtes comme des pieds. Mais je n'ai jamais pleuré, les vermines. Je n'ai jamais cédé à leur terreur, jamais. Sous la douche, je regardais leurs sexes. Ces idiots me torturaient et moi, je me vengeais en imaginant secrètement ce qui pourrait le plus les humilier : la tarlouze de la classe à leurs pieds.

J'ignore si j'étais demeuré, mais mon éveil aux choses du sexe ne s'est pas fait sans épisodes pleins de misère. À ma décharge, je ne savais pas à quoi ressemblaient des rapports sexuels, à l'époque. « Faire l'amour », quand j'étais adolescent, ça voulait dire s'embrasser, se faire des câlins. J'ai compris que j'avais tort dans des circonstances un brin violentes. Je crois que j'avais treize ans. Le compagnon de ma mère enregistrait les matchs de boxe de Canal sur des VHS qu'il avait la fâcheuse habitude de ne pas étiqueter… Mon Dieu. C'est une bien drôle de scène à laquelle j'ai assisté en cherchant mon Disney préféré. J'avais beau avancer, rien ne venait. Des publicités, de la boxe, des publicités, *Le Journal du Hard*... Aucune sorcière, aucun prince, aucun destrier. En lieu et place de mon dessin animé, j'ai fini par me trouver face à un affreux conte de fées. *Blanche fesses et les sept mains*, il aurait pu s'appeler. À l'écran, une grosse femme secouait dans sa main un engin dont je ne comprenais pas la taille. Elle tirait dessus comme une malade mentale. Je me souviens avoir baissé mon pyjama pour reproduire ce va-et-vient sur moi. C'est l'instant qu'a choisi Nelly pour rentrer du travail. Je vous laisse imaginer la scène : ma mère qui pose son sac à main et qui me trouve sur son canapé, quignon à la main. Muni de mon courage légendaire, j'ai couru aussi vite que Speedy Gonzalez. Je crois que j'ai encore été privé de poney…

En substance, je n'ai compris que très tard que l'homosexualité existait. Je savais que j'aimais les garçons, mais j'étais un adolescent naïf, fleur bleue, peut-être un peu niais. Il m'arrivait d'imprimer des photos de mecs à poil que je gardais sur moi comme des images sacrées. Jusqu'au moment où, las d'imaginer, j'ai tapé sur Internet pour me renseigner. « Dis, Google, à quoi ça ressemble, des messieurs qui s'aiment ? » Quand t'as personne à qui parler, tu t'adresses à ton ordinateur, forcément. J'angoissais, mais quelques clics ont suffi à me faire comprendre enfin qui j'étais.

C'est à Châtel-Guyon que ma vie s'est précipitée. Dans la ville du nettoyage intestinal, j'ai entrepris le plus grand ménage de mon existence de « pédé ». Un soir d'été, la copine qui m'accompagnait en vacances m'a appris, au détour d'une phrase, que « Nelly savait ».

« OH MY GOD, j'ai crié. Et peut-on savoir ce qu'elle sait ? »

Maligne comme elle est, Nelly l'avait chopée entre deux yeux, au débotté. Elle l'avait questionnée sans pitié : « Dis donc Lydia, Jérémy n'a pas de copine, on s'inquiète ! Comment ça se fait ? » J'étais persuadé d'être un mec viril et discret. J'avoue que je me promenais parfois devant ma mère en string… C'est vrai. Que j'avais un piercing aux couleurs de l'arc-en-ciel à l'arcade sourcilière… C'est également vrai. Mais dans ma tête, personne au monde n'aurait pu se rendre compte que j'étais gay. Personne. Jamais. Tout s'est accéléré. J'ai lancé à Lydia : « J'avais pas prévu de faire mon coming out. Ça m'arrange pas du tout, là ! » Par pudeur, Nelly avait dit à ma copine qu'elle n'osait pas me parler, qu'elle attendait que je fasse un pas. La mort dans l'âme, je l'ai envoyée « confirmer » l'info sans avoir le choix.

« Vas-y maintenant, je lui ai dit.

– T'es sûr que c'est ce que tu veux, Jérémy ?

– Ouais. »

Nelly a pleuré dans la salle de bains. Son mec l'a réconfortée. « C'est pas grave », il n'arrêtait pas de répéter. Quelques minutes plus tard, ma mère riait. On n'en a jamais reparlé, c'était fini, c'était fait. J'ai eu de la chance, les vermines : Nelly s'est contentée de prendre les choses telles qu'elles se présentaient. Le seul truc que je pourrais lui reprocher, c'est de ne pas m'avoir rassuré en me disant qu'elle m'aimerait toujours, quoi que je fasse, « quand même ». Je lui en veux un peu pour ça, mais je suis d'un naturel excessif, je le sais. Peut-être que j'en demandais trop ? Je ne sais pas à quoi je m'attendais. À ce qu'elle organise une conférence de presse pour débriefer, peut-être ?

***

CHAPITRE 4

J'ai un jour décidé que je voulais qu'on m'aime

Le pire monde dans lequel j'ai évolué n'est pas celui de la téléréalité, les vermines : c'est celui du lycée. On se moquait de moi, j'avais peu d'amis. J'étais le « sale pédé ». Le matin, je n'espérais qu'une chose : arriver à l'école en retard. Je ne voulais pas qu'on me voie, je ne supportais pas les regards. Pour éviter le parvis principal, il m'arrivait de passer par des buissons ou d'escalader des grillages, quitte à me faire du mal.

Je me souviens qu'à la cantine j'étais tellement désespéré que j'en venais à prévoir plusieurs jours à l'avance avec qui je mangerais. Vous trouvez ça triste ? Pour accéder au restaurant scolaire, il fallait emprunter un long couloir que j'appelais « Le couloir de la mort ». « Le couloir de la mort sociale ». On y faisait la queue pendant de longues minutes, collés les uns aux autres. Les gens évoluaient par groupes, et seul, je me trouvais régulièrement ballotté dans les mouvements de foule.

Les tables étaient grandes, on nous imposait de manger de manière collective. Comme en prison. Quitte à y gagner un ulcère, je me dépêchais d'avaler les plats pour sortir vite.

Voilà ce qu'a été ma vie, les vermines. Dans la cour, j'habitais les endroits isolés. Je me cachais entre les arbres, derrière les stades. Certaines fois, j'emportais même avec moi des sandwiches que je mangeais enfermé dans les chiottes du sous-sol.

L'école était pour moi synonyme de boule au ventre, d'humiliation, de stress. Aussi fou que cela puisse sembler, j'étais même effrayé à l'idée des moments de récré. Me trouver seul au milieu des gens. Mon Dieu. Tout était bon pour gagner du temps, pour rogner. Je me comportais mal en classe, pour me faire sermonner. Parfois, je me forçais à fayoter. J'exigeais des enseignants des explications sur leurs cours dont je me fichais, histoire qu'ils me gardent avec eux dix minutes de plus. Au lieu d'aller là où les gens s'amusaient, je me terrais dans des bibliothèques désertes. Parfois, j'allais directement devant la porte du prochain cours, et je suppliais pour qu'on m'ouvre.

Ce petit manège a duré tous les jours, tous les mois, pendant des années. Même les profs se payaient ma tête. Au cours de chant :

« C'est quoi cette voix aiguë, Gisclon ? On vous a castré ?

Tout le monde ricanait.

– Forcément, ce gros pédé ! »

Par chance, mes années lycée coïncident avec l'apparition des premières téléréalités. Le *Loft*, la *Star Academy*. Pendant mes heures d'intense solitude, je lisais des hors-séries du magazine *Loft Story*, planqué dans des cages d'escalier. Sur le Wap, l'ancêtre de la 4G, je suivais l'actualité de la Maison en direct. Je votais.

Ces émissions plébiscitaient les profils gay, j'étais sidéré. Dans le *Loft*, Steevy Boulay embrassait sa peluche à pleine bouche, « Bourriquet ». Pendant les soirées à thème, il reproduisait devant la glace des chorégraphies de Mylène. Personne ne se foutait de sa gueule, à lui, bizarrement. Personne ne le traitait de pédé. On l'adorait. Alors pourquoi moi je devais le supporter ?

Je souffrais, puis un jour, c'est aussi bête que ça, je me suis réveillé. J'ai eu envie de dire merde aux ordures qui rendaient ma vie infernale. Je me suis rebellé. J'ai eu ce déclic, vraiment. Je me suis projeté dans ma tombe, mort. Je me suis dit : « Jérémy, pourquoi te pourrir l'existence ? Vivre et agir en fonction des autres en permanence ? Escalader des murs pour éviter trois cons pleins de boutons, franchement ? » STOP. Je ne suis pas en prison, à ce que je sache. Je ne vais certainement pas vivre en fonction de ce que les gens pensent de moi.

Ça paraît tellement simple, dit comme ça ; mais moi qui me taisais sans arrêt, moi qui me planquais, j'ai décidé que j'allais exister, hurler, rire, montrer qui j'étais.

Je ne me suis plus caché et d'un coup, ma vie a changé. On a commencé à me trouver amusant. Je me suis fait des copines. Elles m'aimaient tellement qu'elles en venaient à se crêper le chignon pour moi. Elles voulaient savoir laquelle d'entre elles je préférais, et moi, j'aimais ça.

Avec Laurène et Lydia, on sortait tous les week-ends. On traînait au Titan, une boîte perdue en pleine montagne, à une heure de Lyon. La première fois que nous y sommes allés, je me souviens avoir été fasciné. Tout le monde y était habillé de manière excentrique. C'était le concept : les filles en soutien-gorge, les mecs en jockstrap, les fesses à l'air. C'était l'époque du techno trash, des chaussures compensées et des dreads multicolores.

C'est dans cette boîte qu'est vraiment né Jeremstar. Au Titan, les gays les plus voyants étaient adulés comme des stars. Lorsqu'ils apparaissaient, on s'arrêtait de danser pour les voir passer. On se battait pour les photographier. Je voyais qu'ils étaient respectés. Je les enviais.

L'idée m'est rapidement venue – comme un défi –, d'appartenir à leur clique. Pour me faire remarquer, j'ai commencé par sortir avec un jean déchiré et je me suis petit à petit effeuillé. Semaine après semaine. Soirée après soirée.

C'était une religion, le Titan. Je vivais pour y retourner. Je comptais les jours, je les barrais sur mon calendrier. Tous les vendredis, je séchais. Je mettais mon réveil à neuf heures et dès que ma mère partait travailler, son appartement se transformait en atelier de couturier.

Je dessinais mes tenues de scène. Je découpais. J'essayais. Mes costumes étaient on ne peut plus dépouillés. En haut, rien. Torse nu. En bas, un string et un bout de tissu qui me tombait toujours en triangle sur la jambe droite en guise de cache-sexe.

Dans ma chambre, j'avais une coiffeuse de star avec des lumières. J'y disposais mes fonds de teint, mes khôls et mes crèmes dépilatoires par rangées.

Facebook n'existait pas, à l'époque. Son ancêtre s'appelait Lyon2night, une plateforme de photos de boîtes. Mon objectif, avoir chaque semaine la photo la plus vue du site.

J'étais vraiment une bête de foire, les vermines. Je montais sur le podium, la flûte à l'air. Je dansais dans des cages. Je posais à quatre pattes ou avec mes copines, tenu en laisse, la main posée sur leur sexe. J'enregistrais des records de visites.

Vous pensez bien qu'étant disponibles sur Internet, ces photos ont vite fait le tour du lycée. Dans la cour, j'entendais les messes basses des ploucs de ma classe.

« Regardez, ils disaient, c'est le PD du Titan ! Celui qui se fout à poil ! »

Ils imprimaient des photos de moi à l'ordi, ils se les échangeaient comme des images Panini.

Quelquefois, il m'arrivait même d'en trouver par terre, froissées ; ou alors dans les toilettes, scotchées sur les murs. J'étais devenu viral. Je tournais. On pensait certainement me faire du mal, m'afficher ; mais moi j'adorais. J'étais heureux, immunisé, vacciné. Être ainsi exposé me rendrait surpuissant, prêt à devenir violent. Un mot de travers d'un mec, et j'étais prêt à lui agiter directement mon derrière sous le nez pour le calmer.

« Ouais je montre mon cul, et alors ? Tu veux le toucher ? »

En l'espace de quelques mois, je suis devenu le sujet le plus discuté. J'ai créé un blog consacré à mes photos dénudées, pour qu'on puisse encore plus facilement les trouver. En marchant, j'écoutais du Britney. *Gimme More*, elle chantait. « Donnez-m'en plus ». Je réclamais du scandale.

Après en avoir eu un aperçu, je suis tombé amoureux de l'idée de la célébrité. Je ne voyais pas plus belle solution à mes malheurs. C'était pour moi le remède miracle. Le seul traitement possible.

On me reconnaissait chez Auchan, dans le tramway. Mes exploits au Titan se répandaient plus vite que le choléra.

« Ah tiens, c'est elle, la grand-mère du petit qui fait des conneries ! »

La Josiane a fini par avoir vent de mes exploits, la pauvre femme. Son « Coco Bleu » avait un piercing à l'arcade. Il ne faisait plus de balançoire.

Ses « chocos » auraient fait sauter la ficelle de son string.

Sa réaction a été d'une violence extrême. J'ai découvert avec horreur que ma grand-mère, cette femme que j'imaginais si ouverte et pleine de fantaisie, n'en avait en fait pas la moindre. La Josiane avait l'étroitesse d'esprit des bigots de province qu'un rien choque et qui se plaît à cancaner sur la moindre excentricité. « Un piercing, oh la la ! » « Un pédé, oh mon Dieu. »

Elle a commencé par faire des commentaires.

« Tu te rends compte, Nelly ? Le gosse est homosexuel ! De toute façon, il finira par se suicider. Comme tous les homosexuels. »

Je ne sais pas si je l'ai déjà raconté, mais nos relations se sont détériorées avec l'histoire d'Alphonse. Avec Alphonse, on se parlait sur MSN. C'était une vraie petite racaille, Alphonse : il portait des survêtements, une casquette, comme j'aime. Il était sympa avec moi.

Un soir où elle était en voyage, j'avais demandé à Josiane de me prêter sa maison pour faire une « pyjama party » avec des amis. Elle avait dit oui.

Je me souviens qu'Alphonse fumait sur la terrasse qui donne sur le jardin. On parlait de tout, on rigolait bien. L'alcool aidant, il s'est montré entreprenant. On est montés dans la chambre. Dans une pièce à côté, une copine attendait.

Pendant que je jouais à touche-pipi, elle m'avait écrit un mot, sur un bout de papier. « Bon ben voilà, super soirée avec toi, Jérem, on s'est trop éclatés. Je t'adore, mais là, je t'avoue que je me fais un peu chier pendant que tu suces Alphonse dans le lit de ta grand-mère. »

Cette lettre, je l'ai oubliée. La honte de ma vie. La Josiane l'a trouvée sur sa table de nuit. Ma mère a immédiatement réagi.

« Mamie est horrifiée, Jérémy. Elle veut plus entendre parler de toi. Elle a jeté ses draps et elle a désinfecté le matelas ! »

J'ai déjà dit à quel point ma grand-mère était investie au sein de sa paroisse. Ironie du sort, son curé s'appelait également… Alphonse. L'horreur. Pendant des semaines, la rumeur a couru que je couchais avec un vieux schnock de soixante ans. Un pédophile. J'avais beau expliquer qu'Alphonse était un garçon de mon âge, on croyait que je mentais.

« Aucun gosse de dix-huit ans ne s'appelle Alphonse, voyons ! »

Et vas-y que ça s'imaginait n'importe quoi.

À partir du moment où elle a su que j'étais gay, la Josiane n'a plus payé mes abonnements de poney. Je ne l'ai presque jamais revue, jamais. J'étais écœuré. Ma grand-mère avait déployé pour moi l'éventail le plus grossièrement choquant de l'homophobie ordinaire. Elle se plaignait de moi partout. « Il finira par choper des maladies », elle disait. Elle voulait me voir malade, malheureux, mort. Et puis elle pensait que je me droguais forcément, puisque j'étais gay ! Ridicule.

Elle m'a exclu comme un pestiféré. À chaque réunion de famille, quand on prononçait mon nom, la Josiane disait :

« Jérémy, Jeremstar ? Connais pas. Fait pas partie de la famille. »

C'est Nelly, qui me l'a dit. Pour elle, l'homosexualité était une malédiction, un péché. Quand je sais à quel point j'ai aimé cette femme, aujourd'hui encore, j'ai de la peine. Je trouve sa bêtise et son étroitesse d'esprit répugnantes. C'est moi, qui ai honte d'elle !

On me demande toujours comment Jeremstar est devenu connu. La vraie question qu'il faut se poser, c'est « pourquoi ? ». N'importe qui peut se faire un nom s'il le veut vraiment, même si c'est pour un petit moment.

Pourquoi est-ce que, moi, je l'ai voulu autant ? J'estimais que j'avais passé trop de temps caché dans des toilettes et dans des cages d'escalier. Il fallait que la lumière se tourne vers moi, sur un plateau télé, sur un blog, n'importe quoi. Pour me venger. Pour mettre en évidence le fait que j'existais.

« La violence n'est pas une solution », dit-on. Cet adage est mensonger. Je ne vivais pas, j'ai voulu naître aux yeux de ma famille, de mes camarades, et plus généralement des gens de manière spectaculaire.

Susciter l'indignation ? Et alors ? « Bad buzz is good buzz ». Quitte à ce qu'on se foute de ma gueule, autant qu'on ait de bonnes raisons de le faire.

J'ai un jour décidé que je voulais qu'on m'aime. Il fallait coûte que coûte qu'on s'intéresse à moi, pour réparer à quel point j'avais été négligé et moqué. « Ah oui, je suis invisible ? Je vous garantis que je ne vais pas le rester. Bientôt, vous ne pourrez plus voir que moi. Vous n'aurez pas le choix. »

Je me suis employé à tourner chacun de mes défauts en atout. On se foutait de ma voix ? Très bien. Je me suis évertué à pousser des cris toujours plus aigus. On me trouvait efféminé ? OK. Si je dois être un « sale pédé », alors je serai le plus grand pédé que la terre ait jamais porté.

Aujourd'hui, chaque journée que vit Jeremstar est une revanche sur les horreurs qu'a subies le jeune Jérémy. La méchanceté gratuite. L'homophobie. L'étroitesse d'esprit. Le rejet.

***

CHAPITRE 5
Artisan de ma propre image, commercial de mes fesses

Si tout succès part d'une niche, le mien est né chez les gays. Grâce à mes photos de boîte de nuit, je me suis vite forgé une communauté. J'étais en quête de choc, de décalage. Je voulais que mon « sans-gêne » laisse le monde admiratif et bouche bée. Je voulais qu'en me voyant on se dise « Mince, Jeremstar a osé ». Je montrais mes fesses dans des lieux inappropriés : dans des cabines d'essayage, en pleine forêt. À Paris, au sous-sol du rayon bricolage du BHV, je les tendais entre scies sauteuses et robinets. Tout était prétexte à me déshabiller. Même si je n'avais pas de talent particulier, j'avais décrété qu'on allait me célébrer. Je partais de loin, mes parents n'arrêtaient pas de me le répéter.

« On ne devient pas célèbre en montrant ses fesses, voyons ! Il faut avoir un don, mon garçon !

– Non. Pas forcément. »

Adolescent des années 2000, j'appartiens à un monde dans lequel il suffit d'exister sur les réseaux sociaux pour se faire élire à la tête d'une nation.

Avoir du talent ? À quoi bon. C'est ringard, le talent ! Il suffit d'avoir un peu de jugeote et de culot.

Je suis un enfant du *Loft*, moi. Pas de *La Chance aux chansons*. J'ai vu Loana descendre les Champs-Élysées en grande pompe alors qu'elle n'était rien de mieux qu'une cagole ordinaire. Pourquoi je me serais embêté à faire mille heures de vocalises ? À me foutre en l'air les ongles dans de la térébenthine en prétendant peindre ? Avoir du talent est un métier d'ouvrier, et moi, je refusais d'avoir le teint blafard à force de jouer de la guitare dans une cave.

Je l'ai souvent dit, les vermines. J'aime les gens qui se battent, ceux qui sont motivés, ceux qui se donnent du mal. Ceux qui partent de zéro et qui arrivent à tout. J'ai toujours eu plus de respect pour les génies qui arrivaient à créer des fortunes en brassant du vent à force de boulot que pour les êtres bien nés auxquels la vie donne tout sur un joli plateau.

Savoir faire parler de soi est une chance. Susciter l'intérêt. Répandre la bonne nouvelle de son nom. Un mec qui a du talent n'est personne s'il ne maîtrise pas l'art de la communication. C'est la base de tout, et moi, j'en ai fait le but de ma vie, ma passion.

J'étais vraiment en bas de l'échelle, quand j'ai commencé. Autant dire que j'étais nu, au propre comme au figuré ; aussi dépouillé qu'un nouveau-né. Qu'est-ce que j'avais pour réussir dans la vie, quand j'y pense ? Quelques cours de rock sauté ? Des parents désargentés ? Mon amour des poneys ? Je n'étais rien, mais qu'importe : quand on n'a aucun spectacle à promouvoir, on devient soi-même le spectacle. On met en scène son corps et son existence.

Comme il n'existait pas d'activité pour moi, je me suis taillé un costume sur mesure. J'ai choisi mon personnage, mon nom, mon activité. Je suis né. Si je n'avais pas de talent, j'ai fait en sorte d'avoir des idées. J'ai décidé que mon business reposerait sur la bêtise et sur la légèreté.

Ma stratégie était d'une violence extrême : je me suis juré que tout ce qu'on me refusait, je le fabriquerais moi-même. Je me disais : vous ne voulez pas de moi sur vos plateaux télé ? Je m'en fiche, je les envahirai. Vous ne voulez pas écrire sur moi dans vos magazines ? Pas grave ! J'inventerai mes propres organes de presse, mon outil de propagande. Sur Internet.

D'un blog de photos de boîtes de nuit, je suis passé à un Skyblog consacré à ma vie. C'était un peu une téléréalité en images, somme toute, avant qu'elles ne nous envahissent, un roman-photo : les aventures de Jérémy ; Jérémy part en croisière ; Jérémy boit du lait ; Jérémy s'amuse à la patinoire.

Je me suis autoproclamé « le minet le plus sexy du Web » et c'était la planque parfaite. En 2006, le mec avec qui je sortais m'a offert mon nom de domaine, Jeremstar.fr. Pour le monétiser, j'ai installé un système Allopass. À l'époque, je vendais 1,80 euro l'accès pour une heure, 5,50 euros le mois, 34 euros l'année. Moi qui pensais que personne n'achèterait mes imbécillités, je me trompais : à vingt ans, je gagnais déjà trois mille euros par mois. J'ai entrepris de développer mon business. Pour ça, j'ai imaginé toute une gamme de produits dérivés. J'étais vendeur, voilà ce qu'était mon métier. Artisan de ma propre image, commercial de mes fesses. J'aurais vendu de la glace à un esquimau à force de minauder.

En 2010, j'ai sorti mon premier calendrier. Il m'arrivait de faire des nuits blanches pour le refourguer à mon réseau d'abonnés. Tant que je n'avais pas atteint mon objectif – ça pouvait être dix ou vingt pièces par soir –, je refusais de me coucher. J'avais une adresse MSN, que j'utilisais pour faire mon marché. Il m'arrivait de mener cinquante conversations en même temps. Je copiais-collais :

« Coucou vermine, comment vas-tu ? Toujours avec ton mec ? »

Sans me jeter de fleurs, j'ai su manœuvrer. J'avais imaginé un système par paliers. Acheter mon calendrier sexy donnait accès au statut de « fan privilégié ». Un deuxième produit ouvrait les portes de mon Facebook privé. Le troisième, le droit de me demander mon numéro de téléphone. Je dis bien demander… car pour l'avoir, il fallait encore débourser 35 balles.

Ça vous paraîtra sans doute fou, mais encore une fois, ça fonctionnait. J'avais deux cents clients. Je vous laisse calculer : 200 fois 35 euros…

En fin de compte, je vendais la possibilité d'accéder à moi, la proximité, ce que mon réseau d'« admirateurs » réclamait.

Je me souviens avoir fait un tableau Excel sur lequel apparaissaient les noms de mes fans, les âges et les sommes qu'ils me rapportaient. J'avais mis en place un système de cases : une pour chaque produit. Single. Calendriers. Abonnement à l'année. Quand un fan finissait par céder, je surlignais son nom. Grâce à ma fiche, je savais immédiatement qui étaient les plus rentables, les plus fidèles. Le but, que chacun me permette une rentrée d'argent fixe – disons 50 euros par mois –, une rente.

J'étais un peu Le Club France Loisirs des pédés : chaque mois un nouveau produit dans la boîte aux lettres, sous pli discret. Je mettais des photos toujours plus nulles sur mon site. Des trucs ridicules. Chaque abonné à la journée devait à tout prix finir abonné au mois avant de craquer pour l'année.

Sachez-le, les vermines : le premier sou qu'on a gagné est celui qu'on n'a pas dépensé ! Et je n'ai pas dépensé un centime pendant mes premières années. Je me suis fabriqué un réseau de gens amoureux de moi, à qui je laissais entrevoir monts et merveilles sans passer à l'acte, jamais. J'ai mis les gens à mes pieds. Je savais que moins mes produits me coûtaient cher, plus ils me rapportaient.

Mon mec me servait d'agent, vite fait. Je trouvais des photographes bidon qui bossaient pour le seul plaisir de me voir à poil une demi-journée. Je vendais des encarts publicitaires à des commerçants pour me financer. Par exemple, si un calendrier me coûtait 800 euros à imprimer, je savais qu'il suffisait de trouver neuf sponsors à 100 euros pour rentabiliser. À une époque, je travaillais même avec un type qui vendait des écharpes : quel rapport avec un torche-cul dans lequel j'exposais mon derrière ?

J'ai même sorti un DVD en 2011, *Jeremstar, la Vérité*. « Et si ceux qui pensaient l'avoir cerné étaient en réalité loin du compte ? L'idole s'explique une bonne fois pour toutes. » Tu parles d'un pitch ! C'était hypermégalo, comme titre : *La Vérité*. La vérité de quoi, finalement ? De rien ! Mais en faisant une jaquette sur laquelle j'apparaissais au milieu des spots en veux-tu en voilà, dans un décor de cinéma, on pensait tout de suite que j'étais Lady Gaga.

Le but était de créer l'illusion. En découvrant les images de mon « succès », il s'agissait qu'on pense : « Attendez, c'est qui, ce gars ? Pourquoi on se prend en photo avec lui ? J'ai loupé une étape, ou quoi ? »

Le minimum, pour convaincre un public qu'on est quelqu'un… c'est d'y croire soi-même. J'ai appliqué à ma carrière naissante la logique invasive des spots publicitaires. Réfléchissez. Une femme porte une cuiller de yaourt à sa bouche. Il faut qu'il ait l'air délicieux. Si la fille en fait des caisses, si elle lèche la cuiller avec un air proche de l'orgasme, elle convaincra n'importe qui qu'il est bon.

J'ai fait en sorte qu'on m'imagine célèbre alors que je n'étais rien. J'inventais des mises en scène pour mon site. Par exemple, demander à un copain de me filmer au sortir d'une voiture comme si j'étais poursuivi par une meute de paparazzis. Derrière lui, trois amies actionnaient les lampes de leurs téléphones pour créer des flashs de lumière vive.

C'est la base. Associer le nom à l'idée, à l'image. Jérémy est une star. Jerem-Star. Je voulais faire croire que j'étais connu et à force de l'affirmer, on a fini par y croire.

Même si mon personnage a pris du sens et de l'épaisseur au fil des années, j'avoue que la naissance de Jeremstar n'est ni plus ni moins qu'un canular gigantesque. C'est une recette de cuisine, ingénieusement menée à son terme. Au début, j'étais un intervenant digne de *Confessions intimes*, l'imbécile habituel. Il m'a fallu dix années de travail pour me propager. D'ordinateur en ordinateur, de bouche en bouche. De magazine merdique en boîte miteuse. Je me suis employé à exister. J'étais une toile d'araignée qui s'élargissait de jour en jour. Bien qu'il y ait eu quelques ratés, mes manigances ont fonctionné.

Ma carrière s'est construite par paliers. Photos osées. Site payant. Produits dérivés. Plateaux télé. Je me suis mis dans des situations dégradantes au nom de la visibilité et du « faire parler », mais tout était calculé. J'ai fondé ma notoriété sur la provocation, le scandale. C'est un choix que j'assume. Je ne vous dis pas de faire comme moi, les vermines. Surtout pas. Je vous explique simplement mon parcours : d'où je suis parti pour arriver là où je suis aujourd'hui.

On publie tous les jours des photos de moi à poil sur Facebook et sur Twitter. On pense m'afficher une fois de plus. Comme quand j'étais ado. « Bonjour Jeremstar, vous n'avez pas honte ? » Non, je n'ai pas honte ! Pas une seule seconde ! En publiant mes photos, je savais qu'on me les ressortirait. Elles me font rire. Je les trouve touchantes. Pour moi, elles ne sont ni plus ni moins que des photos d'enfance. Arrêtez de me les envoyer, les vermines ! Ça ne sert à rien, je les connais. J'ai posé dessus, j'ai moi-même orchestré leur mise en ligne. Je les ai toutes gardées. Chez moi, j'en ai des tiroirs entiers. Un jour, j'en sortirai peut-être un recueil, qui sait ?

***

CHAPITRE 6

« Qu'est-ce que j'ai bien pu faire pour avoir un fils pareil ? »

Sachez-le, les vermines : la baignoire de ma mère a été mon premier studio de tournage. J'y mettais des statues, des photos de mecs à poil. Entre les gels douche de Nelly, j'installais canards et bougies. Je faisais des Twitcams avec mes fans, posé dans ma mousse. Ils étaient parfois deux mille à me suivre et je trouvais ça fou. Dans ma tête, j'étais le roi du monde. Pour booster les audiences, l'envie me prenait quelquefois d'organiser des défis.

« Quand vous serez cinq mille, je disais, j'appellerai Gilbert Montagné ! Ce sera super. Vous verrez. »

Je m'enfermais à clef dans la salle de bains, tous les jours, de vingt heures à vingt-trois heures. Avant de me connecter, il m'arrivait de mettre un papier sur la porte, que j'avais imprimé à l'ordinateur avec soin. « Ne pas déranger. Captation en cours. » J'invitais ma mère à prendre ses dispositions. Je lui ordonnais de trouver des occupations. Ne surtout pas parler. Ne surtout pas perturber le génie de la communication. Supporter. Si elle a un temps protesté mollement, elle a fini par céder.

« Je suis célèbre, moi, je lui disais. J'ai du travail à fournir, des admirateurs à divertir. »

Elle m'imaginait sans doute débile. Vous me croirez si je vous dis qu'elle avait sa brosse à dents dans la cuisine ? Qu'à force de m'agiter dans sa baignoire, je faisais passer l'eau sous les portes par vagues ? Je la vois encore à quatre pattes, éponger mes âneries avec ses serpillières. Ma pauvre mère. Elle m'a récemment dit que lorsque nous vivions encore ensemble, notre consommation d'eau mensuelle équivalait à celle de deux familles de six personnes. Je ne sais pas si vous réalisez. La copropriété croyait qu'elle avait des fuites. Formulé comme ça, on dirait un canular. C'est pourtant vrai. Le représentant du syndic sonnait à sa porte, elle avait honte.

« Vous feriez mieux de vous doucher au champagne, Madame ! Ça vous coûterait moins cher ! »

Avec mes sottises, je faisais exploser la facture de toute la résidence. Les charges augmentaient. Les gens trouvaient anormal de financer mes jeux d'eau.

Je crois que je lui ai vraiment tout fait. Des kilos de strings s'empilaient dans ma piaule, mes « costumes ». Elle foutait un coup de pied dedans pour passer l'aspirateur.

« Jérémy, tu rangeras tes épingles à nourrice, hein ! On va se piquer, les chats vont s'abîmer les griffes ! »

Je faisais des défilés de mode, cul nu devant les miroirs de l'entrée, tandis qu'elle faisait sa vaisselle. Humiliation suprême, je lui infligeais le soin de nettoyer mes cache-sexes. Une fois étendus, au moindre coup de vent, ils finissaient sur le parking, accrochés aux rétroviseurs des bagnoles et aux branches. Il fallait courir les chercher. Je rechignais à y aller. Nelly ne lisait pas les étiquettes et je la soupçonnais de le faire exprès. Entre ses mains, mes slips en Lycra rapetissaient à vue d'œil. Je devais engager un budget colossal pour les remplacer.

« Non mais c'est malin ! je disais. Je rentre plus dedans ! On voit mes poils pubiens, maintenant ! Tu pourrais être plus soigneuse, franchement… »

Les jeunes années de ma notoriété n'ont été pour ma mère qu'une suite de vexations et d'emmerdements. Je séchais mes études pour me consacrer à ma futilité. J'allais chez Mondial Tissus, acheter de quoi confectionner mes tenues. J'allais aux concerts de Britney. Tout pour ne pas me confronter à la réalité qu'elle tentait désespérément de me rappeler, toute bonne mère qu'elle était.

« Tu n'es personne, Jérémy. Tu te prends pour qui ? »

Lorsqu'elle prenait sa douche, je faisais sauter les plombs pour qu'elle n'ait plus d'eau chaude. Je me vengeais. Quelques mois à ce rythme ont suffi pour qu'elle sente qu'elle était impuissante. Qu'elle ne pouvait plus rien pour moi. Je n'étais plus sa jolie poupée blonde, j'étais perdu et sa détresse était grande.

Le soir, elle regardait la télé toute seule. Elle écoutait ses CD sur sa chaîne. Il lui arrivait de s'asseoir sur le canapé, les jambes croisées, et de se balancer d'avant en arrière, comme frappée par la folie. Elle répétait :

« Qu'est-ce que j'ai bien pu faire pour avoir un fils pareil ? »

Cette phrase, je l'ai entendue pendant des années. Quand elle buvait sa tisane avec ses chats, prête à aller se coucher, je commençais ce que je considérais comme étant ma journée de star. Je bloquais la salle de bains pour me préparer. Je m'épilais les fesses. Nelly me voyait déambuler dans le couloir, le derrière blanchi par la crème.

« Ouh lou lou, ça brûle ! »

Quand j'ouvrais la porte pour sortir, elle lançait un vague :

« Tu ne vas pas sortir comme ça, Jérémy, couvre-toi ! »

Comme si elle craignait seulement que j'attrape froid.

La nuit tombée, je courais jusqu'au parking, vêtu de mon seul string. Il y avait chez nous un chemin de dalles qui traversait la pelouse. Je l'empruntais en trottinant gaiement, avec mes semelles compensées, maquillé comme une voiture volée. Je sautais comme un petit cabri.

Quelle belle tribune que cet immeuble, quand j'y pense. Les vieux se postaient à leur balcon. Ils n'avaient rien de mieux à faire, j'imagine. Je connaissais leur mécontentement : ils m'amusaient jusqu'à susciter chez moi l'envie de me livrer à quelques pirouettes supplémentaires. J'oubliais des sacs. Je faisais des allers-retours. Tout pour les incommoder davantage. Je faisais exprès de faire tomber mes affaires. Je les ramassais en me penchant grossièrement, les fesses tendues dans leur direction.

Il y avait des plaintes contre moi, carrément des pétitions. Ma mère en découvrait tous les jours une nouvelle dans sa boîte aux lettres, qu'elle ouvrait sans jamais baisser la tête. Je ne sais pas comment elle a pu faire.

Il m'arrivait de crier seul dans ma chambre, sans raison. Comme si j'étais possédé par le démon. Ça n'était pas encore des « plus loin » à l'époque, seulement des hurlements. Des « oh », des « ah », parfois des chants… Les voisins étaient excédés. Un jour, forcément, un type a fini par sonner.

« Bonjour, Madame. Navré de vous embêter, mais…

– Que se passe-t-il, il y a un problème ?

– Bien… Pardon de vous poser la question de manière aussi directe, mais… Votre fils est handicapé ? »

Elle était verte. Le voisin pensait que j'étais frappé par une maladie mentale et le pire c'est que je l'étais un peu, dans un sens. J'étais persuadé d'être un Dieu, je pétais les plombs. Dans mon délire, je passais des heures à signer des autographes dans le vent. « Pisse and love » j'écrivais. « Kiss anal ». Quand elle vidait ma corbeille, ma mère soupirait encore.

« J'en peux plus de ce gosse ! Qu'est-ce que j'ai bien pu faire pour avoir un fils pareil ? »

En 2010, qu'elle le veuille ou non, j'étais le phénomène Web du moment, l'imbécile qui veut réussir à tout prix et qu'on invite pour se payer sa tête en télévision, chronométrant le temps qu'il met à baisser sa culotte. J'ai fait beaucoup de plateaux, forcément. C'était le passage obligé.

Les émissions que j'ai faites, les vermines, vous les connaissez. La plupart sont encore disponibles sur YouTube. *Next ! version gay. Tellement vrai. Cauet.*

Morandini, c'est très particulier : j'étais persuadé que ce type me ferait percer ; qu'avec lui, je décrocherais le cocotier. Jean-Marc imaginait avec moi des scénarios, toujours dans la surenchère. Il savait qu'il ferait de moi ce qu'il voudrait et il avait raison. Je lui obéissais au doigt et à l'œil. Pour lui plaire, j'ai tout fait. Réclamer un toucher rectal à sa coanimatrice. Dire publiquement de lui qu'il était « mes boules antistress ». Hurler des insanités diverses.

« J'en peux plus, j'ai l'anus qui frétille ! »

Dès que j'avais quitté son plateau, je courais sur Facebook regarder les commentaires. Je checkais ma boîte mail, pour voir si mes calendriers se vendaient. Les audiences de mon site explosaient, mais je ne pense pas que ça me suffisait. On me trouvait drôle, certes, on me le disait. Mais combien de retours d'inconnus valaient un bravo de ma mère ?

Téléphone dans la main, fouet autour du cou, je lui écrivais.

« Alors, j'étais comment ? T'as aimé quand Morandini m'a caché le sexe avec le CD de Jean-Roch ? »

Quand j'avais de la chance, elle me répondait… plusieurs jours après.

« Jérémy. Montrer son derrière n'est pas un métier. Cesse de rêver. »

J'avais beau faire de pire en pire, j'avais beau me casser le cul à chercher, je ne récoltais jamais que ces mots : « cesse de rêver ». J'avais pourtant l'impression que j'étais drôle. Je crois bien que j'avais perdu pied. La vérité, c'est que ma mère ne m'a jamais regardé. Si j'étais vexé sur le moment, s'il m'a fallu des années pour lui pardonner, je pense aujourd'hui que j'ai compris. Ma mère refusait de voir, elle tentait de se protéger. Elle n'avait pas envie de se trouver devant sa télé, face à la vérité. « Mon fils me fait honte. Il se conduit comme un demeuré. » Ces mots, même si elle les pensait sans doute très fort, elle ne les a jamais prononcés. Elle n'est jamais venue me voir en me disant « Arrête ça tout de suite, Jérémy. Ça ne va pas. Tu me fais de la peine. » Nelly ne commentait pas. Elle se contentait de faire comme si les choses n'existaient pas. Elle a eu honte, ma pauvre mère. Dieu qu'elle a eu honte. Au lendemain de mes sordides apparitions publiques, elle trouvait des coupures de presse et des lettres anonymes, posées sur son bureau par des lâches. Les gens riaient d'elle.

Dois-je formuler des regrets ? Ne soyez pas choquées, mes Jeremstarlettes, mais je n'avais pas honte de faire honte à ma mère, bien au contraire. Tout ce que je faisais, je le faisais pour le plaisir de la torturer, comme une fourmi dont on brûle les antennes en lui mettant une loupe sur la tête, en plein soleil. J'avais envie de la provoquer. C'était comme une drogue. J'en tirais du plaisir à l'état pur. Je n'avais aucune limite, aucun cœur. Un punk en string. Il paraît que ça s'appelle « faire sa crise d'adolescence ». La mienne a été un peu tardive, puisque je l'ai faite à vingt ans. Mais ne me jugez pas, les vermines. Quand je me foutais à poil, pour moi, c'était comme un grand coucou. Rien de plus.

« Voilà, je suis là ! C'est comme ça que tu m'as fait ! »

C'est bien ça. Le cul à l'air, je suppliais Nelly malgré moi. À quatre pattes, à genoux, c'est bien à elle que je m'adressais en lui ordonnant de m'aimer.

***

CHAPITRE 7

Propositions vicieuses, producteurs véreux

Si j'avais inventé mon personnage dans ma chambre d'adolescent, il est vite devenu évident qu'il prenait trop d'ampleur pour le laisser pourrir à Lyon. On ne gère pas une carrière depuis un ordinateur, les vermines ! Du moins pas totalement. J'avais un peu ce fantasme du provincial qui monte à la capitale avec son sac à dos. Rien dans les poches, des rêves plein la tête. J'avais envie de Paris, mes Jeremstarlettes. Vraiment. D'ailleurs, j'y passais le plus clair de mon temps. Quinze jours, parfois plus, pour faire des photos, tourner des plateaux, des vidéos. J'avais tout un réseau de nids par lesquels transiter. Habitué au confort de ma chambre, je me suis vite trouvé face à la réalité de la vie. Les plus chanceux de mes contacts partageaient à plusieurs des clapiers de banlieue, vétustes, sales, avec douche collective sur le palier. Je me souviens avoir dormi par terre, sur des matelas pourris, la tête entre des piles d'assiettes souillées. Ces appartements, c'était du « tout-en-un ». On cuisinait sur un réchaud, les pieds sur les oreillers, en mode squat. Sans vide-ordures, on foutait les fonds de casserole dans les WC pour ne pas avoir à descendre les poubelles. C'était dur. Dans ces conditions, je comptais les jours qui me séparaient de mon confort et de ma mère. Je me disais « Courage, Jérémy. Encore trois nuits. Pense à ta carrière. » Je n'avais qu'une hâte, retrouver mes posters d'Élodie Frégé, ma petite Nelly et son saucisson brioché. J'aspirais à mieux. Par chance, j'avais développé tout un réseau de gens du show-biz, grâce à mon site, qui se bousculaient pour me fréquenter. C'étaient généralement des vieux, qui consommaient mes photos sans pudeur. C'est bizarre, mais non seulement ils étaient tous « producteurs », mais ils avaient tous des propositions à me faire. Par moments, j'en venais presque à penser que j'avais réellement du talent.

Quand j'y réfléchis. C'était vraiment facile de m'approcher, à l'époque ! J'étais tellement prêt à tout pour devenir célèbre qu'une vague promesse suffisait à m'aveugler. Ces types en profitaient.

Il y a eu un garçon, appelons-le Léon, trente-cinq ans, bel appartement. Il m'hébergeait régulièrement. Je dormais chez lui à même le sol, sur une mezzanine au revêtement en moquette. Bien que ces mots veuillent dire tout et n'importe quoi, il jurait travailler « dans le cinéma ». Dans son salon, il y avait une photo de lui avec Julie Depardieu, « sa meilleure copine ». Léon organisait des fêtes un peu bizarres, pendant lesquelles des mecs déguisés en infirmières jouaient à touche-pipi dans les placards. Ça me dégoûtait. Il me promettait monts et merveilles. Qu'il me décrocherait un rôle dans un film si… Qu'il me présenterait la fille Depardieu si… Quand il rentrait chez lui le soir, il me racontait les journées qu'il passait chez SFR. Le premier jour, je pensais qu'il avait des problèmes d'Internet, mais au bout d'une semaine… Quel idiot j'étais ! Il m'a fallu des années pour apprendre, par un ami commun, que Léon n'avait jamais rien fait dans le cinéma. La Julie Depardieu, il l'avait croisée par hasard, dans un bureau. Il avait exigé d'elle une photo. C'est pitoyable, je sais, c'est affreux. Mais à l'époque, j'avais besoin de notoriété et, plus que tout, d'un toit. Le type mentait peut-être comme un arracheur de dents, mais à la fin, ça changeait quoi ?

Dans la grande famille des cochons de la jaquette, j'en ai rencontré un autre qui disait tenir un groupe de presse. Je ne sais pas pourquoi, j'ai toujours pensé que sa figure lui donnait l'allure d'un bidet. Il avait plusieurs magazines people et il voulait me confier une chronique, il disait. Il m'avait donné rendez-vous un soir, dans un bar bondé du Marais. Les gens n'arrivaient pas à circuler, alors il en profitait pour frotter ses gros genoux contre moi.

« Oh, on m'a poussé. Excuse-moi ! »

Ben voyons. Quand je l'ai vu arriver, il avait l'intégralité de ses journaux sous le bras.

« Alors là, tu vois, c'est Brad et Angelina. Je les ai rencontrés pour la « couv » de ce mois.

J'hallucinais. Brad Pitt, quoi !

– Mais tu le connais ?

– Évidemment, je le connais ! »

Il me répétait que j'avais une « jolie plume » et moi je le croyais. Il était malsain, ce monsieur-du-bidet : quand il parlait, il avait tout le temps des dépôts de salive blanche et des peaux mortes sur les lèvres. Chez lui, c'était comme dans les films. Il avait dans son salon un lit intégré au mur, un peu comme un placard. Une poignée suffisait à le faire tomber d'un coup par terre. Quand il l'a déplié, ça a fait un bruit infernal.

« Bam ! C'est ici que tu dormiras. Ma chambre est ici, la salle de bains par-là. »

Au moment d'aller se coucher, il a eu le malheur d'oublier son téléphone sur une table. Ce qui s'est passé ? Évidemment, je me suis jeté dessus. Pour récupérer les numéros que je voulais et me débarrasser de lui une bonne fois pour toutes. Le problème – prévisible, vous me direz –, c'est que j'avais beau dépouiller le répertoire, je n'y trouvais aucune Angelina, aucun Brad. Des urologues, des escorts, ça oui, il y en avait. Mais pour ce qui est des gens intéressants… tu repasseras. J'ai pris mes cliques, mes claques, je l'ai abandonné à ses mensonges et à son clic-clac. Je le détestais, ce bidet. Je lui en voulais. Mais parmi les vieux schnocks qui ont une place au panthéon des sacs à crottes de mon existence, celui qui m'a le plus marqué, c'est le Fennec. Il travaillait pour une émission hyper connue, celui-là. Il était célèbre et quand on a commencé à chatter sur MSN, je n'y croyais pas. C'était trop beau, c'était… J'étais fan de la *Star Academy*, moi. Depuis des années. Je rêvais d'y participer et ce type, rencontré sur mon site, m'offrait ma porte d'entrée.

« Non non, t'as pas besoin de passer de casting ! qu'il disait. C'est moi qui ai le dernier mot. Tout passe par moi.

– Waouh ! Trop bien ! Et je dois faire une vidéo de démo où je chante ?

– C'est pas la peine, non. Quelques photos de toi suffiront. Tu en as ?

En gros, j'intégrais le Château sans effort particulier, comme ça.

– Waouh ! Trop bien !

– Avec mes contacts, je peux même te garantir une place en finale, si ça te tente ! »

C'était trop, je ne pense pas que la prod était au courant, et il me dégoûtait vraiment. Il avait la tête d'un mec qui pue du bec. Je ne saurais pas vous l'expliquer, les vermines, mais pour moi c'était tout à fait clair. Ces choses se savent, sans mauvais jeu de mots, elles se sentent. Et il puait de la gueule, je peux vous le promettre. Quand il m'a demandé des photos de mon sexe – il fallait bien que ça arrive –, eh bien j'ai coupé net.

Non content d'être une pourriture, cette folle tordue se présentait comme un mec en quête d'amour. Moi, je voulais m'introduire dans le milieu du show-biz, pas me faire introduire tout court ! J'avais des valeurs, c'était sûr.

Ma vie a changé le jour où j'ai croisé Grosses Dents, le type qui travaillait pour l'émission télé « in » du moment. Alors là, pour le coup, c'était le truc énorme, inaccessible, génial.

Ne vous attendez pas à une merveille, les vermines. C'était un vicelard. Bon, je voudrais bien lui cracher à la figure mais, pour le coup, un échange s'est instauré entre nous. J'en avais rencontré, des vieux cons ; mais avec lui, c'était différent. En l'espace de quelques jours, Grosses Dents est devenu mon mentor. Il me promettait que j'allais réussir et qu'il m'y aiderait. Quant à me prendre dans son émission, il attendait seulement le bon moment. « Il faut qu'on fasse des choses ensemble », il répétait. Je l'aimais bien ce type, dans un sens. J'étais attaché à lui. Dans la période de mes buzz pourris, il était là pour moi, tout le temps. Il me rassurait quoi que je fasse.

« Tu crois que je me tire une balle dans le pied en me foutant à poil chez Morandini ?

– Mais non, Jérémy. T'inquiète.

– Et fouetter Cauet avec un gode, franchement… C'était pas une bonne idée.

– Mais si ! Tu fais le buzz, c'est le métier ! »

Si Grosses Dents avait été une secte, je l'aurais rejointe sur-le-champ. Il voulait clairement coucher avec moi, et pour la première fois de ma vie, je me disais « pourquoi pas ». Cette idée me traversait quand je me trouvais assis devant son émission, calé dans mon canapé. Je le trouvais laid, Grosses Dents ; mais dès qu'il était dans la télé, il me plaisait. Sous la lumière des projecteurs, il était presque beau. Quand je le voyais en direct, j'en étais amoureux. Fallait-il passer à l'acte, ou non ? Je m'en rongeais les ongles. Il suffisait d'un baiser pour me lancer. Pour qu'il me donne une chronique. Pour qu'il m'invite. Rien que ça, un baiser. Je torturais mes amies. Je leur demandais leur avis.

– Ferme les yeux, Jérémy. Ce n'est qu'un mauvais moment à passer.

Mal conseillé, j'ai accepté de passer une soirée en tête-à-tête chez lui. Quelques images m'en restent. Des flashs. Je me vois prendre l'ascenseur avec lui, son corps me bloque contre la porte. J'avais beau le vouloir, j'avais beau essayer ; face à lui, le bon sens me rattrapait. Ne fais pas ça, Jérémy, c'est un porc. Je ne pouvais plus respirer. Sa grosse bouche se rapprochait de la mienne. J'avais envie de gerber. Dans son appartement, Grosses Dents m'a montré sa chambre.

« La pièce dans laquelle tu passeras le plus clair de ton temps ! »

Il ne s'est rien passé, heureusement, mais les mois qui ont suivi, Grosses Dents s'est mis à me surveiller, allant jusqu'à faire des crises de jalousie pour des photos de soirée.

« T'es qu'à moi. T'avise pas de me tromper. »

Était-il fou ? Il ne s'était rien passé entre nous, à ce que je sache ! J'avais du mal à comprendre quel diable prenait cet homme alors qu'il n'assumait même pas son homosexualité publiquement. Il m'envoyait des photos de son sexe. Quand je les ouvrais, j'étouffais de rire :

« Oh la la ! je disais. On n'ira pas loin avec ce petit vermicelle ! »

Je pense qu'il était cinglé. Clairement déséquilibré. Dans ses messages, il m'expliquait qu'il était voyeur. Son fantasme absolu, organiser un repas avec des « gens du milieu », des « collègues de boulot ». Qu'ils mangent tous et que je sois attaché dans le salon, avec des cordes, nu sur une chaise.

« Nan mais c'est quoi ce plan chelou ? Ça va pas, ou quoi ? T'es vraiment fou, toi, MDR ! »

J'avais peur de lui, mais j'avais également peur de le perdre. Et si j'étais forcé de prendre la chose à la rigolade, derrière, j'enchaînais.

« Au fait, Grosses Dents, tu me prends dans ton émission QUAND ?

– Ouais, Jérémy, je te tiens au courant. »

Notre relation avait la forme d'un cycle. Il me disait un truc répugnant, je demandais à être pris dans son émission, après quoi il revenait à la charge. Ce petit manège a duré quoi, deux ans ? Voyant qu'il n'y avait aucun rapprochement entre nous, il a fini par jeter son dévolu sur d'autres minets du milieu.

Je ne sais pas comment je m'en suis sorti, les vermines. Aujourd'hui encore, c'est un mystère. J'aurais pu me faire violer par des anormaux. Leurs belles promesses m'auraient traîné jusqu'au bout du monde. Notoriété. Appartements luxueux. Un toit. Je n'avais nulle part où dormir et rien que ça suffisait à me coller dans des situations détestables. Combien de fois j'ai prié, si vous saviez, les bras en croix sur la poitrine, enfermé dans mon duvet. Pour supplier que la chose s'arrête, pour ne plus m'infliger de fréquenter des malades mentaux. Pour ne plus subir de propositions vicieuses de producteurs véreux. J'ai prié, et le bon Dieu m'a envoyé Nelly pour me sauver. C'est elle, qui m'a libéré. Elle craignait pour mon avenir et pour ma santé.

« Il n'est plus question que tu traînes chez tous les déséquilibrés de Paris. »

Elle m'a appris que mon grand-père avait un studio dans le 95, dans une ville qui s'appelait Jouy-le-Moutier. Qu'il me laisserait y vivre contre un petit loyer. Tout heureux que j'étais, j'avoue que je n'ai pas eu un regard pour ma chambre au moment de la quitter. J'ai tout laissé en l'état : les photos de moi à poil sur les murs, mes trophées de poney, mes posters d'Élodie Frégé. Ma mère m'a installé à Jouy du mieux qu'elle pouvait. Le jour de mon emménagement, elle m'a emmené faire des courses au supermarché. Elle m'a expliqué comment me nourrir et comment utiliser une machine à laver.

Vite fait. Nous nous sommes dit au revoir sur le parking.

« Voilà, m'a-t-elle dit. C'est fini. Ça y est. »

Quand elle a passé ses lunettes de soleil malgré la nuit tombée, j'ai bien vu qu'elle pleurait. Ma belle, ma si courageuse, ma dévouée mère. Si elle me lit aujourd'hui, j'aimerais qu'elle sache que la voir partir a été l'expérience la plus douloureuse de ma vie. Moi qui m'imaginais malin, moi qui me pensais fort. J'ai retenu mes larmes tandis qu'elle montait en voiture ; mais dès que je suis rentré, j'avoue m'être écroulé. Je me sentais tellement seul. J'ai appelé quelqu'un, n'importe qui, pour avoir l'impression d'être entouré.

« Ma mère avait l'air un peu triste », j'ai dit.

J'avais pourtant l'impression d'être un fardeau, de devoir dégager au plus vite. Je ne comprenais plus.

« Nan, mais t'inquiète ! Tu te fais à manger tranquille, tu te mets devant un film. Ça va aller. C'est une nouvelle vie. »

Je me levais tous les jours à huit heures pour rédiger les articles de mon blog, comme un bon travailleur. J'aurais pu mal tourner. Sans présence positive, sans aucune discipline ; aux mains de pathétiques types, de cochons que j'imaginais surpuissants, j'aurais pu sombrer dans les travers d'une vie excessive et sordide. La notoriété se monnaie cher en ce monde ! J'aurais pu passer mon temps à faire des soirées glauques chez des hommes répugnants. J'aurais pu me droguer. Traîner en boîte sans arrêt. Si j'avais couché, à les écouter, c'est simple, j'aurais tout fait. Du cinéma. De la chanson. J'aurais fait cent fois le tour du monde à dos de chameau, si ça se trouve !

Tout naïf que j'étais, j'étais persuadé que mon regard bleu suffirait à m'assurer un avenir merveilleux. Je ne suis tombé dans aucun piège finalement. J'ai su éviter les catastrophes en trouvant suffisamment de force pour dire non à de belles propositions. J'imagine qu'il y a de quoi tirer là une leçon. Si vous rêvez de notoriété, mes Jeremstarlettes, écoutez-moi. N'acceptez pas tout et n'importe quoi. Ne cédez pas. La faiblesse d'esprit appartient aux candidats de téléréalité, qui laissent tâter leur derrière à la terre entière. Quoi qu'on vous promette, sachez que vous n'avez besoin de personne. On ne vous offrira jamais rien que vous ne puissiez obtenir par vous-mêmes.

***

CHAPITRE 8

Gratter la notoriété des autres pour exister

C'est fou comme les Français se font un monde des stars américaines. Les Lady Gaga, les Britney et compagnie. Ils imaginent qu'elles vivent sur une autre planète ; qu'elles sont inaccessibles. Mais si tu réfléchis deux minutes, pour des Américains, ces gens-là, c'est quoi ? Des filles qu'ils croisent à la salle de sport, au restaurant d'en bas ? Quand j'ai décidé de rencontrer Paris Hilton, je ne me suis pas dit que j'irais guetter ses apparitions publiques sur son site, ni que j'allais attendre qu'elle passe en France pour un DJ set merdique, non. Je n'avais pas le temps. Je me suis dit que j'irais sonner chez elle, tout bêtement.

Pourquoi faire compliqué quand on peut faire simple ? À Los Angeles, en plus, ce n'est pas difficile : soit tu tapes sur Internet « maison de machin » et on te file l'itinéraire, soit tu achètes pour quelques dollars une « carte de la maison des stars » que tu peux trouver dans la rue.

Cinq balles la « map », dix balles la visite guidée : tu n'as qu'à poser ton derrière dans un bus et on t'emmène sur place !

« Sur votre gauche, Sylvester Stallone. Tom Cruise à droite. »

C'est comme une ligne de métro, le truc. Il y a des arrêts. Si tu veux aller voir la villa de plus près, tu descends et puis c'est fini, tu y es.

Je vous laisse imaginer le ridicule de la même attraction s'il fallait l'appliquer au petit monde de la notoriété française.

« Ici, la maison de Patrick Bruel.

– Waouh, trop bien !

– Celle de Line Renaud.

– Oh putain. Je m'évanouis et je reviens. »

J'étais en vacances à Los Angeles avec mon mec, c'était tout bénef. Dix balles pour faire parler de moi. Dix balles pour une opération lèche dont on me parle encore dix ans après.

À quoi tient le succès ?

La fourgonnette était un bus à toit ouvrant, qui nous a promenés pour une longue visite. On nous a montré à grand renfort de micros la baraque de Katie Holmes. Les touristes s'extasiaient.

Katie « Olmès » je prononçais à l'époque.

« Non mais c'est qui cette meuf, sérieux ? »

J'étais dégoûté. Pour moi, Katie « Olmès », c'était un peu Jean-Jacques Goldman. Sur l'échelle de la notoriété, aucun intérêt. Aucun glam, aucun rêve, aucun peps. La visite traînait. Deux heures d'inconnus et de palmiers pour quoi ? Je m'impatientais. Je voulais du rose, moi ; du tape-à-l'œil, de la vulgarité. Et celle qui représentait parfaitement le créneau vers lequel je tendais à évoluer, le rêve américain, la débilité profonde… C'était Paris Hilton. En dehors d'elle, je n'étais intéressé par personne.

Vous l'ignorez peut-être, les vermines – je pense que peu de gens le savent –, mais Paris Hilton a la même trajectoire professionnelle que moi.

Fouillez sa biographie, vous verrez que je ne raconte pas d'âneries. Avant de cartonner en télé, vous apprendrez qu'elle n'était rien de plus qu'une inconnue, qui traînait tous les soirs en boîte avec sa sœur Nikki. Elle voulait devenir connue, tout comme moi. Et elle était maligne, tout comme moi.

Elle a compris qu'il fallait qu'on la remarque, alors elle s'est mise à s'habiller de manière toujours plus minimaliste pour finir dans les pages clubbing des magazines.

Elle a attiré les regards en portant des pagnes, en tapant des poses. Comme moi. On a joué le même jeu, tous les deux : elle en Amérique et moi au Titan Discothèque, à Couzon-au-Mont-d'Or, dans le département 69.

Je l'aimais, Paris Hilton, parce que ce qu'elle était devenue par la suite me donnait l'espoir d'un après.

Dans mon souvenir, Paris habitait une petite rue de West Hollywood, perpendiculaire à Sunset. Devant sa porte, il y avait une camionnette dans laquelle des paparazzis ronflaient. J'ai tapé au carreau.

« Elle habite ici, ils m'ont dit. Tout à fait. Mais elle est sortie. Elle rentrera d'ici une heure et demie.

– Thank you guys, merci. »

On a discuté. Ces mecs connaissaient son emploi du temps par cœur. Ils m'ont dit qu'elle payait leur essence, qu'elle leur donnait parfois un billet pour les remercier de la traquer. J'hallucinais.

Dans mon sac à dos, j'avais emporté le carnet Mickey dans lequel je consignais les autographes des superstars de mon cœur. Nolwenn Leroy. Élodie Frégé. J'en avais déjà pléthore.

J'ai honte de ce qui s'est passé après, je l'avoue volontiers. Mais puisque j'ai promis de jouer cartes sur table dans ce livre, je vous le dis… J'avais prévu une pancarte sur laquelle j'avais écrit que j'étais malade, histoire de l'apitoyer sur mon sort. Les paparazzis m'ont interviewé à ce sujet.

« Je suis venu de France exprès, ouais. La serrer dans mes bras, c'est mon dernier souhait avant d'y passer. »

Paris Hilton a débarqué en berline quand je ne m'y attendais plus. La scène a duré moins d'une seconde. Elle est sortie de voiture et paf ; des tas de types ont surgi des buissons pour la photographier. Des bagnoles sorties d'on ne sait trop où, qui ont brisé le silence de la rue dans un enfer de crissements de pneus.

Kchhhhhhhhhhhh, ça faisait. Je n'oublierai jamais ce bruit, j'avais rêvé de l'entendre toute ma vie.

Paris est rentrée chez elle dans la cohue générale. J'ai eu beau crier, elle m'est passée sous le nez.

« Tout ça pour ça, quoi ! »

J'étais prêt à mourir de chagrin, à rentrer en France, à me créer un cancer pour de bon. À abandonner toute idée de notoriété et à quitter mon mec, l'ordure ; puisqu'il ne l'avait pas vue arriver.

« Qu'est-ce qu'on fait ? il m'a demandé. On s'en va ?

– Certainement pas ! »

Il faut être débrouillard dans la vie. Je me suis dirigé vers l'interphone d'un pas décidé, dans mon petit t-shirt blanc sur lequel était écrit en rose « VIP ». Mon doigt tremblait.

Dix ans après, quand j'imagine la tête de Paris Hilton chez elle, qui voit ma trombinette s'afficher sur l'écran de sa sonnette, j'en ris encore.

« I am very ill, I have a very grave maladie. »

And accessoirement un carnet Mickey and a ridiculous piercing à l'arcade sourcilière.

Au bout de cent tentatives en musique, elle a fini par répondre pour avoir la paix.

« C'est bon. J'enfile un pantalon et j'arrive, OK ? »

La fille était en mode « Je passe une liquette et je viens te taper la bise ». J'en avais mal au bide.

Ce jour-là, le Dieu des gratteurs m'avait pris sous son aile. Il voulait que j'aie gain de cause, il m'autorisait à briller un peu. Je crevais la dalle et il m'autorisait à ramasser quelques miettes de notoriété. Merci, mon Dieu.

Quand elle s'est présentée sur le pas de sa porte, Paris Hilton avait tout prévu. Elle avait dans les mains un poster géant d'elle, un feutre et un chien. Les appareils se sont à nouveau déclenchés.

Kchhhhhhhhhhhhh.

« Where are you from ? elle m'a demandé.

– France. Just for you. You're my angel. »

Kchhhhhhhhhhhhh.

Cette fois-ci, j'étais sur la photo. J'étais le grand gagnant du Loto.

Elle m'a fait un câlin, hop, hop, hop, what's your name, merci, au revoir. T'avise pas de trop traîner là, hein. Faut pas non plus déconner. L'affaire a duré dix secondes, après quoi elle m'a claqué la porte au nez.

Les premiers commentaires n'ont pas tardé à arriver sur Facebook. « Jeremstar il s'est fait paparazzer avec Paris Hilton ! C'est vraiment une star, ce mec, en fait ! Comment il a fait ? »

Ben il a eu le culot de sonner à sa porte, tout simplement…

Le lendemain, Paris partait en prison pour conduite sans permis. On a repris la rencontre dans la presse américaine. « Avant son incarcération, l'héritière fait une bonne action. » Quelques personnes se sont indignées à cause de l'histoire de maladie, mais j'ai rattrapé le truc en précisant que j'avais une angine. Rien de bien grave, contrairement à ce que racontaient ces « salauds » de journalistes. On m'a cru.

Avec ma légendaire aptitude à broder, j'ai fait des dix secondes passées avec elle un sommet de prix Nobel, le rendez-vous de l'année. J'ai mis en place une machination superbe, une série de bobards digne d'un « best of Jéjé ». Officiellement, j'avais passé du temps avec ma « best » à l'heure du thé alors qu'elle ne m'aurait même pas reconnu dans la rue l'heure après.

La machine de la gratte était lancée. De retour en France, j'ai vendu mon histoire à un magazine qui s'appelait *Oops*. La journaliste a pondu une double page délirante dans une rubrique intitulée « témoignage certifié authentique ». « Paris Hilton m'a invité chez elle », ça s'appelait. J'ai été payé deux cents euros pour passer quelques minutes au téléphone à raconter une histoire qu'elle a agrémentée de conneries.

« Jérémy découvre ensuite le reste de la villa, qui comprend quatre grandes chambres, trois salles de bains et un office. »

Ben voyons. Quand j'ai sorti ma première biographie, un vieux bouquin en vente dans une librairie gay du Marais, j'ai poussé le vice jusqu'à faire croire qu'elle l'avait préfacé. « J'adore le business que Jeremstar a créé autour de lui, j'ai écrit. Je lui souhaite le meilleur pour la suite, mais je ne suis pas inquiète pour lui. Il a tout compris. » Signé *Paris.*

Tout s'est enchaîné. À chacun de mes passages télé, les images du « copinage » étaient diffusées. Du « mec qui se fout à poil sur les plateaux télé », j'étais devenu « le type suffisamment culotté pour sonner chez sa star préférée ».

« Paris Hilton est ma meilleure amie ». Le temps passant, ce mensonge est devenu vérité, puis légende. Il fallait entretenir la flamme. On me demandait sans arrêt :

« Tu l'as revue, Jérémy ? Tu la revois quand ?

– Oh, je répondais. Avec nos agendas, on n'a pas trop le temps, tu sais !

– Mais vous vous écrivez régulièrement ?

– Ouais, ultra souvent ! »

Dois-je préciser que je mentais ?

Deux ans plus tard, je suis retourné aux États-Unis avec une amie. Je devais à tout prix alimenter la bête, la rencontrer à nouveau, publier une nouvelle photo de nous sur mon site, une vidéo, vite. Je voulais retenter le coup du panneau, avec une petite variation, cette fois. « Je t'aime. J'ai survécu à la maladie grâce à toi. » Mais je n'ai pas réussi. Paris n'habitait plus sa bicoque de West Hollywood. Elle avait déménagé dans une résidence sécurisée. Après plusieurs jours à poireauter, ma copine en avait assez.

« Qu'est-ce que tu vas dire à ton public, Jérémy ? Avouer que tu as raconté des conneries ?

– Jamais de la vie. »

Je m'en suis encore sorti. J'ai trouvé un photomaton sur Hollywood Boulevard, un truc où tu poses devant un fond vert, après quoi on incruste dans l'image la personne de ton choix, en mode elle a posé avec toi.

J'ai balancé le truc sur mon blog et, par chance, mes fans se sont laissés berner par ce montage grossier.

La morale de l'histoire ? Si j'ai honte de le dire aujourd'hui, j'étais prêt à tout pour toucher mon rêve du doigt, gagner en notoriété. Avec la complicité déguisée de Paris Hilton, j'avais inauguré un nouveau créneau, le « Celebrity Squatting ». Gratter la notoriété de quelqu'un d'autre pour exister.

J'ai tout fait pour alimenter mes sites de contenus de type « les people sont mes amis », histoire de continuer sur l'ambitieux chemin que j'avais emprunté.

Je pratiquais le canular téléphonique, la honte ; je passais des heures en Twitcam, à réclamer des interviews de Marc Lavoine et de Thierry Ardisson dans ma baignoire. Je collectionnais, comme autant d'images Panini, les photos de moi avec des stars.

La supercherie avait fonctionné une fois, je pensais. Pourquoi ne pas réitérer l'exploit ? Après Paris Hilton, j'ai tenté la même avec Christina

Aguilera. Je me suis présenté à son interphone avec mon carnet Mickey.

« My name is Jérémy. I come from France in a small city near Lyon.

– What ? You motherf***er !

– You know Lyon city of the rosette saucisson ?

– I'm gonna call the cops on you, you f***er ! »

Bien que parlant mal anglais, j'ai compris que beaucoup des témoignages d'amitié qu'elle m'adressait – commençant par « F » et finissant par « CK » – n'en étaient pas. Elle m'a envoyé ses cabots qui hurlaient ; d'énormes bergers allemands qui m'ont fait détaler. J'étais guéri. J'avais compris que la patience des vraies gens était limitée. Je n'avais plus le choix, désormais. Après m'être attaqué à de grands noms, j'ai décidé de revoir mes ambitions à la baisse. Je me suis donc rabattu sur la téléréalité.

***

CHAPITRE 9

On n'en peut plus, Jérémy, de ta téléréalité et de ton cul !

J'ai aimé la téléréalité. Si vous saviez comme je l'ai aimée. Toute ma vie, j'en ai rêvé. Je voulais avoir ma place dans ce monde, et pour ça, j'étais prêt à faire tout et n'importe quoi. Harceler les producteurs. Fréquenter les candidats. M'accrocher comme un vilain toutou à leur bras.

La téléréalité, mon Dieu. J'étais obsédé, je ne parlais que de ça. Faire de la téléréalité. Chacune des choses que j'entreprenais était conditionnée par ça. Je veux faire de la téléréalité. Laissez-moi en faire, pitié, je ne vis que pour ça.

Dans ma grande naïveté, j'étais persuadé que mes coups d'éclat bidon et que mes actus dénudées contribueraient à me faire remarquer. Bon sang, je disais. Peut-être qu'un type bien me regarde et qu'il fera quelque chose de moi ? Je n'en démordais pas. Si je suis partout, je pensais ; si on ne voit que moi, quelqu'un finira par me donner ma chance !

Tu y arriveras Jérémy, tu verras.

Il m'a fallu longtemps pour comprendre que j'avais été blacklisté des prods à cause de mon personnage trash. On m'imaginait borderline, incontrôlable et vulgaire. Je crois bien que je l'étais.

La téléréalité. Le pire, c'est que j'y suis presque arrivé. Je vous jure, les vermines, je l'ai presque fait. Vous l'ignorez peut-être, mais j'ai failli être au casting de *Dilemme*. Qui se souvient encore de cette émission-là ? *Télérama* l'avait décrite comme « la pire téléréalité jamais diffusée en France ». Quand bien même. J'étais enchanté à l'idée d'en être. Mais j'ai joué de malchance. Évidemment. On m'a annulé à trois jours près pour me remplacer par FloGaga, une tantouse un tantinet plus proprette. La haine.

C'est une sale période de ma vie, que je raconte ici. J'avais traîné mon derrière partout, tous les plateaux de France le connaissaient. Qu'est-ce que je pouvais faire de mieux après ? De la pornographie, peut-être ? Je perdais la tête, je me fâchais avec mes amis. Ils tombaient un à un, tous victimes de la guerre sans pitié que je menais pour accéder à la notoriété. Tout le monde me lâchait comme la crotte que j'étais ; une crotte qui n'évoluait plus qu'en portant des coupe-crotte. Sabrina Perquis, mon amie de toujours que j'adorais. Food Truck, ma copine de Lyon que tout le monde connaît.

« T'es complètement mégalo, mon vieux. Je ne peux plus te fréquenter dans ces conditions. Pardon. »

Et puis Laurène. Même la Laurène, ma copine d'aventures du Titan Discothèque. Elle aussi, elle m'a abandonné. Elle s'est mise en couple avec un type qui lui a interdit de me fréquenter. « Il a une mauvaise influence sur toi. Il fait des choses pitoyables », il disait. Avec du recul, je sais maintenant que c'était vrai.

Quelle tristesse tout de même. Le comble. Moi qui voulais être aimé… Au lieu de gagner les milliers de copains dont je rêvais, ironie du sort, j'en perdais.

« On n'en peut plus, Jérémy, de ta téléréalité et de ton cul ! »

Personne ne comprenait ce que je voulais. Ma conception du monde. Mes obsessions. Mes aspirations. Je désespérais. Les fesses de Jeremstar me suivaient à la trace. Je ne supportais plus mon avatar. Ses strings grotesques, ses poses perverses. J'ai cent fois voulu qu'il crève. Cent fois, j'ai imaginé son suicide médiatique ; un direct pendant lequel il irait trop loin, et qui le ferait bannir des plateaux télé à jamais. Cette scène s'est déroulée telle que je l'imaginais.

Cette date est à noter. Le Jeremstar des débuts est officiellement mort le 27 mai 2011, sur le plateau de la millième de *Vous êtes en direct*, l'émission que présentait Morandini. Après une énième apparition teintée de vulgarité – une pauvre fille déshabillée de force, menacée de mes coups de fouet –, Jeremstar exhibitionniste a laissé sa place à Jeremstar journaliste. Je me suis employé à changer d'image, aussi vite que possible. Si vous cherchez, les vermines, vous trouverez. Sur YouTube, il y a encore un passage dans lequel je porte une chemise de bûcheron et mes lunettes de myope !

Les gens s'interrogeaient.

« Qu'est-ce qu'il a, Jeremstar, il est malade ? Il a presque l'air normal ! »

J'ai travaillé pour plusieurs journaux. On m'a confié un magazine que j'écrivais totalement seul, *Planète People*. Morandini m'a même intégré à son équipe de reporters. Pour lui, j'ai monté des sujets merdiques, des trucs impossibles. L'exorcisme, les phénomènes Internet, le curling, le curving.

Je ne vais pas mentir, les vermines. Sinon, à quoi bon écrire un livre ? Quand il annonçait « un reportage signé Jeremstar », j'étais fier. Mais l'histoire n'a pas duré longtemps.

Un jour, Jean-Marc m'a signifié qu'il ne prononcerait plus jamais ce mot à l'antenne, « Jeremstar ».

« Maintenant, je dirai "Jérémy Gisclon". Ça fera plus crédible.

– C'est une plaisanterie, j'espère ?

– Pas du tout, mon grand. Fais-moi confiance. Ça passera mieux, tu verras. »

Ce que j'ai surtout vu, c'est que Morandini me dépouillait de la seule chose qui comptait à mes yeux, celle à laquelle j'avais travaillé comme un acharné, mon nom. En foutant Jeremstar aux ordures, il me ramenait sans le savoir à l'affreuse condition du journaliste ordinaire, et ça, je ne le tolérais pas.

Si vous saviez comme j'étais malheureux chez Morandini, les vermines. Triste comme jamais. Combien de nuits j'ai passées à pleurnicher au téléphone avec les quelques copines qui me restaient ? Je voulais démissionner ; je voulais me tirer, vite fait bien fait.

« Je ne suis pas né pour ça, je leur disais. Moi, je suis né pour être applaudi et aimé. »

Je gagnais mal ma vie, je m'ennuyais. Merci, Morandini ! Presque dix ans après, je te le dis : c'est grâce à toi que j'ai compris que si j'avais envie de tuer mon énergie à défendre des intérêts, ce ne seraient pas ceux d'une chaîne ou d'un présentateur, seulement les miens ! Me lever aux aurores, attendre les ordres ; manger entre midi et deux une salade de supermarché… Et puis quoi encore ? « Un reportage de Jérémy Gisclon ». Tu déconnes, ou quoi ? J'avais beau essayer de m'y faire, je n'y arrivais pas. Dans ma tête, Jérémy Gisclon n'était pas moi. C'était personne. Je détestais ce nom, Jérémy Gisclon. Pour moi, c'était celui de monsieur Tout-le-monde ; une personne qu'on ne photographie pas, une personne qu'on ne regarde pas.

Jeremstar est revenu en force. Grâce à toi. Grâce à toi, Morandini, j'ai entrepris de développer mon site, jusqu'à en faire une machine de guerre. Je devais l'alimenter d'interviews, de papiers ; j'avais besoin de candidats de téléréalité.

Si vous saviez comme j'ai lutté ! J'ai dû ruser pour les apprivoiser. Ce que j'ai fait ? Je vous le dis. J'ai appelé les gens. J'ai écrit des messages sur Myspace par milliers. « Je veux t'interviewer. » On m'envoyait souvent chier. Je me faisais passer pour un « free-lance ». Je mentais.

« Bonjour, Jérémy, journaliste ; je travaille pour plusieurs médias, *Paris Match, New York Times, Gala.* »

Quand le poisson mordait à l'hameçon, la tactique consistait ensuite à lui dire que je destinais plutôt le papier à ce blog superbe, tenu par un mec génial, La Conciergerie de Jeremstar.

La première à m'avoir répondu positivement, c'est Laly, de *Secret Story*. Elle a été la première candidate à se laisser approcher. *Secret Story 3* battait son plein, et en candidate emblématique de la première saison, elle avait sa place sur les *primes*. Grâce à elle, j'ai eu accès aux coulisses, mon rêve. Je mangeais avec les candidats, je déambulais dans les couloirs comme si j'étais chez moi.

L'idée lui est un jour venue de m'inviter au lancement de son porno du moment. Ce soir-là, une chose s'est produite que je n'avais pas anticipée. Je suis tombé amoureux, les vermines. Pour de vrai. Je me revois assis, dans le carré V.I.P. ; je me sentais seul, un peu neuneu, quand Daniela Martins a fait son entrée. En toute bonne groupie que j'étais, j'ai quémandé une photo, je lui ai dit que je l'adorais. Quelques coupes de champagne ont fait de nous des amis pour la vie.

Sachez-le, mes Jeremstarlettes. Si j'ai aimé UNE candidate de téléréalité dans ma vie, c'est Daniela Martins. Personne d'autre. Daniela m'a fait ce cadeau merveilleux, elle m'a initié à cette chose exquise, à cette satisfaction délicieuse : apparaître dans la presse people. Elle me traînait partout, Daniela. À chaque événement où elle allait, j'étais à tous les coups photographié à son bras. Elle a fait de moi un « people ». Un sous-people, certes ; mais grâce à elle, j'existais.

J'étais si heureux. On a même mis au point une fausse paparazzade en mode « stars à la plage » elle et moi. Les images ont été publiées en une d'un journal. Moi qui lui tartinais le dos de crème. Elle qui gloussait comme une collégienne. C'était tout sauf crédible, c'était même ridicule, et alors ? Qu'est-ce qu'on a ricané ! Il n'y avait pas un chat sur la plage, dans mon souvenir. C'était à Deauville, en plein hiver. Pas grave : on a fait croire qu'on était partis dans les îles, in love au bout du monde.

Daniela, Daniela… À cette époque de ma vie, l'essentiel du contenu de mon site tournait autour de Daniela, ma meilleure, mon unique amie. Parmi le florilège des titres que je lui ai consacrés, j'ai retrouvé des pièces dignes de décrocher des prix littéraires :

« Daniela est excédée d'avoir mes fesses en plein visage. »

« Mes vacances avec Daniela : gobage d'huître, découverte de sa moule et sports de glisse. »

« VIDEO : 48 minutes de bonheur avec Daniela dans mon bain (sans érection) ! »

« *Les Anges* : Daniela m'accorde sa première interview ! »

« Daniela a beau me présenter sa croupe, je ne bande toujours pas ! »

Vous pouvez rire, mes Jeremstarlettes. Je vous y autorise. Mais c'est grâce à elle qu'a vraiment démarré mon business. Ses cocandidats la voyaient traîner avec moi. Ça ne doit pas être un mauvais gars, disaient-ils sûrement. S'il a la confiance de Daniela !

Daniela m'a servi de caution amicale. Elle m'a permis d'avoir un candidat de *Secret Story* dans ma baignoire ; puis deux, puis trois… Elle a été mon Cheval de Troie.

Pensez-y, les vermines : si je vis de la téléréalité aujourd'hui, si je préside à mon humble manière aux destins des uns et des autres, c'est parce que deux femmes l'ont autorisé et voulu. Laly de *Secret Story 1*. Daniela de *Secret Story 3*. Elles m'ont parrainé. Elles m'ont donné mes premiers potins. Elles m'ont propulsé. Ce qui s'est passé ensuite, vous le savez. J'ai décrété que je deviendrais le Perez Hilton français, et je l'ai fait.

***

CHAPITRE 10

T'es devenu Madonna dans la nuit, ou quoi ?

Ironie du sort, c'est au moment où j'y avais renoncé qu'on m'a ouvert les portes de la téléréalité.

En choisissant de développer mes sites grâce aux potins de mes amies, sans le savoir, j'avais misé sur le bon cheval.

Mon téléphone sonnait sans arrêt. Les gens se confiaient. Mes tiroirs débordaient d'informations. Des tromperies. Des puteries. Des mocheries. Des trucs embarrassants, certains gravissimes. Le genre de trucs que t'as pas envie de voir sortir sur toi, sous peine de prolonger ton séjour en prison, ou d'embarrasser ton programme.

J'aimerais mettre les choses au clair. Malgré la réputation lamentable qu'on me prête, je n'ai jamais eu l'intention de nuire à qui que ce soit. Je suis peut-être maladroit, mais jamais méchant gratuitement. Mais il ne faut ni me trahir, ni me titiller… et quand les choses vont trop loin, je suis le premier à mettre le holà.

Contrairement à ce que vous inculquent les candidats que vous vénérez, sachez que la bienveillance paye toujours, les vermines. Mes plus belles amitiés, moi, je les ai toujours construites en protégeant des copines qui souffraient.

Jamais je n'oublierai ce scoop que m'avait envoyé ce candidat. Une coucherie dégueulasse qui valait un milliard de points sur l'échelle de la gêne. J'aurais pu la sortir, mais j'ai préféré écrire au directeur de NRJ12 en mode communication de crise.

« Voilà. Je te préviens tout de suite. Y a des infos qui circulent sur ********. C'est une fille que j'apprécie. Si la chose venait à se savoir, j'aimerais que tu saches que vous pouvez compter sur moi. J'ai une dizaine de bandes audio qui pourraient la dédouaner. »

Il faut croire que la délicatesse paye. Le type m'a remercié pour mon honnêteté. Il a proposé de me rencontrer.

« Depuis le temps que j'y pensais. Ton blog commence à cartonner… Que dirais-tu d'un petit déjeuner ? »

Un ange gardien veille sur moi, mes Jeremstarlettes. Je le sais. Et à ce moment précis, je crois qu'il me serre très fort dans ses bras. Je rencontre Stéphane Joffre, un type adorable, intelligent, génial.

« J'ai envie d'être présentateur télé, je lui balance de but en blanc. Chroniqueur.

Il éclate de rire.

– Mais ça ne marche pas comme ça, Jérémy ! Tu y arriveras peut-être, mais tu dois procéder par paliers. Pourquoi ne pas commencer par faire *L'Île des vérités* ? »

J'ai accepté. Bon. Je n'ai pas fait pas grand-chose, dans ce programme, si ce n'est balancer des punchlines, des piques sans pitié.

« Beverly, c'est la Paris Hilton Leader Price. »

« Monira et Malika sont plus viriles que Booba. »

Tournage à Tahiti. Vingt-quatre heures de vol. À la base, je dois rester une semaine. Mais on me prolonge de dix jours parce que, dit-on, « je suis exceptionnel ». Si bon dans mes confesses qu'à mon retour en France on me colle direct au casting des *Anges 6*.

Rebelote. Dans *Les Anges*, mon rôle de perturbateur est poussé à son paroxysme. Les candidats flippent. Mon arrivée est une catastrophe naturelle, un cataclysme.

On ne me dit pas bonjour. On ne me fait pas la bise.

« Toi, tu dors dehors ! me balance même Anaïs. On te l'a pas dit ? Y a pas de chambre pour toi !

– Sympa… »

En plus, comme la prod flaire le clash, elle fait les choses en grand. Dès le lendemain, elle fait en sorte de me livrer en pâture aux garçons, qui s'y mettent à six pour me violenter verbalement.

Les épisodes traînent toujours sur YouTube, au cas où quelqu'un aurait oublié la flopée d'injures que je me suis prise en pleine face.

« T’es une poussière sociale, m’a balancé ce cassos de Guirado. Un bas de plafond. Tu vaux rien. Tu fais le proctologue avec moi. »

Proctologue, dis donc. J’ignorais qu’il était au courant de l’existence de cette profession.

Dans ce lynchage organisé, chaque mouton y va de sa petite cochonnerie. Notamment cette vermine d’Eddy.

« On va lui mettre la misère, qu’il dit, celui-ci.

– T’as pas de face, que du vice », me lance un autre.

Je tombe de l’armoire. Deux jours plus tôt, Julien Bert, Eddy et Thibault, mes potes de l’époque, trépignaient encore sur WhatsApp à l’idée de ma venue.

« Vivement que tu sois là, vermine. Ça va être cool ! »

Tout le monde a retourné sa veste devant la caméra pour faire genre. Pour ajouter sa sale trogne à une séquence clef tournée à mon détriment.

Merci les copains. Super !

Un mec a décrété qu’il fallait me malmener. Benjamin Machet. Les autres ont suivi.

J’en ai chié, et pourtant. Grâce à quelques séquences tournées avec Frédérique, notamment cette scène mythique pendant laquelle je saute sur son lit avec les pieds dégueulasses, mon passage a été auréolé de succès.

Mon apparition dans *Les Anges* coïncide avec mon premier contact avec la notoriété à grande échelle. Pas la petite notoriété que je m'acharnais à gagner à coup de manigances pathétiques, non. La vraie.

La veille de la diffusion de mon épisode, je sortais encore faire mes courses à la supérette, le lendemain on me suivait au rayon fromages, on me photographiait en caisse.

« C'est Jeremstar, wesh ! »

C'est un petit patelin, Jouy-le-Moutier : à part un champ, un supermarché… Pas bien dur de savoir où j'habitais.

Des racailles me filmaient à travers des vitres de bagnole. Ils me poursuivaient jusqu'à mon hall d'immeuble. J'ai été contraint de déménager.

J'avais été exaucé, on me reconnaissait, mais après ?

Le tournage avait été difficile, j'en étais sorti écœuré. Refaire ça, mon Dieu… Être entouré d'imbéciles, d'hypocrites qui me tournaient le dos alors qu'ils me léchaient le cul quand ils n'étaient pas filmés… Plus jamais.

Écoutez-moi bien, les vermines. J'aimerais mettre une bonne fois pour toutes fin à cette légende urbaine, selon laquelle je trashe la téléréalité parce que je suis furieux de n'en avoir jamais fait. C'est une absurdité.

J'en ai fait ! Et si j'ai changé de posture, c'est parce que ce que j'y ai découvert m'a profondément écœuré. Voilà la vérité.

J'ai été scandalisé par les comportements de ces gens. Je me suis senti incarcéré, prisonnier de personnages abjects et entouré de créatures décérébrées que je ne pouvais plus supporter.

Mon Dieu. Moi qui aurais donné ma vie pour ça. À quel point m'étais-je trompé ? Dans *Les Anges*, j'ai découvert les bas-fonds de l'humanité. Des bonniches prêtes à faire mentir leurs convictions, des morues prêtes à se piétiner pour une séquence filmée.

La vraie téléréalité a jeté un froid terrible sur mes rêves. Elle les a congelés à jamais.

J'ai partagé ma vie avec des gens à l'hygiène douteuse. J'ai dormi par terre. J'ai vu des candidats qui se faisaient torturer en y étant encouragés. Ça m'a profondément touché. Notamment cette petite candidate, Nelly. Son prénom y est pour quelque chose, peut-être ? Je n'ai pas supporté de la voir pleurer sans arrêt.

Mon passage dans *Les Anges* a forgé l'orientation que prendrait mon travail désormais. Plus jamais de célébration. Uniquement de la dénonciation. Et tant pis si ça déplaît.

Je vais venger mes copines, j'ai pensé. Je ne protégerai plus personne. Car enfin, comment se fait-il qu'on adule des balayures pareilles ?

Je suis bas de plafond, moi ? Truffé de vices ? Attendez de voir, les gars.

J'ai redoublé d'efforts pour faire fructifier mon site. J'ai balancé comme jamais. Jusqu'à avoir gain de cause, jusqu'à montrer ces gens tels qu'ils étaient réellement. J'ai écrit mille papiers incendiaires. J'ai tourné mille baignoires. C'est d'ailleurs grâce à l'une d'elles que j'ai découvert Snapchat !

Un jour où il attendait son interview, Vincent Queijo tapotait son téléphone comme un possédé.

« Tu fais des trucs chelous, là ! C'est quoi ?

– C'est rien du tout, laisse-moi. »

De curieuses images s'affichaient sur l'écran.

« Je rêve ! T'envoies des photos cochonnes dans le dos d'Alexia ?

– Ouais, c'est bon, c'est Snapchat… Ça permet d'envoyer des trucs salaces sans laisser de traces ! »

Je ne me souviens pas de ma première story, les vermines. Ce que je sais, c'est que j'ai fait de mon Snap la suite logique de mon apparition dans *Les Anges*. On en discutait sur Twitter. Ça amusait.

« Oh Jeremstar, mort de rire, c'est trop un fou ! Même dans la vraie vie, il pousse Frédérique à bout ! »

Dans la VRAIE VIE, disaient les gens.

C'était spontané. J'allais à un booking avec elle, je la chopais en train de bouffer.

« Ben dis donc, la vermine s'empiffre ! Pas bon pour le régime ! »

Ce qui s'est passé ensuite m'a totalement dépassé. Moi qui imaginais le média télévisuel indétrônable, on ne m'a plus parlé des Anges du jour au lendemain.

Dans la rue, des gamines reprenaient mes cris. Mieux encore, en plus d'avoir placé ces pourritures d'*Anges* aux ordures, Snapchat avait effacé mon passé d'un trait. Morandini. Paris Hilton. Fini.

Snapchat m'a sorti de la tourbe dans laquelle j'étais enterré. Du jour au lendemain, je n'ai plus été suivi par des vieux cochons, jamais. Je me suis découvert un public salvateur de pucelles à appareils dentaires, mes parfaites Jeremstarlettes.

J'avais passé les dix dernières années à vouloir étaler ma notoriété, comme du beurre sur une tartine. À pousser les murs pour gagner plus d'espace, toujours.

Ma boîte de nuit. Ma résidence. Lyon. Paris.

À chaque étape de mon parcours, je pensais être connu sans l'avoir jamais été.

Snapchat m'a offert la reconnaissance dont je rêvais. Cet aveu me coûte cher, les vermines. C'est toujours un peu difficile d'admettre qu'on s'est trompé sur toute la ligne. Moi qui rêvais de télévision pour atteindre l'exposition totale… Quel con ! C'est mon téléphone qui m'a offert la satisfaction d'avoir réussi pour de bon. Tout simplement.

À quoi bon m'échiner à fréquenter des imbéciles, à quoi bon me faire conter fleurette par des producteurs véreux, quand il suffisait de me filmer sur ma chaise avec mon téléphone, dans mon appartement ?

Les Anges ne m'ont pas mis en lumière, ce n'est pas vrai. C'est Snapchat, qui l'a fait. Je pensais plafonner et ne jamais pouvoir faire mieux. Mais un jour, moi, le gamin malmené au lycée qui rêvait d'être aimé, j'ai compris que j'avais pris ma revanche sur la vie.

J'étais assis à la terrasse d'un café, avec une amie. En l'espace de dix minutes, nous avons été assiégés par une trentaine d'adolescentes en transe.

« Calmez-vous, les vermines ! Vous me mettez mal à l'aise ! »

En voyant ma copine outrée, furieuse de ne pas pouvoir finir une phrase en ayant la paix, j'ai compris que j'avais enfin gagné. La Coupe du Monde. Un César. Le cocotier.

« Qu'est-ce qui se passe, Jérémy ? T'es devenu Madonna dans la nuit, ou quoi ?

– C'est à peu près ça. »

Snapchat est la plus belle chose qui me soit arrivée dans ma vie. Grâce à Snapchat, j'ai appris que j'étais drôle. Les cris, les hurlements. Je me suis lâché, vraiment. J'ai fait les choses en grand. Cette application a été pour moi un deuxième coming out, une libération.

Dans l'histoire, ma plus belle satisfaction aura été de faire mentir les mises en garde de mes parents.

« Tu ne deviendras pas célèbre comme ça, Jérémy ! » « Il faut avoir du talent pour percer », qu'ils disaient. Je leur ai prouvé qu'ils se trompaient.

Merci Snapchat. Merci la vie.

Au moment où vous lirez ceci, sachez que je ne vois plus Snapchat comme un simple programme.

Snapchat est devenu ma téléréalité à moi, mon show grandeur nature, mon vivier de personnages. Des gens que je sélectionne à la bienveillance et dont je condamne les fourberies.

J'adore Snapchat. Snapchat est le prolongement logique de mon bras, c'est l'extrémité de mon doigt.

Snapchat, c'est la vie ; c'est moi. C'est comme si l'application avait directement été greffée dans le creux de ma main.

Ma main s'appelle Snapchat. Parle à ma main !

***

CHAPITRE 11

Est-il normal de vouloir ressembler à des gens comme ça ?

On me reproche d'être sans foi ni loi, d'aller trop loin, de balancer des horreurs sur mon site. Tirons maintenant les choses au clair, mes Jeremstarlettes. Vous devez à tout prix savoir que les trucs les plus sales, ceux que vous allez découvrir plus bas, je les ai jusqu'ici gardés pour moi.

Avec le succès, j'ai compris que je m'adressais à un public jeune, qui n'avait pas à être exposé à la description détaillée d'un monde aussi pathétique que l'est celui de la téléréalité.

Je vous promets. L'envers du décor, tel que je l'ai découvert, était si glauque qu'il a achevé de m'écœurer.

J'avais fait le choix d'épargner mon public, mais depuis que je signe des autographes à des enfants de huit ans, je me sens investi d'une mission.

Protéger. Alerter. Prévenir.

Il est temps de jouer cartes sur table, les vermines.

Vous pensez que les candidates de téléréalité sont des prostituées ? C'est vrai. Je compte sur les doigts d'un moignon les filles qui n'ont jamais tapiné.

Vous pensez que ce sont des droguées ? C'est également vrai. La plupart d'entre elles sont des sacs à vin, doublées de skieuses de haut niveau.

Pour ce qui est des endroits « branchés » qu'elles fréquentent et qui vous font fantasmer… Sachez qu'elles y traînent uniquement parce qu'elles espèrent y rencontrer des types fortunés qui bookeront avec elles des rendez-vous négociés.

Je suis désolé de briser vos rêves si vous en aviez ; mais je vous jure que c'est la vérité.

OUI, les vermines, la téléréalité est un catalogue de prostituées.

Est-il logique d'aduler de tels personnages ? Est-il normal de vouloir ressembler à des gens comme ça ? Pour ma part, je n'ai pas envie de voir se détériorer la vie de mes Jeremstarlettes adorées, certainement pas.

Le Jeremstariez-vous ? C'est un emploi du temps bien particulier qu'a le candidat de téléréalité. Il se déchire la gueule en soirée. Il erre tel un zombie dans la nuit. Il se couche aux aurores, après avoir dégobillé dans son taxi… Quand il émerge, à dix-huit heures, sa seule activité consiste à faire la pub de ses kits de blanchiment dentaire.

Les femmes que vous adulez sont pour la plupart des crasseuses, les vermines, il faut que vous le sachiez. Ce sont des filles qui rentrent chez elles désarticulées, souillées. Elles arrachent leurs extensions, pour les piétiner au pied de leur lit. Elles font couler leur maquillage a force de pleurer en vomissant leurs excès.

Encore une fois, je suis désolé.

Pour le tuto make-up de Jéjé, sachez que la greluche type ne se démaquille pas. Elle garde le même fond de teint trois jours, en y ajoutant quelques retouches, avant sa prochaine virée…

Les soirées sont essentielles dans la vie d'un candidat de téléréalité. Laissez-moi vous en raconter quelques-unes auxquelles j'ai assisté. On verra après si vous êtes dégoûtés.

La première chose qu'il faut savoir, les vermines ; c'est que la téléréalité française a ses endroits, dans lesquels il est essentiel d'aller. Ce n'est pas en boîte de nuit que se joue la vie de ces gens. C'est dans un appartement parisien des beaux quartiers, que la terre entière connaît. Celui d'un mec relativement cool, au demeurant extrêmement louche, Gaston.

Je vous explique.

Chez Gaston, c'est comme la réception d'un hôtel. C'est une baraque immense, dans laquelle les candidats posent leurs valises quand ils passent par Paris.

Tout le monde s'y retrouve. On y croise des footballeurs, des voyous, des animateurs télé, des vieux messieurs fortunés…

Chez Gaston, c'est The Place To Be, l'endroit à fréquenter.

Je ne sais pas ce qu'il fait dans la vie, ce Gaston, sinon qu'il mouille dans des trucs pas nets.

Son existence est une éternelle soirée. C'est un apéro qui dégénère en after, avant de déborder sur la nuit d'après.

Chez lui, les gens vont, ils viennent, on boit de l'alcool, on parle des prochaines émissions, on met des clips à la télé…

Les gens se droguent et ils draguent.

Comment j'ai atterri là ? Je ne sais pas. Je me souviens y avoir accompagné une copine une fois. L'anguille, on l'appellera.

Alors voilà, les vermines. Ça se passe comme ça. L'anguille est assise à côté de moi. On discute, tranquillement calés au fond d'un canapé.

La fille m'explique qu'elle part la semaine suivante, tourner *Les Anges*. À un moment, un mec lui fait un signe, sans que je comprenne bien pourquoi.

L'anguille se lève pour le rejoindre dans une pièce sombre.

« S'cuse-moi bébé », qu'elle fait.

Dix minutes après, le type sort en remontant sa braguette.

« Je l'ai bien niquée, qu'il crie aux invités, cette traînée ! »

Pardon pour la crudité de ces mots, mais je suis outré.

Ma copine quitte la chambre quelques secondes après. Ses cheveux sont défaits. Elle s'essuie le coin de la bouche avec un Kleenex. Alors qu'elle ferme la porte derrière elle, tout le monde se tait. Elle se rassied comme si rien ne s'était passé.

« Ouais donc… Qu'est-ce que je disais ? Ah oui ! *Les Anges de la téléréalité* ! »

Un billet de cinquante euros dépasse de la poche de son minishort, qu'elle enfonce de ses ongles colorés.

« Tu faisais quoi, au juste ? je la coupe.

– Ouais, j'étais un peu fatiguée… J'avais besoin de m'allonger. »

Tu parles d'une soirée ! Une heure après, ma pote fait un malaise. En plein milieu d'une phrase, voici qu'elle glisse comme une feuille morte sous le canapé.

Gaston accourt.

« Qu'est-ce qu'elle a encore pris, putain ? »

Je dégaine mon téléphone. Elle a la santé fragile, mon anguille, je suis inquiet.

« Vas-y, je dis. J'appelle les pompiers. »

Gaston m'attrape le bras. Il le bloque avec force.

« Déconne pas, Jérémy. T'imagines si les flics débarquent ?

– Et toi, putain, t'imagines si elle fait un arrêt cardiaque ? »

Quelqu'un lui jette le contenu d'un grand verre d'eau au visage. On la gifle à tour de bras. Je suis ahuri.

« Putain ! je crie. Y a pas un médecin, parmi tous les gens inutiles qui traînent ici ? »

Il y a des mecs que la situation amuse. D'autres qui filment. Des gens qui fuient.

On me montre du doigt un vétérinaire, tellement drogué qu'il risquerait de la tuer.

Dieu merci, l'anguille finit par se réveiller. Je la porte jusqu'à un lit.

J'ai envie de pleurer, les vermines, je vous promets. Je ne sais pas ce qu'elle s'est mis dans le nez, mais ma copine a le visage possédé, la peau complètement ravagée.

Elle vomit, elle s'évanouit encore. Elle pleure.

« Tu te rends compte, la vie de merde que j'ai, Jérem ? Dis-moi que tu m'aimes. »

Je lui tamponne le front avec une serviette humide.

« Pourquoi tu t'infliges des trucs pareils ?

– Je sais pas. Pour me donner un genre, peut-être ? Parce que je n'ai pas le choix ? Parce que c'est trop tard pour moi ?

– Tu n'as même pas vingt-cinq ans, enfin ! Voyons… »

Tandis que je prends soin d'elle, j'entends son mec ricaner à côté. Un grand con auquel le sourire béat donne l'allure de l'idiot du village.

Je l'entends raconter qu'il y a quelques jours, elle et lui se sont violemment disputés.

« Elle m'a jeté ses talons à la gueule, qu'il crie. Cette cagole ! »

Voici qu'il arrive et qu'il s'approche de la fille, en mimant la gifle. Le visage de cet imbécile est couvert de compresses.

Il raconte qu'elle a manqué de lui crever un œil, qu'il a dû courir aux urgences pour qu'on lui recouse la moitié de la figure.

Pour un candidat de téléréalité, c'est la pire catastrophe.

De retour dans le salon après qu'elle s'est endormie, je croise un mec d'une téléréalité de dating, qui se présente chez Gaston au bras d'un vieux monsieur adipeux, quelqu'un de très connu.

Je ne sais pas pour vous, mes vermines, mais moi, ce monde me dépasse. Je vous jure que je ne le comprends plus.

« Oh ! Je pensais que t'étais hétéro ! », je lui dis.

De sa bouche, j'apprends que le vieux cochon paye ses services à l'année, qu'il vit avec lui dans le quartier.

Tenez-vous bien, les vermines. Le délire du vieux, c'est *Cinquante nuances de Grey*, version gay. Dans son appartement, il a installé une « salle des châtiments ».

« On y trouve tout un tas d'accessoires en cuir. Fouets, harnais, martinets…

– Mon Dieu ! »

Je crois un instant à une plaisanterie, mais je comprends rapidement que tout est vrai.

« Et pourquoi tu fais ça ? je lui demande. T'as pourtant une réputation de tombeur. T'enchaînes les greluches, dans ton émission…

– Ben, je veux avoir une vie de rêve, évidemment !

En échange d'être invité à toutes les soirées de la haute, de mener un train de vie luxueux, le mec dort avec le vieux. Il joue avec lui à touche-pipi.

« Je suis allé en VIP aux Voiles de Saint-Tropez ! qu'il dit. Tu te rends compte ? C'est cool, non ?

– Waouh, non, pas vraiment ! À ce compte-là, t'as intérêt à aimer les bateaux, sérieux ! »

Je suis écœuré.

J'ai rencontré tous types de personnes, chez Gaston. Des trafiquants d'armes, des trafiquants de drogue. Des taulards. Des hommes et des femmes qui faisaient commerce de leur sexe.

En fréquentant ce merdier pendant quelques mois, j'ai été contraint de constater que, d'une semaine à l'autre, le tour de table changeait.

Quand je m'inquiétais de l'absence de quelqu'un, j'apprenais qu'il avait braqué une station-service, qu'il était en prison, ou bien mort.

« À quoi bon s'étonner ? qu'on me disait. Ça lui pendait au nez !

– Euh… »

Drôle de type, ce Gaston. D'après ce que j'ai compris, c'est un mec qui est a priori fortuné… Sauf qu'à force de rincer tout le monde, il est souvent en galère de thunes.

Alors il emprunte par-ci par-là, pour faire bonne figure…

Peu importe d'où elle sort, les vermines, il a toujours une liasse de billets dans sa poche… et pour lui, c'est l'essentiel.

Pour la vulgarité, pour le m'as-tu-vu, pour le style.

Pour attirer dans son lit des candidates de téléréalité, en satisfaisant leur extrême vénalité.

Alors qu'il a déjà jeté son dévolu sur une grognasse qui se dandine en robe de soirée, sa dernière « conquête » me raconte la plus grande catastrophe de son existence.

« Tu te rends compte, Jérem… qu'elle dit. Les Louboutin qu'il m'a offertes étaient fausses ! »

Dans un état d'ébriété avancée, la morue s'accroche à mon épaule. Elle se contorsionne pour attraper sa godasse.

« La semelle se décolle Jérem, regarde… J'ai couché avec ce porc contre une paire qui vient d'Internet, putain. Je suis dévastée. »

Si la fille savait que Gaston a dans sa chambre tout un stock de fuck-me shoes, elle aussi lui jetterait son talon au front, peut-être ?

C'est un malin, ce Gaston… Il m'a un jour ouvert son dressing et il débordait de ces contrefaçons grossières, qu'il offre aux filles, m'a-t-il dit, « histoire qu'elles lui coûtent moins cher ».

« Je les fais venir par lots !

– Je hurle ! »

Je suis outré, les vermines. Écroulé de rire. Je suis désolé, mais je ne peux qu'être admiratif devant tant d'ingéniosité.

Beaucoup de choses se disent, dans le salon de Gaston. Beaucoup de choses se passent. Au détour d'une pièce, un mec qui vend des faux billets me fait signe d'approcher tout en restant discret.

« Tu me donnes deux cents en liquide et tu repars avec quatre cents, qu'il dit.

– Non merci… »

Derrière un rideau, un médecin propose des injections suspectes. Il crie : « Une pipe, une piqûre ! »

On se croirait dans un souk. Tout le monde tente de m'entraîner dans son arrière-boutique.

Un autre type exhibe son revolver, que je trouve quelques minutes après dans les toilettes, en train d'en faire lécher le canon à une fille…

Je navigue en plein cauchemar, mes Jeremstarlettes. Au détour de certaines conversations, j'entends prononcer des mots que j'imaginais n'appartenir qu'aux épisodes de *Julie Lescaut*. « Profanation de tombe ». « Cavale ». « Buter ». « Fumé ».

Elles se passent comme ça, les soirées téléréalité : on se drogue sur la table basse. On se tabasse. On se menace.

On ME menace.

Faute de m'apporter mieux, fréquenter des désaxés m'aura au moins permis de me protéger.

C'est comme ça que ça marche, les vermines. Les gens qui picolent parlent, et grâce à eux, j'ai un soir déjoué une conspiration terrible.

Tenez-vous bien, vous allez halluciner.

Deux candidats avaient prévu de m'enlever, de me balancer dans un coffre, après quoi ils prévoyaient de m'attacher nu à un arbre, en rase campagne.

« Ils voulaient te couper les doigts pour que tu ne puisses plus écrire d'articles ! rit Gaston.

– Non mais je rêve ! On est tombés sur la tête, ou quoi ? »

Pour en finir avec ces « sommets de la téléréalité », sachez que je ne les ai jamais aimés. Je les ai fréquentés pendant quelques mois, parce qu'ils étaient un puits d'informations pour mon site. Pour réseauter.

Parce que tout se passe là-bas et que je n'avais pas le choix.

Je n'y ai plus mis les pieds depuis deux ans. J'ai fait le choix de voir mon site s'appauvrir, plutôt que de me trouver malgré moi complice de choses affreuses.

La mafia, les flingues, les putes, la drogue… Vous me connaissez, mes Jeremstarlettes : tout ça c'est pas mon truc.

J’ai décidé d’abandonner ces gens à leurs turpitudes. À leur lente décrépitude.

J’ai claqué la porte derrière moi en hurlant PLUS JAMAIS ÇA.

***

CHAPITRE 12

Bye bye bookings, bonjour vraie vie

J'ai fait beaucoup de bookings, dans ma vie. J'ai passé plusieurs années à écumer les discothèques de France et de Navarre, soir de week-end après soir.

Je sais que c'est un sujet qui passionne les journalistes, les bookings. Il alimente les fantasmes, il revient sans arrêt. « Et comment ça se passe ? », me demande-t-on. « En quoi ça consiste ? Combien tu prends ? »

Moi qui n'aime pas mâcher le travail des journalistes, je m'engage aujourd'hui à les satisfaire.

C'est quoi, un booking, sinon un ménage de star ? C'est une basse besogne, qui n'exige aucun savoir-faire, tout au plus vingt mots de vocabulaire. « Est-ce que vous êtes chauds ? » « Waouh, ce soir, c'est le feu ! »

On te paye pour boire des verres, ricaner, danser. Faire le zouave au micro. Poser pour quelques photos. Voilà pour le cadre, je pense avoir bien résumé.

Ce ne sont rien que des soirées gâchées.

Combien d'heures de ma vie ai-je passées une bouteille de vodka à la main, debout sur un bar, à distribuer des shooters ? C'est un truc marrant, ça : des gens s'installent devant toi, ils sont disposés en rang et ils ouvrent la bouche bien grand.

« Gave-moi bien le gosier, mon Jéjé ! »

Pour moi, le jeu consistait à faire des ronds d'alcool sur leurs têtes et à arroser leurs lunettes. Je visais les yeux, je leur tartinais la trombinette.

Un booking se déroule selon cet ordre. Rencontrer des ivrognes. Se faire hurler des âneries dans l'oreille jusqu'à en avoir les tympans qui saignent. Et puis attendre. Poireauter dans une loge exiguë, au milieu des balais-brosses pendant des heures, en espérant qu'on voudra bien te verser ton cachet.

Est-il utile de préciser que la plupart des prestations sont rémunérées en liquide, avec des liasses de billets que les types planquent parfois dans des sacs-poubelle, histoire de se la jouer discrets ?

On te jette ta petite enveloppe sur une table, entre deux cartons de bouteilles, comme si t'étais un chien.

Là, tu as deux possibilités. La première, recompter… Et te faire insulter, en mode « Pour qui se prend ce connard ? » La seconde, compter les billets pour constater qu'il en manque la moitié… Et te faire également insulter.

« Tu pensais mériter mieux ? T'as cru que t'étais une star ? »

Sans compter les fois où l'on me refilait de la fausse monnaie…

« Bien mal acquis ne profite jamais », dit-on : une fois où j'ai voulu m'acheter un paquet de pâtes chez Monoprix, la caissière a beaucoup ri. Le billet était si mal imprimé qu'on l'aurait dit dessiné par un enfant de six ans.

Des méthodes de mafieux, vous dites ? Également quelques crève-cœur et des souvenirs révoltants.

Je me souviens avoir emmené Linda en booking, un jour. Naïve, la vermine pensait qu'elle aurait plié bagage avant minuit pour rentrer chez elle tranquille. Tu parles : à trois heures du matin, nous n'étions pas encore passés. Linda pleurait de fatigue, la pauvre. Elle trépignait.

« J'ai envie de faire pipi, Jérémy !

– Ah non, Linda. Tu sais que c'est interdit… »

Question commodités, sachez que la plupart des discothèques sont mal équipées. Les toilettes sont généralement placées à l'autre bout de la boîte : il est par conséquent impossible d'y accéder sans gâcher son entrée.

« Mais les gens savent que je suis là ! criait Linda. Il y a mon nom sur l'affiche. Qu'est-ce que ça fait, si on m'aperçoit ? »

Les toilettes, quand t'es en booking, t'as pas le droit. C'est comme ça. Quand elle fait Bercy,

Rihanna ne se mélange pas à la foule avant de monter sur scène, n'est-ce pas ?

Le gérant nous a tendu des bols, en nous conseillant de nous y soulager. J'ai posé celui de Linda à même le sol.

« Tu te rends compte ? m'a-t-elle dit. À mon âge ? Heureusement que ce n'était pas la grosse commission ! On m'aurait donné quoi ? On m'aurait passé une bassine, sinon ? »

Elle n'était pas loin du compte, la Linda. J'en ai personnellement fait les frais, quelques mois après ça, pendant une soirée partagée dans le nord de la France avec mon amour d'Amélie.

J'étais malade comme jamais, mes Jeremstarlettes, voilà qui vous amusera. J'avais eu le malheur de dîner d'une raclette, l'idée de l'année.

J'ai perdu toute dignité.

« Je crains un incident sur scène », j'ai sorti.

J'en étais rouge de honte. « Rouge anus », comme j'ai coutume de dire. Le gérant m'a privatisé les toilettes… des filles. Et tant pis pour mon entrée, cette fois : l'urgence était absolue.

Moi qui pensais qu'on me ficherait la paix, j'ai pris tout mon temps. Quarante-cinq minutes. Une heure, peut-être. Après quoi je suis sorti en me tenant le ventre, sous les applaudissements. Une cinquantaine de gamines m'attendaient là, bloquées le long du mur de brique par un vigile. Elles me photographiaient et Amélie se tordait de rire :

« Je croyais que tu faisais pas caca, Jérémy ! Je croyais que tes fesses n'émettaient qu'un spray pailleté !

– Ça te fait marrer ? »

Dix minutes après, rebelote. Sueurs froides, bouffées de chaleur. Cette fois, je préviens le mec.

– Je n'irai pas aux toilettes. Tu ne me feras pas le coup deux fois.

Je ne sais pas comment me vient cette idée, les vermines, mais je décide d'aller me vider sur le parking. Il est deux heures du matin, il gèle. Un truc à voir tes fientes durcir avant qu'elles aient touché le sol. Un garde du corps éclaire le bitume avec la lampe de son téléphone, et moi je pleure.

« Fais attention à la lumière, vermine ! Je voudrais pas m'abîmer le pantalon ! »

Il fait mine de se tourner, il ricane. L'humiliation est totale. Le pire, dans l'histoire, c'est qu'il faut enchaîner sur la prestation. Faire le pitre en maillot de bain dans un Jacuzzi brûlant en souriant à pleines dents. Quand t'as envie de mourir, je te jure, c'est pas trop marrant.

Quoi qu'il en soit, les vermines, je me plains, mais j'avoue que j'ai gagné pas mal d'argent. J'ai placé beaucoup de candidats également. Les établissements me demandaient de « ramener une copine » et moi, je mettais dans ma valise la morue du moment.

Ils sont nombreux, ceux qui m'ont supplié de les mettre en lumière un instant ! Ils voulaient à tout prix se faire Snapper, gratter si possible un cachet. Je finissais toujours par céder et, comble du comble, une fois sur place, ils me reprochaient d'avoir du succès.

« Pourquoi Jeremstar signe plus d'autographes ? J'ai fait *Les Anges* tout de même, MOI ! »

Voilà. Tu dis oui parce que la personne pleure. Tu la prends parce que t'es un bon gars. Et on te crache à la gueule. On te fout la honte. On profite de toi.

J'ai connu des candidats qui volaient des bouteilles pour les fourrer dans leur sac, je vous jure que c'est vrai. J'ai même connu des femmes qui, quand on les emmenait au restaurant, réclamaient qu'on leur mette dans un Tupperware de quoi subsister toute la semaine.

« J'ai pas les moyens de me nourrir ! elles disaient. T'as cru que ça rapportait, la téléréalité ? »

Quand j'ouvrais des cadeaux de Jeremstarlettes, elles prenaient un malin plaisir à me déballer dans le train leur « moisson du jour » : un rouleau de papier toilette, une bombe anti-odeurs, « parce que ça coûte cher ». Un stylo, un peignoir de l'hôtel, un paquet de cacahuètes. « Parce que ça sert. »

La pratique du booking est un cirque d'une tristesse infinie. Combien de plantages ai-je subis dans ma vie ? Combien de morues qui peinaient à se réveiller parce qu'elles s'étaient couchées ivres mortes la veille ?

Le candidat est pire qu'un enfant. Il faut le tenir par la main, veiller à ce qu'il soit assis dans le bon train. Quand il ne l'a pas éteint, le harceler sur son téléphone le matin.

« C'est bon, vermine, t'es prête ? T'as pris ta carte d'identité, une culotte de rechange, tes faux cils ?

– Vas-y Jérémy, j'ai plus envie. Tu diras au gérant de la boîte de nuit…

– Je lui dirai quoi, vermine purulente ? Tu m'as supplié de t'emmener. J'ai promis que tu viendrais. »

Le candidat de téléréalité n'est pas un personnage sérieux, c'est vrai. Peu importe la somme d'argent qu'on lui met sous le nez, il rechigne toujours à travailler. C'est plus fort que lui, c'est génétique : il te la fait à l'envers, et c'est toi qui te fais sermonner après.

« M'enfin Jérem, on comptait sur toi pour le bon déroulement de la prestation…

– J'y suis pour quoi, moi, si ces gens sont des cons ? »

En traînant des candidats sur les routes avec moi, je devenais un peu leur nounou malgré moi ; l'unique adulte responsable de leurs cochonneries, quelles qu'elles soient.

Un exemple. Autre booking. Autre fille. Au lendemain de la prestation, le directeur de l'hôtel m'appelle dans ma chambre.

« Bonjour, Monsieur. Pourriez-vous avoir la gentillesse de passer ? C'est au sujet de votre "amie". »

Vous allez halluciner, les vermines. Même si le mec parle peu, je comprends que des dégradations ont eu lieu dans sa suite.

Escorté par des types que j'imagine faire partie du personnel d'entretien, j'arrive devant la porte. Carte dans la serrure, lumière verte, tout le tintouin. Quand la porte s'entrebâille, on me tend un masque et des gants, en mode *Les Experts*.

« Non mais attendez, c'est quoi ce délire ? C'est une caméra cachée, ou quoi ? C'est un canular de Cyril Hanouna ?

– Voilà... », me fait le directeur en m'invitant à entrer.

Je suis soufflé. Il y a du vomi sur la moquette, des paquets de chips éventrés. De curieuses traînées courent sur les murs. En certains endroits, on distingue même des traces de doigts.

« Qu'est-ce qui se passe ? Elle a commandé du Nutella qu'elle n'a pas payé ? C'est ça ?

– Non, monsieur... Ça n'est pas du Nutella. »

Sur ma vie. Le type m'explique que la fille est partie en douce. Qu'elle a fait rentrer des types bizarres dans l'hôtel la veille au soir.

« Il va y avoir des travaux de rénovation à prévoir. Ça se passe comment, on les facture à qui ?

– Ne bougez pas. Je vous donne immédiatement le numéro de la personne. »

Non mais au secours, quoi. Pourquoi je tolère des gens comme ça ?

Certains candidats sont pires que des animaux.

Et les patrons de boîte qui achètent les nanas, on en parle ?

« Si j'augmente ton cachet de 10 %, ils disaient, tu seras gentille avec moi ?

– Seulement si tu me garantis des prestations trois fois par mois ! »

Le booking est un wagon à bestiaux, les vermines. Combien de candidats intoxiqués vomissaient dans leur loge, que j'ai dû border après leur avoir essuyé le visage avec une serviette chaude ?

Dans combien de bouges ai-je dormi pour permettre aux patrons de faire quelques économies ? Des cafards sortaient du lavabo ; je retrouvais dans mes draps des taches de café, des poils, des cheveux.

Et qu'en est-il des établissements miteux, dont le système électrique disjonctait en plein show ? À chaque soirée ses catastrophes, à chaque booking son merdier. J'ai même eu droit à un meurtre, vous le saviez ? Devant l'entrée de la discothèque, un type agonisait sur la chaussée.

« Oh, m'a sorti le gérant. C'est quelqu'un qui fait un malaise, sûrement ! Rien qui puisse remettre ta prestation en cause. »

Une heure après, l'établissement était envahi de policiers. Le malaise était en fait un règlement de comptes, qui avait dégénéré.

Concernant les bookings, mon désintérêt s'est installé par paliers. J'ai commencé par exiger des contrats de plus en plus complets. Être intégralement payé à l'avance. Avoir un hôtel correct. Une loge qui ferme à clef. Avec toutes les commodités.

Avant d'abandonner.

En trois années de bookings, dites-vous que je n'ai pas passé un seul week-end entre amis, les vermines. Je me suis fait humilier. J'ai attrapé trente angines qui m'ont empêché de poursuivre normalement mes activités.

Pratiquer le booking contraint à adopter un mode de vie qui ne me convenait plus.

Vivre la nuit ? Je ne suis pas un vampire, je ne suis pas un candidat de téléréalité, moi.

J'ai choisi d'abandonner cet univers aux gens qui ne travaillaient pas ; à ceux qui ont pour seule ambition de faire du gras, après avoir picolé toute la nuit, dans leurs draps.

Ce chapitre s'adresse aux bookeurs, aux gérants de discothèques. Ne me contactez pas. Je n'irai plus dans vos établissements, à moins que vous me fassiez des ponts d'or.

On me demande souvent combien je prends. Je l'écris ici en gras : **pour m'avoir, il vous en** coûtera 12 000 euros hors taxes, sans le voyage, sans les repas.

Voilà qui est dit. Des bisous, des cœurs, au revoir et merci.

Bye bye bookings. Bonjour week-ends entre amis. Bonjour vraie vie !

***

CHAPITRE 13

La mort est la seule chose qui puisse arrêter Jeremstar

Vous vous demandez comment je vis ? La réponse est simple, les vermines : je ne vis pas du tout. J'écris mes articles, je fais mes montages, je me filme, je me couche. Fin du spectacle.

Je suis navré de vous décevoir, mais mon existence entière tourne autour de mon personnage. Il est ma seule préoccupation, mon unique sujet de discussion… Au bout d'un moment, il est logique que le truc devienne un peu barbant.

En fait, s'appeler Jeremstar est un sacerdoce, c'est un sacrifice permanent. Peu importe à quel point je me démène, je n'ai jamais la satisfaction d'avoir achevé quoi que ce soit de concret.

Je me lève, j'écris un article. Il est périmé le lendemain.

Mon site est un ventre qu'il faut sans cesse alimenter. Que dire de mon travail si ce n'est que c'est un supplice sans fin ? Il faut toujours tout recommencer de zéro, chaque matin.

Pour que vous ayez une idée du décor, sachez que je travaille sur une table en verre, sur laquelle sont installés une imprimante et un ordinateur. Aucune décoration particulière ; rien de plus, rien de mieux.

Mon salon est une jungle, qu'il faudrait pouvoir déblayer à grands coups de machette. Moi qui me plains de ne jamais faire de sport, je fais ma gymnastique en enjambant chaque jour des dizaines de sacs de cadeaux et des centaines de lettres.

Quand je sors de mon lit, je piétine systématiquement mille paillettes, que je retrouve ensuite en étendant mon linge, jusque dans le fond de mes chaussettes.

Je suis comme un médecin qui ne doit jamais couper son téléphone, je me fais biper toute la nuit.

Quoi que je fasse, où que j'aie envie d'aller – et peu importe à quel point j'en ai assez –, je sais que mon téléphone se mettra à clignoter et qu'il affichera une information qu'il me sera impossible de rater.

Telle grognasse est enceinte, cette greluche-là se fait battre.

Comment avoir la paix ? Je me pose souvent cette question, et j'avoue ne pas avoir encore élucidé le mystère.

Quoi que j'en dise – et j'ai beau m'en plaindre sans arrêt –, mon travail restera à jamais ma drogue préférée. Inutile d'épiloguer : même en vacances à l'autre bout du monde, c'est plus fort que moi, je ne peux pas décrocher. Je m'ennuie rapidement dans l'inactivité. Mes doigts me démangent, il faut à tout prix Snapper.

Voilà à quoi ressemble ma vie, les vermines. Mon iPhone sonne sans arrêt. Je suis à chaque minute inondé de notes audio et de textos parmi lesquels arrivent quelques fois des supplications des seuls gens qui sont censés compter à mes yeux… mes parents.

Après avoir atteint mon quota de scoops journaliers, je leur réponds quand je peux.

« Tu t'intéresses moins à moi qu'à tes morues de téléréalité », me dit mon père.

Je ne me souviens pas vous l'avoir confié, mais il y a quelques années, le pauvre a eu un grave accident de moto. Je sais qu'il souffre, mon père, je sais qu'il a mal, je sais qu'il a besoin de parler. Et ne je suis pas suffisamment là pour lui. Il m'en veut.

– Je te rappelle plus tard, je lui dis. Une conne vient de se faire avorter… Je dois à tout prix la contacter.

Le temps passe. Trois heures plus tard, Gérard me laisse un nouveau message dans lequel il me reproche d'être injoignable.

« C'est pas normal d'avoir des rapports comme ça », me dit-il.

Il a raison, mon père ; mais quand je commence à composer son numéro, une force invisible m'entrave. Une voix cruelle me l'interdit. C'est plus fort que moi.

Non, Jérémy. Tu n'écouteras pas ton géniteur pleurer pendant des heures. Tu dois traiter l'IVG d'Ursula d'abord !

V.D.M : Je n'ai déjà pas de temps pour moi, comment pourrais-je me permettre le luxe d'en avoir pour les autres ?

J'en ai pour des connasses, certes, mais c'est le boulot.

De toute manière, je ne communique jamais par téléphone, sachez-le. Pour moi, le téléphone est une perte de temps, c'est une plaie. Même ma propre mère communique avec moi par WhatsApp ! On s'envoie des notes audio. On se répond quand on peut…

C'est un truc de ringard, de passer des coups de fil, quand on est une personne aussi occupée que moi. Et pour ce qui est de rencontrer des gens pour « déjeuner » ou « prendre un café », alors là… Comment vous dire les choses tout en restant pondéré ? C'est pour moi le summum de l'inutilité. Une fantaisie que je ne m'autorise jamais.

Je n'ai pas le temps pour ces choses. Je n'ai tellement le temps de rien, d'ailleurs, que c'en est devenu un sujet de plaisanterie. Quand un producteur de téléréalité me demande de l'appeler, qu'il me dit vouloir discuter avec moi d'un projet, j'entre en mode « réponse automatique ».

« Désolé, mon vieux ! Je n'ai même pas le temps d'appeler mes propres parents, alors toi, bon… »

JE N'AI PAS LE TEMPS, LES VERMINES, cette ridicule phrase que je répète tout le temps. Pas le temps d'aimer. Pas le temps d'être malade. Pas le temps d'exister.

Si vous saviez combien de bains j'ai tourné avec des bronchites, des extinctions de voix, des gastro-entérites…

Il y a encore quelques jours, je me suis présenté en dédicace avec une terrible conjonctivite. Mes yeux suintaient. Je n'y voyais pas à plus de cinq centimètres.

Vous savez ce que je dis à mon médecin, quand je le consulte ?

« J'ai besoin d'un traitement miracle, docteur, je vous en prie. Je ne peux absolument pas m'absenter de ma vie. »

La mort est la seule chose qui puisse arrêter Jeremstar. Même croulant par terre de fièvre… Je ne peux pas me permettre de décevoir mes Jeremstarlettes, les seules personnes au monde pour lesquelles je compte et qui m'aiment.

Un journaliste a un jour dit de moi que j'avais le burn out au coin des yeux. J'avoue qu'il m'arrive de me sentir fatigué. Il est même fortement possible que je finisse par y laisser ma santé.

La seule solution que j'aie trouvée pour résister au surmenage, en fin de compte, c'est de fuir l'horreur de ma vie quotidienne en partant à l'étranger. Entendons-nous, les vermines : quand je dis l'étranger, je ne pense pas à Londres ou à Madrid ! Pour ma part, j'ai besoin d'aller loin. *Plus loin*. À dix heures d'avion au minimum.

République dominicaine. Costa Rica. Thaïlande.

Le temps passant, j'éprouve le besoin de partir dans des contrées toujours plus exotiques.

J'avoue être un peu effrayé à l'idée qu'un jour je n'aurai plus aucun pays dans lequel me réfugier. À moins que j'aille sur la Lune, peut-être ?

Avec le temps, j'ai appris à tromper ma peur du vide en rendant mes nuits les plus courtes possible ; de même qu'en remplissant mes journées jusqu'à ce qu'elles éclatent.

Je dois m'occuper, à tout prix, vite. Le silence m'angoisse. Il est pour moi synonyme de vide, de néant, de chute.

Je ne le supporte pas, le silence. Je le déteste. Je serais prêt à tout pour le faire taire. Peu importe où, peu importe comment il se manifeste.

Chez moi, c'est simple, la télévision est toujours allumée. Quand j'y vois des visages passer, j'ai l'impression d'être entouré. Le problème, c'est que quand je tente de leur parler, aucun ne me répond… alors je me fais la discussion à moi-même, pour meubler.

J'ai rendez-vous avec machin… je dis. Ouais, demain je dois régler ce truc, OK.

Mes voisins profitent d'un brouhaha incessant, entrecoupé de cris qu'il m'arrive de pousser sans raison, pour le seul plaisir de me détendre et d'évacuer. Comme quand j'étais adolescent.

Jusqu'à ce qu'arrive la nuit.

Comment vous dire, les vermines ? L'obscurité me plonge dans un état de profonde nostalgie.

Quand les magasins ferment, quand les gens ont le mauvais goût de retourner à leurs vies, je me souviens que je n'en ai aucune. Alors je m'endors, tant bien que mal.

Dans mes pires cauchemars, je visualise l'enterrement de ma mère. La même scène, tous les soirs, toujours. Cette image me torture. Je porte une chemise blanche. On m'a installé à côté de gens que je ne connaissais pas, sur un banc. La cérémonie est touchante, les musiques sont belles. Il y a énormément de fleurs et au milieu de tout cela, il y a moi. Sans que je comprenne trop comment j'en suis arrivé là.

Le cercueil de ma mère est ouvert. Je regarde sa dépouille avec tendresse.

« Comment as-tu pu me faire ça ? je lui demande. Pourquoi m'as-tu abandonné ? Comment as-tu osé partir avant moi ? »

Assis dans cette église, je vis l'abandon ultime. La personne pour laquelle j'avais le plus d'attachement au monde ne sera plus jamais là pour s'occuper moi. À quoi bon continuer à vivre dans ces conditions ? Je n'ai plus aucun projet, si ce n'est celui de la rejoindre rapidement.

Je me réveille en sueur, avec pour seule présence un personnage en peluche que m'a offert Nelly pour

Noël. C'est comme un oreiller, ce truc, en fait : un oreiller qui aurait des bras et sur lequel a été brodée dans un cœur cette terrible inscription : « boy-friend de Jeremstar ».

Vous me voyez toujours entouré, les vermines, mais la vérité, c'est que je suis seul. Désespérément seul. J'ai du succès, on me dit qu'on m'aime… Mais être aimé de tout le monde, à la fin, c'est compter réellement pour qui ?

Les jours où je suis à Paris, sans rien avoir de particulier à faire, il m'arrive de prendre mon téléphone et de passer en revue les contacts de mon répertoire. Alors ça… je ne vais pas vous mentir, il y en a énormément : plus de dix mille.

Je fais défiler la liste. Un nom retient quelquefois mon attention. Sans plus.

Avec qui je vais passer la journée ? Il y a des gens que j'aime bien, certes… Mais de vrais amis ?

V.D.M. numéro 2 : Comment peut-on être aussi suivi tout en se sentant aussi seul dans sa vie ?

Je n'ai personne. Personne qui m'amuse vraiment, personne qui me plaise. Aucun nom à la pensée duquel mon visage s'illumine. C'est le grand drame de ma vie.

Je fréquente toujours les gens par défaut, jamais par choix. Sans grande conviction, pour tromper la solitude, pour ne pas être seul, en attendant le moment où je devrai rentrer chez moi et me trouver à nouveau livré à moi-même.

Je vois des gens, les vermines, évidemment ! Je ne voudrais pas vous donner de fausses idées… Mais vient toujours un moment où je ne peux m'empêcher de douter de leur sincérité.

Pourquoi cette personne m'apprécie-t-elle ? Pourquoi prend-elle de mes nouvelles ? Qu'espère-t-elle ?

Mes amitiés obéissent à un système de points. Si t'en as vingt, t'as gagné ta place, bravo ! Bienvenue dans l'intimité de Jeremstar ! Si tu n'en as que dix, en revanche, tu devras te plier en quatre pour entrer dans mes bonnes grâces…

Quelquefois, il m'arrive de soumettre les gens à des tests.

Je les mets volontairement dans des situations délicates, histoire de voir comment elles se comportent.

La personne est-elle accro à la célébrité ?

Dit-elle du mal de moi derrière mon dos ?

Est-elle jalouse parce que j'ai emmené quelqu'un d'autre en dédicace à sa place ?

Je ne pense pas avoir d'amis, en fait, la vérité. Mais sais-je seulement ce qu'est l'amitié ?

En l'état actuel des choses, dans l'infinie solitude de la notoriété que tout un chacun cherche à s'approprier, le seul intérêt que je puisse trouver à quelqu'un est celui de m'aimer.

Un ami, dans mon esprit, c'est quelqu'un qui va faire quelque chose pour moi alors qu'il n'y est pas obligé. C'est quelqu'un qui me touche dans sa façon de prendre soin de ma petite personne, de s'inquiéter.

Pour finir, seul comme je suis, je ne supporte que les gens dévoués, pour lesquels j'ai l'impression de compter.

J'ai le quotidien désespérément banal du chanteur abandonné : quand il m'arrive de dédicacer mes produits dérivés, je ne vois de ma vie que des chambres d'hôtel, des quais de gare, de salles pleines de fans.

Après m'être fait féliciter pendant des heures, couvrir de cadeaux, embrasser, je fais en sorte de rentrer chez moi le plus tard possible.

Je fais en sorte que le moment dure. Parce que je sais que personne ne m'attend derrière, parce que je refuse de me retrouver seul. Encore.

Arrivé à la gare, je traîne les pieds sur le quai. Plus têtu qu'une mule, je refuse d'avancer.

« On fait quoi, les vermines ? je demande à mon staff. On va boire un verre ? On débriefe ?

– Non, on me répond. Il est minuit, on a une vie.

– C'est vraiment dégueulasse de m'abandonner comme ça », je réplique.

***

CHAPITRE 14

Une vraie pucelle sans appareil dentaire !

Vous vous attendiez à trouver des révélations fracassantes dans ce livre ? En voici une belle, les vermines : à bientôt trente ans, je n'ai eu qu'un seul homme dans ma vie !

Je sais que ça paraît fou d'entendre un truc pareil, à mon âge… Pourtant c'est vrai. Il s'appelait Olivier. Il me trompait et il me malmenait, voilà pour le résumé.

J'ai eu ma première relation intime avec lui et je n'ai jamais été en couple avec personne depuis. Il y a bien eu des types que j'ai rencontrés en soirée, des mecs qu'on m'a présentés… Mais au-delà de ça, que dalle, walou, rien du tout.

C'est l'affreuse histoire de mon existence : ne jamais être amoureux de qui ce soit, ne jamais trouver quelqu'un qui me va. Toujours accepter par défaut la compagnie de gens que je trouve laids ou totalement dépourvus d'intérêt. M'accrocher à eux pour avoir quelqu'un à qui parler. Pour ne pas crever seul. Pour avoir l'illusion d'être aimé.

Je mérite mieux ; tout cela n'est pas normal, je sais.

Au moment où je vous parle, je n'ai pas eu de rapports sexuels depuis deux ans. Vous hallucinez certainement en le découvrant. Vous vous dites que j'ai la tuyauterie pleine de toiles d'araignées, peut-être ? C'est sans doute vrai. Mais j'ai passé tellement de temps à me serrer la ceinture que, pour moi, la chose est devenue habituelle.

Je suis un peu comme un prêtre ! Un prêtre de la téléréalité, peut-être ?

Mais j'ai trop souffert. Je ne suis rien de mieux qu'un animal blessé ; une petite chose en manque d'affection. J'ai peur, les vermines ; voilà la vérité. Peur d'être considéré comme un trophée, peur de me faire abuser. Trop de mauvaises expériences ont fait de moi un garçon difficile à approcher. Hors de question de tomber sur quelqu'un qui me filmera à mon insu ou qui racontera à la terre entière qu'il m'a eu !

J'avoue. La sexualité du monde moderne me laisse totalement scotché, effaré, dépassé. Tous ces échanges salivaires, ces candidats de téléréalité qui couchent au calme avec la terre entière… Je vous déçois peut-être, mais je n'y arrive pas, je ne le conçois pas. J'ai toujours été fleur bleue, moi. Mal à l'aise avec les choses de l'amour et du sexe, limite un peu niais.

Quand j'ai eu mon premier mec, je peinais à lui parler en face. J'évitais les sujets qui fâchent. Plutôt que de l'affronter, je le forçais à répondre à des questionnaires. Je lui préremplissais des grilles.

« Aimes-tu ton poussinet ? », je le sommais de développer, en « vingt lignes minimum ».

« Aimerais-tu avoir un jour des enfants ? »

« Et le Pacs : c'est oui ou c'est non ? »

J'étais un vrai bébé et le pire, c'est que des années après Olivier, je n'ai absolument pas changé. Par exemple, je ne me présente jamais seul à un rendez-vous galant, les vermines, vous l'apprendrez. J'emmène toujours avec moi un ami, histoire que nous fassions ensemble office de jury.

Le dernier à m'avoir aidé, c'est Cyril, mon copain Babar, que vous connaissez. Un mec est venu nous retrouver au moment du dessert dans un restaurant. Entre deux assiettes de couscous vides, j'ai assommé ce pauvre garçon de questions.

« On est dans un bar et tu me surprends en train d'embrasser quelqu'un, tu me gifles ? Tu me quittes ? Tu fais quoi ?

– Ben, je sais pas… C'est un casting télé, ou bien ?

– Cas de figure numéro deux… T'as envie de coucher avec moi, mais je le refuse pendant deux mois. Tu me trompes ?

– Vas-y, ouais, j'en peux plus. Tu me pourris la tête, pour de vrai ! »

Quand il s'est éclipsé aux toilettes, Babar et moi l'avons analysé, comme si nous devions l'embaucher.

« Alors ? je lui ai demandé. Est-ce qu'il intègre l'aventure ? Est-ce qu'il intègre le cœur de Jeremstar ? »

C'est comme ça, les vermines. En amour, je suis hyper gauche, voire même un peu lâche. Je manque de confiance en moi, je n'y arrive pas. Quand quelqu'un me plaît dans la rue, j'envoie toujours une copine parler pour moi.

« Je ne peux pas y aller ! je supplie. C'est au-dessus de mes forces…

– M'enfin, t'es quand même un grand garçon, Jérémy ! »

Le pire, c'est que ces histoires finissent toujours de la même manière : le garçon est hétéro, la copine se fait draguer à ma place, tandis que moi je me cache. Et j'ai le culot de lui en vouloir.

« C'est vraiment dégueulasse, ce que tu me fais…

– Ben ouais, Jérem, j'y peux quoi ? Comment savoir si tu plais à un mec si tu te planques sous une porte cochère ? »

Un jour viendra où je devrai prendre mon courage à deux mains et passer à l'acte, comme si c'était ma première fois. À l'heure actuelle, je pense que je ne pourrai pas. À l'idée de cette perspective, tout me paralyse : enlever mes vêtements, me glisser dans les draps…

Je pense comme ça, moi : quand je vois quelqu'un qui me plaît, je m'interroge. Comment fait-on pour avoir des rapports ? Ça bascule à quel moment ?

J'ai besoin de conseils. On se regarde dans les yeux en se disant qu'on va le faire ? Comment ça marche, bon sang ?

Plus le temps passe, plus je régresse. J'ai l'impression de devoir réapprendre les bases. Comment embrasse-t-on correctement ?

J'ai peur, les vermines. Je crains de ne pas être à la hauteur, d'avoir honte, de me sentir mal à l'aise avec mon corps.

Le sexe m'intimide trop. Je l'assimile à quelque chose d'humiliant, d'irrespectueux, de dangereux. La personne va coucher avec moi, et après ? Elle va assouvir un fantasme et me jeter comme le dernier des derniers ?

Ce message s'adresse à toi, jeune homme qui m'aimera : qui es-tu ? Montre-toi. Peut-être que dans ce livre, tu te reconnaîtras ?

#CourrierDuCœur. Écris-moi chez mon éditeur.

Si jamais tu me lis, sache que je ne coucherai avec toi qu'au terme de minimum deux mois. Je passerai à l'acte quand je t'aurai vu vomir, manger devant moi, quand je n'aurai plus peur de toi.

Tu ne me prendras pas ma dignité avant de m'avoir donné la tienne, tu n'as pas le choix.

Est-ce que tu existes ? Je sais exactement comment je veux que tu sois, vermine purulente. Je t'imagine déjà !

Mes chères Jeremstarlettes, j'avoue que j'ai un peu honte de véhiculer des clichés, mais que les choses soient claires, j'ai une conception de la virilité qui est toute particulière.

À toutes fins utiles, je dresse ici ma liste.

Un homme, pour moi, ce sont des muscles, des poils et pourquoi pas des tatouages.

Je veux qu'il se tue au sport, mon mec. Il doit à tout prix faire de la musculation et du foot.

L'homme de mes rêves doit assurer auprès de moi le rôle d'un père : me protéger, me poser des limites, me sermonner, me faire des scènes.

Limite, je veux qu'il appelle ma mère derrière mon dos pour prévenir :

« Écoutez madame, votre enfant me fatigue. Je vais être obligé de sévir. »

C'est tout à fait ça, je veux quelqu'un qui m'interdise de fréquenter n'importe qui, de bouffer n'importe quoi ; quelqu'un qui fasse office d'électrochoc dans ma vie.

Mais avant d'en arriver là, mon homme devra me faire la cour comme à une dame pour me plaire. Sortir le grand jeu. Me couvrir de cadeaux. Se parfumer. J'attends de lui qu'il me convoque au restaurant de manière brutale :

« Demain. Je te prends en bas de chez toi. 20 heures. »

Vous trouverez peut-être ça triste, mais à l'heure actuelle, ma vie amoureuse se résume à des conversations sur les réseaux sociaux, à de vagues échanges d'images.

« Si t'es rebeu et sexy envoie ta photo. » Tout le monde connaît cette phrase par cœur. Je la poste régulièrement le soir, sur Snapchat.

On m'imagine riche et convoité ; mais devant les choses de l'amour, je ne suis rien de mieux qu'une ado angoissée. Une vraie pucelle sans appareil dentaire !

« Les rebeus sexy »… J'ai tellement répété cette phrase qu'elle a pris l'allure d'un slogan publicitaire.

Je n'y peux rien. J'ai toujours aimé les rebeus sexy. Certains mecs aiment bien les blondes… Pourquoi n'aimerais-je pas les grands bruns au charme oriental ? L'idée de transgression m'excite, les vermines ; l'interdit. Les mecs qui cachent leur sexualité à leurs parents, à leurs potes, pourquoi pas à leurs meufs.

« Vas-y, t'imagines si on venait à apprendre que je parle à un pédé comme toi ? L'archouma ! »

Mon histoire avec ces gens se déroule toujours de la même manière. Ça commence par la photo d'un corps musclé, généralement sans tête. Je ne vais pas vous faire de dessin, mais vient ensuite le reste.

Des sexes, j'en reçois une quantité démentielle, qui me sont envoyés à la vitesse de l'éclair. Un Snap par seconde, pendant au moins une heure. Assez de flûtes à bec pour faire le tour du monde en les mettant bout à bout.

Je trie les types rapidement, je discute brièvement. Évidemment, je ne rencontre pas mes « rebeus sexy » tout de suite, les vermines ! Pour en arriver là, encore faudrait-il qu'ils sachent m'envoyer un texto sans fautes…

Je n'y peux rien, mes Jeremstarlettes, mais les mecs qui me suivent sont généralement un peu bêtes… Ils le sont parfois même tellement que je dois mettre un terme immédiat à des conversations qui prennent un tour lamentable.

« Je ne suis pas à la recherche d'un crevard qui me parle en morse, moi ! Désolé, jeune homme, mais je ne comprends rien à ton charabia. »

Est-ce que les « rebeus sexy » sont ce que j'aime vraiment, si j'y réfléchis un instant ? Non. Aussi appétissants soient-ils, je n'ai rien en commun avec ces gens. Ils sont sympas pour aller en soirée boire un verre, mais au-delà de ça ? Inutile de se projeter. Avec moi, ils finissent tous par se montrer intéressés.

Je ne voudrais surtout pas généraliser, mais si je devais résumer, parmi les messieurs qui promettent monts et merveilles, j'ai souvent le choix entre :

Ceux qui veulent que je les engage comme garde du corps.

Ceux qui espèrent devenir mon chauffeur.

Ceux qui veulent le numéro de Nabilla.

Ceux qui se demandent si « en vrai elle est bonne Nabilla »…

… Et ceux qui veulent savoir si « elle a réellement poignardé Thomas, Nabilla ».

Je pète un câble, je bloque à tour de bras.

Je fulmine :

« Ras-le-cul, de cette Nabilla ! Pose-lui la question sur Twitter, tant que tu y es… On verra comment elle te répondra ! »

Le plus triste, c'est que je suis forcé de me contenter de ces types-là. Ce sont eux qui me suivent, ce sont eux qui consomment les émissions dont je parle…

Les hommes normaux ne me convoitent pas, les vermines ; c'est comme ça, je n'ai pas le choix. Ils sont intelligents, et je crains d'être le dernier des abrutis à leurs yeux. Nous souffrons d'une grave incompatibilité de préoccupations et de milieux ; car enfin, pourquoi un mec bien voudrait se mettre en couple avec un imbécile qui fait des interviews dans son bain ?

Quand j'étais gosse, j'enviais les gens qui étaient célèbres, ceux qui avaient du fric.

Maintenant que j'en ai, je suis jaloux de ceux qui ont la chance d'avoir une vie.

J'envie mes amis amoureux ; ceux qui ont des enfants, des maisons ; ceux qui construisent…

Je suis tellement seul que je pourrais tomber amoureux d'une poignée de porte, pourvu qu'elle promette de me câliner. Je désespère. Certains soirs de tristesse, j'en viens même à penser que j'aurais préféré naître bimbo. Ma vie aurait été tellement plus simple !

Je vous jure, les vermines ; j'aurais été plus superficiel et volage que toutes les grognasses de mon entourage.

Peut-être que la fascination que j'ai pour les morues de téléréalité vient de là. Elles représentent tout ce que j'aimerais pouvoir m'autoriser sans me le permettre ni y arriver. Cultiver une apparence grotesque. Courir des mecs fortunés.

J'aurais eu une poitrine démente, des ongles truffés de paillettes. J'aurais porté des jupes ras ma moquette. Surtout, je me serais entouré de cageots pour ne jamais me faire voler la vedette.

Pardon pour cet aveu, mes Jeremstarlettes… Je me laisse un peu aller, peut-être… Mais j'ai tellement besoin d'être aimé. Mon cas est-il si désespéré ? Pensez-vous que quelqu'un pourrait m'aider ?

***

CHAPITRE 15

Je ne le vole pas mon fric, bon sang !

On me reproche souvent de faire de l'argent. Il est vrai que je suis loin d'être à la rue, les vermines, je l'admets volontiers.

Beaucoup de chiffres sont sortis dans les médias, qui ont été commentés par des journalistes agréablement surpris ou moqueurs, au choix.

Dans l'émission de Philippe Vandel qui est diffusée sur France Info, j'ai reconnu gagner 40 000 euros par mois. Ce chiffre a donné lieu à de vives réactions sur les réseaux sociaux.

« Jeremstar, il gagne 40 000 euros par mois en poussant des cris d'autruche trisomique dans son bain ! »

« Il ne faut pas être intelligent pour être riche… »

« Quand je vois que Jeremstar gagne 40 000 balles par mois alors qu'il a fait *Tellement vrai* et que moi je fais huit heures de philo pour le SMIC, j'ai envie de pleurer ! »

C'est un sujet qu'il est toujours problématique d'aborder, l'argent. Les personnes qui me suivent sont des personnes qui travaillent, des jeunes qui se défoncent pour des sommes dérisoires. Je le sais.

Cela m'attriste, mais qu'y puis-je ? Faudrait-il que j'abandonne toute idée de construire ma vie pour ne pas attiser de jalousies ?

Quelle volée d'injures vais-je par ailleurs récolter si j'ose écrire que la somme annoncée par Vandel est très en deçà de la vérité ? Qu'en réalité, je brasse plus d'un million d'euros à l'année ?

Les gens sont persuadés que je gagne un fric monstre en me contentant de patauger dans une flaque d'eau chaude avec des morues, et j'avoue que ce raccourci commence à me fatiguer. Car je vous le garantis, les vermines, vous êtes à mille lieues d'imaginer la manière dont mon entreprise fonctionne, de même que le monceau de pénibilités auxquelles je suis tous les jours confronté.

On me demande régulièrement quel est mon métier. J'avoue qu'il est difficile à qualifier.

Jeremstar est une société de production audiovisuelle. C'est comme ça que ses statuts ont été déposés, et c'est bien ce que je fais. Je paye des gens qui m'aident à fabriquer un contenu vidéo, qui me rapporte de l'argent après.

Avec ses personnages et ses partenariats publicitaires, si mon Snap n'est pas une série télé, qu'est-ce qu'il est ?

Je suis également influenceur professionnel.

Je ne suis en aucun cas un « blogueur people », mes Jeremstarlettes, jamais ! Je n'écris pas trois articles par-ci par-là pour le seul plaisir de meubler mon temps libre !

Je ne suis pas un amateur, ce n'est pas vrai. Mon existence est une course contre la montre, c'est une course contre la concurrence permanente. J'ai deux sites qu'il faut alimenter avec une vingtaine de news par jour, et d'autres qui vont bientôt sortir…

Vous l'ignoriez ? Ma vie, ce sont également des collaborateurs à gérer, des incompétences à corriger, parfois même à rattraper. En définitive, je ne compte plus le nombre d'activités que je dois exercer dans la même journée.

Je suis journaliste.

Reporter.

Interviewer.

Monteur.

Chroniqueur télé.

Développeur Web.

Psychologue.

Comédien.

Avocat.

Procureur.

Écrivain en tournée.

Community manager.

Je le vole pas mon fric, punaise !

Le métier que j'exerce est un train lancé à toute vitesse duquel il m'est impossible de sauter.

Les trente-cinq heures ? Ça me fait bien marrer. Si vous trouvez que mon cerveau patauge dans une mare d'eau tiède, sachez que je ne dors que trois heures par nuit et que je ne m'autorise aucun week-end.

Je vous jure que je ne vole pas mon fric. Je travaille comme un chien, les vermines. Je suis sans cesse sur le pont. Il n'y a aucune interruption, pas même un dîner marrant. Pour tout vous dire, à force de mal me nourrir et de ne jamais sortir, j'ai pris quinze kilos en cinq ans !

Quant à passer mon temps dans mon bain… Sachez que mes baignoires représentent l'activité à laquelle je consacre le moins de temps ; et celle qui me rapporte le moins d'argent !

Les gens se plaignent des publicités que je mets sur mon site. D'après eux, seul l'appât du gain me motive. Je hurle.

Sous prétexte que je pratique dans le domaine du divertissement, il faudrait que j'accepte de bosser bénévolement ? Et puis quoi encore ? Voudraient-ils également que je leur donne ma chemise et mon numéro de carte bleue ?

Les acteurs ne sont pas des bénévoles du cinéma, à ce que je sache ! Leur logique est pourtant la même que la mienne en tout point : amuser, participer à l'élaboration d'un contenu qui fait oublier aux gens la grisaille de leur quotidien.

J'aimerais profiter de ce livre pour répondre personnellement à quelques personnes que ma réussite chagrine.

À toi, qui me dis sur Twitter que tu as un doctorat de philosophie et que tu ne gagnes pas un radis, j'ai envie de dire… V.D.M., mon gars ! Désolé pour toi… Il fallait naître abruti et comprendre les nouvelles technologies !

Évidemment qu'il y en a, des gens qui sont plus intelligents et plus méritants que moi. Seulement je ne suis pas responsable du taux de chômage en France.

Si ton créneau est saturé, c'est que tu dois en changer. Réinvente ta vie. Apprends un nouveau métier. Renouvelle-toi.

Je ne vais certainement pas dormir sur un matelas, dans la rue, et renoncer à tout ce que j'ai construit sous prétexte que je suis plus malin que toi.

Quant à toi, qui m'en veux parce qu'on ne t'embauche pas… Je n'y suis pour rien : réinvente-toi et bouge de chez toi pour créer ton emploi.

Mon succès n'est pas le résultat d'une injustice, non : c'est le fruit de dix années d'inventions et d'angoisses. Je suis la preuve vivante qu'en partant de loin, tout le monde peut arriver à faire quelque chose de sa vie pourvu qu'il ait un peu de volonté.

Je ne le vole pas mon fric, bon sang !

Si on me rémunère grassement, c'est que je le mérite largement. Je permets à des entreprises de se développer, d'embaucher…

Vous croyez qu'on signe des chèques par pure générosité ? Non. Si on me donne de l'argent, c'est également parce que je rapporte, évidemment. Quand une marque me donne trente mille euros pour une opération publicitaire, combien je lui rapporte, au bout du compte ?

Je ne le vole pas mon fric, putain ! Cette année, j'ai payé plus de deux cent mille euros d'impôts !

Je défie quiconque de vivre vingt-quatre heures dans ma peau et de voir si, à la fin de la journée, il n'est pas épuisé, en larmes, ou simplement écœuré du monde de la téléréalité.

Il faudrait que je lance un jour le Jeremstar Tour, tiens ! « Vis la vie de Jeremstar pendant une journée ».

Si la chose était possible, je vous garantis qu'il faudrait passer une batterie de tests psychologiques et médicaux avant de vous lancer.

Si dix années à ce rythme ont fait de moi un garçon fort, je crains que l'expérience soit pour n'importe qui plus périlleuse à gérer qu'une saison de *Koh-Lanta*.

Préparez-vous à ne plus connaître ce qu'est l'appétit, les vermines, oubliez toute idée de sommeil, de vie amicale, sociale. Abandonnez toute idée de partir en vacances tranquilles.

Trouvez un médecin qui acceptera de vous vacciner contre toutes les bassesses humaines. Incompétence. Malhonnêteté. Cupidité. J'en passe et des meilleures.

Être Jeremstar est une débâcle quotidienne et toute peine mérite salaire.

Combien de temps est-ce que je passe dans ma semaine, à rencontrer des producteurs qui essayent par tous les moyens de me soudoyer, d'acheter ma communauté pour profiter de moi, me faire taire ou capoter ?

L'argent n'est pas ma passion première.

On m'a proposé des millions d'euros pour racheter mes sites. Si vous saviez… On a tenté de s'approprier mon nom, à grands renforts de clins d'œil hypocrites et de promesses de revenus mirobolants fondées sur de faux chiffres.

On m'a mis la pression. On a tenté de me faire signer des contrats innommables que j'ai déchirés en maudissant les gens.

Mais je ne me suis jamais fait avoir, les vermines. Je n'ai jamais cédé aux sirènes de l'argent facile.

***

CHAPITRE 16

Deux garçons cohabitent à l'intérieur de mon corps

Je vous ai dit que j'étais né fils unique. Il se peut que j'aie menti, les vermines ! Je m'appelle Jérémy. Jeremstar est mon frère jumeau, c'est mon double… Deux garçons cohabitent à l'intérieur de mon corps. L'ignoriez-vous ?

Il y a quelques années, mon expérience et mes quelques peines ont exigé de moi que je développe un alter ego qui m'autoriserait à m'exprimer plus facilement ; un personnage totalement désinhibé qui me permettrait de me libérer.

Cette personne s'appelle Jeremstar. Il a la même allure que moi. Nous avons le même visage. À quelques détails près, nous avons la même voix. Pourtant, nous ne nous ressemblons pas.

Quand Jeremstar est un chef d'entreprise sûr de lui, Jérémy n'est rien de mieux qu'un adolescent qui a toujours quatorze ans. Il fait partie des gens que la vie n'a pas suffisamment équipés pour subir la moindre responsabilité. Son quotidien lui échappe totalement.

Où faut-il envoyer sa feuille de maladie ? Comment acheter un bien immobilier ?

Quand Jérémy se nourrit exclusivement de sucettes, chocolats et bonbons, Jeremstar se plaint de son double menton.

Quand Jeremstar est exhibitionniste, Jérémy est excessivement timide et pudique.

Jeremstar rêve d'inouï, il jouit à l'idée du luxe et de l'inédit.

Jérémy est un garçon simple, qui aspire à une vie ordinaire. Trouver l'amour. Avoir une jolie maison. Organiser des dîners. Réunir ses amis pour ricaner avec eux toute la soirée.

Qui est Jérémy ? Jérémy n'est pas bien différent de Jeremstar, si ce n'est qu'il en est une version plus calme et plus raisonnée.

J'ai longtemps caché à mes Jeremstarlettes la réalité de mon personnage et de ma vie. Je pensais y être obligé. Parce que dans mon milieu merdique, la moindre faiblesse est relayée, moquée, applaudie. Parce qu'on traque chaque faille comme étant le premier indice d'une chute imminente…

Jeremstar ou Jérémy ? J'avoue que, parfois, je ne sais plus trop bien qui je suis.

Certains veulent Jeremstar. D'autres aimeraient faire la connaissance de Jérémy. Qui veut quoi ?

Le plus grand drame de ma vie est de deviner à quel moment faire entrer le premier en scène et éclipser l'autre.

Comment me présenter quand je rencontre des gens ? J'hésite :

« Bonjour ! je lance avec un sourire pincé. Jeremstar… Jérémy ! »

Je ne sais pas sur quel pied danser.

Je vis dans un monde particulier, parfois hors des réalités. Il m'est arrivé de me fâcher avec certaines personnes de mon entourage qui m'ont reproché de me montrer à eux sous mon pire visage… celui de Jeremstar.

Il a le diable au corps, Jeremstar. Sans que je comprenne trop pourquoi, il lui arrive de se manifester sans crier gare.

Dans une note audio que j'envoie à ma mère, par exemple. Ma maman que j'aime et que je crains tant.

« Dis donc, vermine, je vais lui dire, tu en es où, de ma déclaration d'impôts ? »

Ces quelques mots déplacés m'échappent. Je les éructe malgré moi. Bien loin de moi l'idée d'appeler ma propre mère « vermine », pourtant !

Dieu merci, j'ai le bon sens de me rattraper immédiatement :

« Aïe, Nelly, pardon ! Je sors tout juste d'un tournage. Je suis encore dans le personnage… »

Jérémy n'est pas Jeremstar. Je suis un être humain, moi, un garçon on ne peut plus normal. Ne soyez pas déçues, mes Jeremstarlettes. Réjouissez-vous-en, au contraire. Si j'étais au quotidien ce garçon excentrique, flamboyant et criard, ne serais-je pas déjà interné dans un hôpital psychiatrique ?

Jérémy, c'est moi. Jeremstar, c'est moi. Je suis ces deux personnes à la fois. Comme le yin et le yang. Comme le soleil et la lune. Docteur Jekyll et Mister Hyde. Les deux facettes de ma personnalité se répondent sans cesse l'une à l'autre, elles se parlent. Jeremstar, c'est la carapace, et Jérémy, c'est le Graal.

Lorsque je montais dans sa voiture, avant même de me dire bonjour, mon chauffeur avait coutume de me dire « Alors… qui est là aujourd'hui ? C'est Jérémy, ou c'est Jeremstar ? » Comme si ma réponse allait conditionner la façon dont allait se dérouler le trajet.

« Ça me ferait plaisir de dîner avec Jérémy, un soir, il disait.

– Tu sais ce que j'aime le plus chez toi, Laurent ? je lui demandais.

– Non…, répondait-il naïvement.

– Ta voiture ! je lui sortais en hurlant de rire.

– Tu fais trop ton Jeremstar ! », il disait.

Il me reprochait d'avoir perdu toute trace de moi-même, de lui faire subir un show permanent, d'incarner trop souvent mon personnage.

Mon chauffeur n'a pas pris le temps de mieux connaître les deux individus qui se tiraillaient en mon for intérieur. Peut-être aurait-il fallu qu'il soit plus patient ?

Je suis parfois tellement invivable que j'avoue m'en mordre les doigts.

Rendons-nous à l'évidence, mes Jeremstarlettes : je pense savoir que Jeremstar vous fait rire… Mais combien d'entre vous toléreraient de le subir chez elles une semaine ?

Hurlements, destruction de mobilier, salle de bains transformée en toboggan géant. Je vous défie de me faire signe. Au bout de deux jours, vous me jetteriez aux ordures à grands coups de pied, c'est sûr.

Jeremstar est un gamin capricieux, un enfant mal élevé, une plaie.

En plein déjeuner professionnel, le PDG d'une grosse entreprise me propose un contrat. Alors qu'il tente de m'exposer son projet, je ne l'écoute pas. Je me permets de l'interrompre.

« Il est appétissant, le serveur… je lui sors comme ça. Va lui demander si je peux le Snapper ! »

La négociation cesse sur-le-champ. Le PDG se lève. Je le vois au loin s'humilier, rouge comme une pivoine. Il a honte, je le sais. Pourtant, je ne peux pas m'en empêcher. J'use la patience du type. Je tire sur la corde au maximum.

Le dialogue est si surréaliste qu'à côté de nous les gens ont cessé de manger pour nous regarder.

« Ce que je te propose, c'est de monter une énorme opération.

– Poule Pondeuse !

– Non mais sérieusement… On pourrait trouver un scénario à ta mesure, non ?

– Salooooooooope ! »

Le type me raconte des choses qui rentrent par une oreille avant de sortir par l'autre. Je joue avec mon téléphone. Je ponctue ses phrases de traînants « ouais ».

« Et t'en penses quoi, Jérem ?

– Ouais…

– C'est une bonne idée, non ?

– Ouais… Attends, tu me parles de quoi, déjà ? »

Je me lance dans des gestes obscènes, des mouvements de langue dont moi seul ai le secret.

Jeremstar fait souffrir Jérémy en faussant les rapports qu'il entretient avec autrui. L'amour le fuit. Mais paradoxalement, Jeremstar est également la plus grande force de Jérémy. Il est la meilleure excuse qu'il puisse trouver à un comportement parfois inadmissible et ordurier, le plus beau prétexte qu'il ait inventé pour être odieux et con sans jamais avoir à s'en excuser.

On ne lui refuse rien, à Jeremstar ! On tolère tout de lui. Chacun de ses caprices, chacun de ses cris… Mais à Jérémy ?

Si Jeremstar n'était pas ce qu'il est, combien de fois par jour me ferais-je gifler ? Mon visage ne serait plus qu'un hématome géant.

Si mon avis vous intéresse, sachez que, pour ma part, j'adore Jeremstar. Je pense même que je le préfère à Jérémy ! Qu'est-ce que je m'ennuierais, si Jeremstar n'existait pas ! Car même s'il est un poison, Jeremstar est ce qui rend ma vie tellement originale ! Il est ce qui me sauve de ma solitude, de ma peur panique de la mort. Il est la seule chose qui me conforte dans l'idée que je profite un peu de mon existence sur terre.

C'est une lutte sans merci qui se déroule à l'intérieur de moi. Les deux parties de ma personnalité sont indissociables. Mon corps est comme un mariage : c'est une cohabitation forcée, entre deux personnes qui ne peuvent pas se supporter mais qui n'auraient aucun sens l'une sans l'autre…

Sans Jeremstar, Jérémy serait toujours l'adolescent effrayé du lycée. Il habiterait encore chez sa mère, sans doute. Il continuerait à vivre en fonction des autres. À subir une vie qui ne lui fait pas envie…

Jeremstar n'est pas toujours mon mauvais ange, non. La preuve, incarner ce personnage rend pour moi le monde moins angoissant. Devenir Jeremstar, c'est glisser dans une faille spatio-temporelle, passer dans un autre monde. Un monde enfantin et drôle, peuplé de flamants roses, de poules pondeuses et de licornes.

Si Jeremstar me permet de m'échapper du monde lamentable et gris des responsabilités, il m'incite aussi à constamment me dépasser.

Quand je me sens mal à l'aise face à un garçon, Jeremstar prend les devants. Il a une assurance, des petites phrases pleines d'humour que Jérémy n'a pas à son répertoire…

Personne ne peut faire de mal à Jeremstar. Jeremstar est une armure, c'est un imperméable, une robe de soirée dans laquelle j'aime me glisser. Il m'aide à vaincre ma timidité.

Jeremstar veut mon bien. Je vis quelque chose d'angoissant ? Jeremstar intervient. Il me prend la main pour m'emmener au-delà de moi-même et me transformer en un jeune homme courageux et avenant.

Quelle est la morale de l'histoire ?

J'imagine qu'un Jeremstar sommeille en chacun de nous, les vermines. Un personnage décomplexé et drôle, qui nous aide à nous transcender.

Les moments les plus difficiles de ma vie, je les passe dans le corps de Jeremstar. C'est à lui que je dois les plus grands fous rires de ma vie ! C'est également grâce à lui que je me suis épanoui…

Je souhaite à chacun de trouver son Jeremstar intérieur. Cherchez bien, mes Jeremstarlettes. Plongez au plus profond de vous-mêmes. Fouillez. Si vous y mettez du cœur, vous finirez forcément par trouver !

***

CHAPITRE 17

Les princesses de téléréalité n'existent pas

J'aimerais réagir ici à un commentaire que j'ai récemment lu sur Twitter et qui m'a révolté.

« La téléréalité, c'est la vie de princesse assurée. »

Non, ce n'est pas vrai ! Que la chose soit ici écrite noir sur blanc : les princesses de téléréalité n'existent pas, je suis désolé. La téléréalité n'est pas un conte de fées. C'est un film d'horreur, un grand malheur.

Je m'apprête à vous en décrire son côté le plus écœurant. Son côté le plus noir.

Aussi folles qu'elles puissent vous sembler, sachez, mes Jeremstarlettes, que toutes les histoires qui suivent sont vraies. Elles vous feront mourir de rire, peut-être vous feront-elles vomir, mais dans tous les cas, elles sont VRAIES. Je le jure.

Installez-vous confortablement dans votre lit, les vermines ! Je vous invite à vivre avec moi la plus hallucinante des « Pyjama Parties ».

On se la joue à l'américaine, allez ! On mange du pop-corn, on se raconte nos pires histoires d'horreur.

BOUH !

On se gave de cochonneries, on joue à appeler les esprits.

« Esprit de Nabilla, manifeste-toi !

– Ben non, t'es con, c'est vrai qu'elle n'en a pas… »

Accrochez-vous bien. Tenez la main de vos copines. Si vous voulez encore faire de la téléréalité après ça, mon Dieu… interrogez-vous : vous ne savez pas lire, ou quoi ?

1. Cendrillon, la princesse souillon

Ce qu'on imagine être le plus beau conte de fées de la téléréalité, c'est l'histoire de la candidate qui parvient à épouser un vieux prince blindé. Le rêve.

Alors voilà, c'est l'histoire d'un très vieux prince qui cherche à se marier. Le vieux prince a une bien curieuse notion de ce qu'est une princesse, le pauvre ! Il s'est mis en tête qu'il épouserait une candidate de téléréalité… Le type est fasciné par les filles vulgaires, c'est plus fort que lui. Il en fréquente d'ailleurs régulièrement, qu'il sollicite pour des cinq-à-sept rémunérés…

Pour le nouvel an, le très vieux prince décide de réunir dans son beau château les dix plus grosses pétasses de la téléréalité française. Il les fait venir en hélicoptère, pour une soirée de débauche légendaire.

Dix morues en concurrence pour épouser son porte-monnaie.

Dix dindes en quête de bien-être financier, qu'il a choisies après les avoir vues à la télé.

Je précise encore que c'est une histoire vraie.

Ça se passe comme ça, les vermines.

Toutes les cagoles s'apprêtent à vivre la plus belle nuit de leur vie. Elles ont mis leurs plus belles robes de soirée. Elles se sont fait poser faux ongles et faux cils diamantés.

L'horreur.

C'est un marché, le truc. Le suspense est entier. Laquelle de ces grognasses tapera le plus dans l'œil du vieux et mettra par la même occasion ses grands ongles sur son réservoir à billets ?

La soirée a été conçue comme un grand banquet. Il y a des domestiques. Il y a du champagne. Il y a de la musique.

Le vieux prince est venu accompagné de quelques amis qui pourront profiter, ils le savent, des greluches qu'il n'aura pas sélectionnées.

Il se prend pour le Bachelor, le mec. Le Gentleman vieux croûton célibataire.

Je poursuis.

Il ne se passe rien de particulier, ce soir-là. T'arrives, tu franchis la seuil avec ta robe. Un majordome te débarrasse de ton manteau de fourrure synthétique. Certaines filles se tordent les chevilles en montant les escaliers…

Celles qui ont été placées en bout de table sont écœurées de ne pas pouvoir mettre en avant leurs gros arguments.

« Crotte alors ! qu'elles disent. Je ne pourrai pas poser mon décolleté dans l'assiette du vieux. Ni lui caresser le mollet avec mes beaux ongles de pied pailletés… »

Je sais que vous êtes impatientes, les vermines. La suite de l'histoire arrive.

Les morues déambulent dans les pièces avec leurs flûtes de champagne. Elles se dandinent. Elles acquiescent à tout ce qui leur est dit en espérant que personne ne s'attardera sur leurs sourcils trop épilés. Elles font mine de comprendre des sujets qui les dépassent, elles aimeraient faire croire qu'elles ont lu.

Certaines font tant de courbettes qu'elles en craqueraient leur robe. C'est drôle !

Mais n'est pas princesse qui veut, les vermines… Les pauvres filles ont beau essayer, la plupart font des fautes de français malgré elles.

Venons-en au fait.

Dans le lot, deux pétasses font partie des clientes habituelles du prince. Il y a Cendrillon la princesse souillon, et puis, il y a Cruella. L'ultime garce. La première est aussi adorable que l'autre est affreuse.

Cette soirée, pour elles, c'est l'ultime guerre. Tout se joue.

Et vas-y qu'elles s'attrapent par le bras, qu'elles se griffent, qu'elles se tirent les cheveux.

« Attention ! menace Cendrillon. Si t'approches mon prince, je te détruis sur Twitter ! Je révèle que t'es une pute.

– Petite garce… enchaîne l'autre. Je suis beaucoup plus classe que toi, wesh. T'as aucune chance, grosse ! Tu t'es prise pour moi, ou quoi ? »

La classe.

Jusqu'à présent, c'étaient les deux en alternance pour coucher, mais cette fois, il est tout à fait clair qu'il n'en restera qu'une, qui se fera épouser.

Une nuit de battements de cils après, le prince choisit la moins abrutie des deux : Cendrillon. Cruella est écœurée, dégoûtée, désespérée.

« Et je vis comment, dit-elle, maintenant ? Qui saura m'offrir un train de vie suffisant ? »

Tristesse. Elles qui étaient copines comme cochonnes ne se reverront plus jamais et se mettront des bâtons dans les roues en crachant leur haine l'une sur l'autre auprès des productions, pour une histoire de client.

Attention, les vermines. C'est là que ça devient intéressant.

Le temps passe. Un an de mariage après, Cendrillon doit supporter les frasques de son vieux prince…

Elle se trouve bien malheureuse, la princesse souillon, finalement. Toujours seule. Tellement triste.

Cendrillon n'a personne à qui parler, sinon son compte Instagram et son Snap.

Pour ses trente ans, Cendrillon est en dépression.

Un jour où elle a osé s'indigner, son vieux prince l'a sommée de faire sa valise sur-le-champ. Elle n'a eu le temps d'emporter avec elle que quelques bouteilles de whisky qui traînaient dans la cuisine, des culottes en dentelle… Uniquement l'essentiel.

Aujourd'hui elle a vieilli et aucune téléréalité n'a plus envie de l'engager.

Cendrillon est à la rue, désespérée, sans un sou, sinon les quinze mille euros qu'elle gagne tous les mois en faisant sur ses réseaux la pub de produits qu'elle trouve nuls à chier.

Dès neuf heures, Cendrillon se bourre la gueule pour oublier, tout en se posant cette importante question :

« Comment pourrai-je subsister en gagnant si peu d'argent ? »

2. Pocapétasse et son sportif

Tous les profils de souillons existent, les vermines… Connaissez-vous PocaPétasse ?

Grâce à une bouche surgonflée aux performances prometteuses, cette « princesse » a réussi à se maquer avec un homme très riche qui a pour fantasme de payer ses opérations.

Pauvre PocaPétasse !

Avec son beau sportif, PocaPétasse pensait voyager, rêver, aimer… sa descente aux enfers s'est faite par paliers.

Elle qui pensait être un canon de beauté, son prince lui a infligé une liposuccion, de plus gros seins, un nouveau nez… C'est tout juste s'il ne lui a pas fait refaire les doigts de pied !

Voici ce qui se passe ensuite.

Pour faire comme son charmant prince, PocaPétasse prend de la drogue. Énormément de drogue. Son quotidien vire au cauchemar. Être en permanence défoncée. Se faire opérer. Ne plus jamais savoir quelle heure il est.

Oh, elle y trouve bien son compte, PocaPétasse ! Son gentil prince lui laisse parfois quelques billets sur l'oreiller… il lui fait même cadeau d'une paire de souliers par semaine !

Des Louboutin, tu penses…

Alors PocaPétasse accepte. Elle subit. Elle fait tout pour que la planche à billets ne cesse jamais de fonctionner.

Le prince organise des soirées poker avec ses potes pendant lesquelles, complètement drogué, il la fait tourner pour que tout le monde puisse essayer « sa petite merveille issue de la téléréalité ».

Mon histoire vous fait peur, les vermines ? Elle n'est pas terminée.

Un matin, après une soirée arrosée, PocaPétasse se réveille le corps couvert d'ecchymoses. Elle se regarde dans le miroir de la salle de bains. Les images de la nuit lui reviennent par bribes.

« Mon Dieu ! elle se demande. Qu'est-ce que j'ai fait de ma vie ? »

PocaPétasse ne se reconnaît plus. En l'espace d'un an, sa poitrine a quintuplé de volume. À force d'injections, elle a la bouche tellement enflée qu'elle peine à articuler.

PocaPétasse se voit donc enfin telle qu'elle est : une poupée, inutile et laide… La parfaite candidate de téléréalité.

3. La princesse crotte

Cette dernière histoire est sans doute la plus insolite, mes Jeremstarlettes. Elle est en tout cas la plus inattendue.

C'est l'histoire d'une candidate très en vue, une ancienne des *Anges*. On l'appellera La Princesse Crotte, celle-là.

Alors ça commence comme ça.

La princesse crotte est escort. Elle est très copine avec une autre candidate, qui tapine elle aussi.

Tout est vrai, les vermines. Encore une fois. Je vous jure.

Alors que vous les voyez fréquenter des endroits luxueux dans leurs Snaps, les deux filles vivent en fait ensemble dans un cloaque. Elles partagent un appartement vétuste et sale, dont elles peinent à payer le loyer. On menace de les expulser. Il y a des coupures d'électricité. Leurs nuits, elles les passent sans chauffage, à dormir à deux sur un matelas sans draps, posé à même le sol, maculé de taches de café.

La scène est effarante. Les deux filles évoluent au milieu des cafards, dans la poussière, sans eau courante.

La Princesse Crotte reçoit ses passes dans la crasse.

Dieu merci, ses bons offices sont parfois réclamés dans de beaux hôtels…

« Ouf ! qu'elle dit. Je vais en profiter pour me doucher, et alimenter mes réseaux sociaux de jolis clichés ! »

« La Princesse crotte vit la grande vie au Marriott. »

« Ouah ! pensent ses admiratrices… Comment ça fait envie ! »

Tu parles. Cette vie vous fait rêver ?

J'entends déjà vos questions, mes Jeremstarlettes. Si la princesse crotte vit dans des conditions pareilles… Comment fait-elle pour se coiffer, se faire poser de faux ongles, se faire épiler ? On ne pratique pas la puterie sans être ultra soignée, si ?

La réponse est simple, les vermines. Elle réside en deux mots simplissimes : « placement produit ».

La fille a des partenariats avec la terre entière… En l'échange d'un arobase Instagram… Elle se fait faire manucure, extensions, cils… Et sauve accessoirement son honneur.

La téléréalité promet une vie de princesse, vous dites ? Ce que Jéjé vous en dit, c'est que la téléréalité est surtout un catalogue de prostituées. De vieux messieurs très riches le consomment. Ils évaluent chaque année la valeur des nouvelles arrivées…

Ces mêmes messieurs, qui sont de connivence avec certains producteurs, les appellent et leur disent :

« Voilà. Cette fille que j'ai vue à l'antenne aujourd'hui, il me la faut. Je la veux.

– Pas de problème, cher ami. »

Je sais que mes Jeremstarlettes attendaient que je lève le voile sur le milieu de la prostitution téléréalitesque. Alors voilà, je le fais.

La reine de la michetonnerie parisienne est une ancienne candidate de téléralité que nous appellerons ici la Mère Maquerelle.

Au fil des années, beaucoup d'histoires sordides sont tombées dans mon escarcelle qui, bizarrement, m'ont toujours ramené à elle…

Elle traîne avec des voyous, la Mère Maquerelle, elle fricote avec des familles dangereuses du grand banditisme…

Depuis sa première émission, elle a eu le temps de se constituer un joli catalogue de chair fraîche et le recrutement ne s'arrête jamais. À chaque saison, la téléréalité lui promet un nouvel arrivage poissonnier.

C'est un peu le Pôle Emploi de la michetonnerie, son truc. Contre une coquette commission, elle fait bosser toutes les émissions de l'année. *Koh-Lanta. Les Princes de l'Amour. Les Anges.*

Comment ça marche ? Facile ! On a confiance en elle. C'est une pionnière de la téléréalité, un genre de modèle qui se la joue copine-copine.

Tu sors de ton émission et un jour, quand tu ne t'y attends pas, tu reçois un texto.

« Ça te branche, un apéro entre amies ? »

Ça commence toujours comme ça. La fille est flattée d'être contactée par une « légende de téléréalité », alors elle y va, toute naïve qu'elle est.

Le mécanisme est bien rodé. Après quelques verres, on lui propose un « bon plan impossible à refuser », généralement un voyage à l'étranger.

« T'inquiète pas chérie ! on lui dit. Il y a plein de blé à prendre et tu n'auras même pas à coucher. »

Voilà la gamine rassurée. Elle s'envole en se disant qu'elle va rester sur place une semaine, manger dans des restaurants gastronomiques, fréquenter les carrés VIP…

Après quoi bam ! Ou plutôt splash !

Une fois sur place, loin de ses proches, on lui demande de se faire déféquer au visage pour quinze mille balles.

« Ferme les yeux, ma belle. Ce n'est qu'un mauvais moment à passer. Pense à tout l'argent que tu vas ramasser ! »

Il y a quelques jours, une amie m'a raconté que, pour mille euros la journée, la Mère Maquerelle lui avait proposé d'aller faire la potiche dans un palais dubaïote. Pour cette somme, il était attendu d'elle qu'elle se promène toute la journée autour de la piscine, intégralement nue…

« Ouais, qu'elle m'a dit, le délire, c'est que les Émiratis font une soirée entre eux, tranquilles. Pendant qu'ils sont sur leur chaise longue, ils veulent avoir autour d'eux des belles filles qui se baignent, qui leur servent le café et qu'ils peuvent attraper contre un mur.

– Quelle horreur… »

Faites attention, les vermines, ne vous laissez plus leurrer. Jamais. Je vous donne ici un tuyau. Le bon tuyau de Jéjé.

Au cas où vous vous le demanderiez… La greluche qui sort des *Anges*… Celle que vous voyez sur Instagram se prendre en photo en classe affaires, une coupe de champagne à la main, en route pour une destination luxueuse…

Eh bien vous saurez désormais que son Dom Pérignon et ses suites présidentielles… Elle ne les paye pas avec son oseille !

Qui sont les pires prostituées ? Ce sont les femmes qui sont médiatiquement les plus présentes, les plus « propres », les plus « lisses ». Celles qui sont persuadées « d'avoir la classe » et qui s'échinent à rappeler qu'elles sont au-dessus de tout, qu'elles ont une « belle image ».

Une image de merde, ouais !

Je dis souvent qu'être candidate de téléréalité est un métier. C'est vrai. Mais ça n'est pas celui auquel vous vous attendez.

C'est bien, de tourner ! Mais le véritable enjeu de la candidate n'est pas d'être filmée, non. C'est d'intégrer le catalogue de la michetonnerie télé pour se faire repérer par un type friqué.

C'est l'unique objectif, le seul véritable intérêt.

Je ne souhaite cette vie à personne. Pas même à mon pire ennemi.

La téléréalité, c'est la maison close du XIXe siècle. Une somme de filles enchaînées, qui rêvent qu'on les marie et qu'on les sorte de leur misère.

Ce sont des femmes qui s'apprêtent. Des gamines qui dépensent leurs cachets en accessoires, en chirurgie et en soins esthétiques, dans le seul espoir de s'offrir un avenir : à savoir un type pognonné qui aura un goût prononcé pour les femmes voyantes, sottes et vulgaires.

Toutes finissent par se brûler les ailes, il n'y a rien à faire. Voilà la vérité.

J'aimerais dédier ces histoires vraies aux quelques-unes de mes Jeremstarlettes qui rêvent de téléréalité.

Prenez-les comme des leçons de vie, comme de cruelles fables. Racontez-les-vous. Lisez-les entre copines. Faites-vous peur.

Réfléchissez. Analysez-en la portée symbolique, et surtout… Je vous invite à me dire quelle leçon vous en tirez après.

***

CHAPITRE 18
Lettre à ma mère

Nelly est venue me voir en dédicace, une fois. C'était à Lyon, près de chez nous. Des milliers de Jeremstarlettes hurlaient mon nom. Certaines s'évanouissaient même, il paraît ! Je ne les ai pas vues personnellement, mais tout de même, tu étais là, maman, et je n'oublierai jamais ce moment. J'étais installé sur une estrade. Les mouvements de foule étaient si impressionnants qu'elle menaçait de céder. Ce que tu en as dit ? Que dalle, rien, comme d'hab. Je m'attendais à ce que tu sois émue, mais tu as eu cette phrase terrible, que tu as sortie à mon attachée de presse en guise de bonjour :

« Le gosse a bien réussi son coup, dites donc ! »

Comme si mon succès était une arnaque, comme si j'avais fait un casse.

« Il a bien réussi son coup… » Trop heureux que ma mère soit venue, j'avoue ne pas avoir saisi la portée de ces mots dans l'instant. Je suis allé dîner chez elle quelques heures plus tard et, dans mon infinie naïveté, je m'attendais à être enfin reçu comme un prince, comme je pensais le mériter. Je voulais que ma mère me félicite, mais de toute évidence, c'était mal la connaître : face à elle, je n'étais plus le garçon qui suscitait des émeutes ; j'étais redevenu Jérémy, le moins que rien, son pauvre enfant.

« À quoi ça sert, tout ça ? elle m'a demandé. C'est beaucoup de bruit pour rien, tu ne crois pas ? »

Ce jour-là, ma mère m'a achevé. Je pensais notre amour perdu à jamais, mais il se peut que l'idée de ce bouquin nous ait sauvés. Tant d'années après ma naissance, Nelly s'est découvert grâce à ma biographie un instinct qu'elle ignorait. J'avais besoin de son aide pour l'illustrer, et elle a réalisé que certaines choses qui me concernaient lui manquaient. Par exemple, le journal intime qu'elle écrivait quand je suis né et qu'elle me destinait. Son bracelet de maternité.

Nelly s'est rappelée que ces choses étaient restées chez mon père quand ils s'étaient séparés. Elle était même prête à aller le cambrioler pour les récupérer. « En mode commando », disait-elle. Quand le père se serait absenté.

« Vas-y, Jérémy. On s'introduit chez lui, on court, on récupère tes souvenirs de bébé… Vite fait, bien fait. »

J'étais sincèrement touché. Je ne l'imaginais pas capable d'un truc pareil, ma mère. Sur le coup, je l'ai follement aimée.

Travailler à ce livre nous a considérablement rapprochés. Je me souviens en particulier d'une soirée que nous avons passée à trier de vieux clichés. J'étais allé à Lyon exprès, dans l'espoir d'agrémenter mon livre de documents « secrets ». Craignant qu'elle ait tout bazardé, j'avais peur de rentrer à Paris bredouille.

C'était mal la connaître. En fait, Nelly avait tout gardé. Cartes de bus, carnets de notes, journaux intimes, agendas… En farfouillant dans sa cave, elle a même déterré une photo de mon ex, la pauvre !

« Jérémy, m'a-t-elle dit… Le sexe d'Olivier… On s'en passera. Tu veux bien me jeter ça ?

– Pas de problème, OK… »

Trois ou quatre heures passées sur le carrelage du salon nous ont soudés à jamais.

« C'est vrai que t'étais mignon quand t'étais petit ! m'a-t-elle dit. Avec ton sourire et tes beaux yeux bleus, on t'aurait donné le bon Dieu sans confession ! »

J'étais touché de voir que tout ce qui me concernait avait été soigneusement trié, rangé dans des pochettes plastifiées.

« Tu l'aimais, ta petite maman ! », m'a-t-elle sorti.

J'en étais rouge anus, les vermines, limite muet.

Il y a tant de choses que j'aimerais lui dire, à ma mère… Mais comment m'y prendre ? Comment faire ? Pardon pour l'exhibitionnisme, mais je m'y mets ici.

Maman. Le temps est venu pour moi de trouver le courage de m'adresser à toi directement. J'aimerais te remercier, malgré nos différends.

J'aimerais te demander pardon. J'ai compris avec le temps que tu étais un être humain, avant d'être un parent.

Je me répète, mais pardon, maman. Quelle mère a envie de voir son fils montrer son derrière sans raison ? Tu aurais pu me foutre à la porte, me recadrer, me gifler. Tu ne l'as pas fait. Tu m'as toujours laissé faire ce que je voulais sans t'interposer.

Merci maman, merci d'avoir accepté mon homosexualité.

Génitrice de Jeremstar, quel affreux métier. Hier, je t'ai prévenue que tu lirais dans ce livre des choses qui t'ennuieraient. Mais tu es courageuse. Tu ne t'es pas laissée démonter.

« Ce n'est rien… tu m'as dit. Ce n'est qu'un défi supplémentaire dans ma longue carrière de mère ! »

Pendant des années, toi et moi avons vécu comme deux étrangers sous le même toit. Le matin, avant d'aller travailler, tu me laissais des mots que tu écrivais sur des factures déchirées. « Débarrasser vaisselle. Mettre dans l'évier. SVP. » Je ne me donnais même pas la peine de me réveiller pour t'embrasser.

M'as-tu un jour demandé comment s'était passée ma journée de lycée ? Jamais.

T'ai-je un jour demandé comment s'était déroulée ta journée de travail ? Jamais.

Pardon.

Quand je pense à toi, le seul sentiment qui me vient, c'est un profond regret.

Tu gagnes difficilement ta vie… Es-tu heureuse ?

Tu vis pour tes animaux, pour leur bonheur et, à la fin, à cause d'eux, tu ne t'autorises pas grand-chose.

On me pose souvent cette question : est-ce que j'aime ma mère ? Oui, évidemment. J'en suis fou parce que j'ai grandi avec elle. Parce que ce que j'en ai vu m'a ému, parce qu'elle était belle. Je la trouvais touchante. Quand je pense à elle, j'ai l'image d'une femme qui n'a jamais voyagé. Elle s'est sacrifiée pour moi, la pauvre. Elle m'a donné à manger. Elle m'a habillé.

J'ai beaucoup de respect pour ma mère. J'aimerais lui offrir un jour une jolie maison, dans un espace naturel, histoire qu'elle soit enfin heureuse avec ses chiens, avec les gens qui lui sont chers.

Quel plaisir existe dans la vie de ma mère ? Con comme je suis, je suis persuadé qu'elle serait ravie de faire l'expérience d'une vie de plaisirs, tout comme moi. Passer son temps à se faire masser, dans des hôtels de luxe. Elle me jure s'en moquer.

Il m'arrive d'imaginer que je lui écris des lettres. Que j'ai le courage de lui dire ce que je pense réellement d'elle. Dans mes rêves les plus fous, je lui demande :

« De quoi as-tu envie ? Dis-le-moi, je t'en supplie. J'aimerais pouvoir te combler, je ne sais pas comment m'y prendre. »

Ma pauvre maman… À chacun de tes anniversaires je me contente de t'acheter des choses impersonnelles. Un sac à main de marque. Un bijou de valeur. Des dizaines de pots de crème que tu n'utiliseras sans doute jamais. Je pense bien faire, je dépense des fortunes, je me trompe peut-être.

Tu acceptes chaque fois mes cadeaux sans un mot. Tu t'énerves.

« Que voudrais-tu que je fasse ? tu dis. Tu voudrais que je saute dans tous les sens, qu'il y ait dans le salon un déchaînement de cotillons ? »

Oui, maman ! C'est tout à fait ce que je voudrais, exactement ! Je voudrais que tu me parles. J'aimerais que tu me dises ce que tu aurais aimé faire de ta vie, si je n'avais pas été là pour la perturber. Je parle de toi dans ce livre, maman. Je sais que c'est égoïste, mais fréquenter le monde de la télévision a fait de moi un exhibitionniste des sentiments. Qu'est-ce que j'y peux ?

Pardon, maman.

Quand mon portrait est sorti dans *Libération*, j'ai couru l'acheter. Moi qui n'y connaissais rien, on m'a dit qu'avoir un papier dans ce journal était quelque chose de grand. Du coup, j'en ai acheté plusieurs exemplaires : un pour l'encadrer, un pour le garder en l'état, un pour le laisser chez toi…

Je t'ai envoyé l'article, maman. Je me revois écrire ça dans l'intitulé du mail : « Un papier de *Libération* parle de ton enfant ».

Je l'ai envoyé dans l'après-midi comme un clin d'œil, comme ça… La journée passée, j'ai consulté ma boîte de réception avant de me coucher. Je ne sais pas par quel miracle j'ai découvert une réponse de toi, noyée parmi cent messages de félicitations de mon entourage. Toi qui ne réponds jamais.

Cette fois-ci, ton message a changé ma vie.

Quelques mots m'apparaissaient en preview : « Très bel article, en effet… » Je n'en croyais pas mes yeux, je le promets.

Si tu me lis, maman, sache-le. J'ai ouvert ton message en pensant que j'allais tomber sur quelque chose de court. Aussi succinct que d'habitude. « Bien joué, bravo, basta. » Ce que j'ai trouvé m'a tué.

Mardi 29 novembre 2016, 00:33:31

« Très bel article, en effet, qui reflète bien qui tu es malgré l'image que tu veux donner. Tu as une mère distante, c'est vrai. Je t'ai toujours aimé, mais j'ai du mal à le montrer. Malgré nos malentendus et nos difficultés de communication, sache que je suis fière de toi et de ce que tu as accompli. Je t'aime pour ce que tu es. Mon souhait le plus grand est que tu sois heureux. Je t'embrasse. Je me couche. Ta mère qui t'aime. Bisous. »

Quand je reçois ça, je suis dans mon lit. Il est tard. J'écoute Onizuka de PNL. C'est un morceau plutôt lent, ça commence par un instru émouvant, en mode berceuse, un truc de gosses. Je pleure comme une madeleine. « Pourquoi maintenant ? », je me demande. « Pourquoi après *Libération* seulement ? » Je suis soulagé. Je me dis que ça y est. Je me dis que je l'ai fait.

J'ai tout fait pour que ma mère me regarde et là… il aura suffi de quoi ? Une page dans un vrai journal ?

Mince, alors. « Ta maman qui t'aime. » Peu importe à quel point j'en avais rêvé, les vermines… Moi qui avais attendu ce message toute ma vie, il se trouve que je n'ai pas eu la force d'y apporter de suite. J'étais au pied du mur. Qu'aurais-je pu lui en dire, sinon que je l'aimais aussi ?

Je l'ai rapidement revue après, mais face à elle, j'ai fait comme si ce message n'avait pas existé, comme si je n'avais rien lu. Je n'étais pas prêt.

Nous n'en avons pas reparlé.

Comment aurais-je pu dire à ma mère que je l'aimais ?

Vous ne vous en rendez sûrement pas compte, les vermines ; mais en lui proposant ce livre, je me fais violence. Je me précipite vers la terrible échéance. Le moment pendant lequel je devrai prendre mon courage à deux mains. Lui parler en face-à-face, pour de vrai.

En écrivant ce livre, moi, le lâche, c'est exactement ce que je fais. Je l'envoie chez l'éditeur. J'appuie sur « send » au moment de lâcher le mail. Aucun retour n'est possible.

« Allez, c'est fait ! On va voir ce qui se passe ! »

Une fois le livre imprimé, je lui en ferai parvenir un exemplaire, je le sais.

Je me rongerai les ongles en attendant sa réaction.

Ce que j'aimerais, je le dis honnêtement, ce serait que ma mère m'écrive à son tour quelque chose de long. Une lettre. Une cinquantaine de pages, peut-être, dans lesquelles elle me raconterait son ressenti et sa vie.

Libération a permis d'entamer le dialogue entre nous. J'espère que ce livre l'installera pour de vrai. Certaines personnes souffrent de ne pas réussir à « couper le cordon » avec leurs parents, j'avoue que je suis dans une démarche inverse : je cherche à en fabriquer un qui, à mon sens, n'a que trop peu existé avant de partir dans la poubelle d'un centre hospitalier.

Au moment où sont rédigées ces lignes, j'imagine déjà Nelly découvrir les plus intimes de mes pensées. Je ne peux m'empêcher de m'interroger. Est-ce qu'elle va le feuilleter ? Est-ce qu'elle va consommer les passages qui parlent d'elle en priorité ?

Pour être tout à fait honnête, je visualise ma mère en train de le lire mon bouquin, assise dans ses toilettes ou alors dans son lit, le soir, entourée de ses animaux.

Quoi qu'il en soit. J'espère qu'elle saura prendre la mesure de l'effort que je fais ici pour elle. Je ne sais pas si vous êtes d'accord, les vermines, mais je trouve qu'elle a plutôt été gâtée à la loterie des enfants, finalement !

Nelly aurait pu tomber sur un drogué, une racaille, une ordure qui lui crache à la figure… Ce qu'elle a eu me semble assez supportable : un gamin pudique, quelqu'un qui la vénère, un enfant qui rêverait de le lui dire, mais qui a le défaut terrible de ne pas savoir comment faire.

Elle ne le sait sans doute pas, mais je l'aime, moi, ma mère !

***

CHAPITRE 19

L'œil de Secret Story*, c'est moi*

Qui est la taupe à Jéjé ? Cette question est devenue une gigantesque blague, un casse-tête aussi compliqué à résoudre que celui de l'existence de Dieu.

Devant le nombre d'informations exclusives que je publie tous les jours, les producteurs de téléréalité s'arrachent les cheveux, de même que certains candidats qui ne comprennent pas qui les trahit à qui mieux mieux.

J'exerce un beau métier, mes Jeremstarlettes, et je ne suis pas peu fier d'y exceller. Je suis le meilleur, qu'est-ce que j'y peux ?

Qui est la taupe à Jéjé ? Je vais vous le dire, moi… elles sont partout, les taupes à Jéjé ! Jeremstar, c'est le régime de Vichy appliqué à la téléréalité.

Mes informateurs se terrent dans les hôpitaux, dans les laboratoires d'analyses médicales, à la pharmacie, chez le boulanger…

Je fais travailler tous les corps de métiers et je n'ai pas besoin de dépenser un seul euro pour faire passer les gens à table !

À quoi bon attendre cinq heures dans la file d'attente d'une dédicace pour me rencontrer alors qu'il suffit de m'adresser un mail putassier pour m'approcher ?

Mes « agents » me communiquent des ragots pour le seul plaisir de me côtoyer. J'ai de la chance : il se trouve que je suis sympathique à leurs yeux.

C'est tout à fait ça, les vermines : la Conciergerie de Jeremstar est un site de putasserie participative. Tout le monde collabore, et chacun est enchanté à l'idée de le faire. C'est moche, ça se passe comme dans les heures les plus noires de l'Histoire, je le sais. Mais j'aurais tort de m'en plaindre, ça m'arrange bien !

Cliniques de médecine esthétique, médecins, gardiens de prison, policiers en faction… Bien loin de moi l'idée de juger la nature humaine, mes Jeremstarlettes, mais les gens parlent. Ils ne peuvent pas s'en empêcher.

Le monde dans lequel nous vivons n'est-il pas merveilleux ? Un jour ou l'autre, tout le monde finit par contacter Jéjé pour balancer !

Jeremstar est une grande secte. Elle a partout des adeptes…

J'ai des taupes sur chaque tournage de téléréalité, les vermines, ce n'est pas un secret. Journalistes.

Cameramen. Rédacteurs en chef. Très souvent, je suis également contacté par ce qu'on appelle des « réceptifs locaux » : des agents immobiliers, ou alors des fixeurs, chargés d'organiser sur place les activités des candidats que vous adulez. Les producteurs eux-mêmes m'envoient des potins sur vos émissions préférées !

Le puits d'informations putassières est sans fond. Il est arrivé que des candidates cachent pour moi des portables dans leur culotte et qu'elles me donnent des nouvelles, la nuit tombée, assises sur la cuvette des toilettes…

Vous l'ignorez peut-être, mais une année, dans *L'Île des vérités*, la prod a cru devenir folle à cause d'un téléphone que l'une de mes taupes avait caché dans un mur.

Toutes les nuits, l'engin se mettait à vibrer aux moments les plus incongrus.

« Bzzzzz ! », ça faisait. Comme si un essaim d'abeilles y avait été encastré.

Les parois du mur étaient pourtant parfaitement lisses… Impossible de savoir d'où ça venait !

Et ça continuait : « Bzzzzzzz ! »

Le cauchemar.

Est-ce qu'une caméra de surveillance a été installée face au mur pour tout savoir des allées et venues des candidats ? Je n'étais pas sur place, je ne sais pas. Mais j'adore m'imaginer qu'on a mis en place un système de rondes digne du FBI pour savoir QUI, BON SANG… QUI EST LA TAUPE DE JÉRÉMY ?

Jéjé, la terreur des tournages ! J'en suis arrivé à un tel stade d'efficacité que tout le monde en vient, à un moment ou à un autre, à se faire soupçonner.

Mes amis sont les premiers à être embêtés. Fidji, par exemple, qui a dû quitter *La Villa des cœurs brisés* parce que les candidats n'avaient aucune confiance en elle.

« Vas-y, qu'ils disaient, c'est la pote à Jeremstar ! Faut pas lui adresser la parole, elle va tout répéter ! »

Je hurle.

Si l'on suit leur raisonnement, les vermines, réfléchissez… aucun idiot de téléréalité ne peut être épargné !

Et si ce candidat, que j'ai eu le malheur de croiser en boîte de nuit, était mon informateur secret ?

De même que celui-ci, qui a fait ma baignoire le mois dernier ?

Faut-il bannir tous les candidats des tournages de téléréalité sous prétexte qu'ils m'ont un jour rencontré ?

J'adore.

Rendons-nous à l'évidence, les amis : le reste du siècle ne suffirait pas à énumérer le nombre de morues qui m'ont un jour renseigné, je suis désolé.

Je ne m'en suis jamais caché, les vermines : pousser les gens à bout est le plus grand plaisir que j'éprouve dans mon existence, et il n'est pas rare que mes « tauperies » me mettent dans des situations comiques, voire grotesques, qui ont le bon goût de me satisfaire.

Encore un exemple. En vacances avec une copine il y a quelques mois, je croise un producteur avec qui elle a bossé par le passé. Nous partageons tous les trois un dîner, dans un pur esprit de copinage télé.

Hasard de circonstances, il se trouve que ce producteur m'a personnellement envoyé la sextape de la fille, volée dans son portable, alors qu'elle était sur son propre tournage…

Cette scène est digne du cinéma. Nous sommes assis là, tous les trois : le producteur corrompu, la candidate humiliée, et puis moi…

Entre deux bouchées de poisson grillé, la vidéo est au cœur du débat.

« Je te jure, Jérem ! fait la fille. Si je trouve le salaud qui t'a balancé ça… Je lui plante mes ongles dans les yeux. Je le griffe. Sur ma vie, je le tue !

– Mais tu crois que c'est qui ? lance le producteur inquiet.

– Je ne sais pas. Quelqu'un de la prod, sûrement…

– Non, ça, c'est impossible, chérie ! Nous n'engageons que des gens remarquables. »

Je camoufle rire sous serviette de table. L'envie me prend d'envoyer au mec un texto, alors qu'il est installé en face.

« J'ai tellement envie de te balancer… » j'écris.

Il devient plus rouge que ses coups de soleil du jour.

Ma copine insiste :

« Vas-y Jérem, tu veux pas me dire qui c'est ? On est amis, après tout… s'il te plaît !

– Désolé, ma puce. Je ne révèle jamais mes sources… »

Personne ne saura jamais qui sont mes taupes… mais comme je vous aime bien, mes Jeremstarlettes, je vais vous donner ici un indice.

Vous pouvez y aller, les vermines, prenez un stylo et notez !

Mes taupes ne sont pas du tout les personnes auxquelles vous vous attendez. La plupart sont des gens avec lesquels j'entretiens volontairement de fausses guerres, histoire de détourner l'attention d'elles…

Voilà pour le tuyau.

Maintenant, à des fins de clarification, voici un message qui s'adresse aux productions : au lieu de vous acharner sur les gens que j'aime, les vermines purulentes, pourquoi ne pas vous intéresser davantage à ceux que j'exècre ?

Je meurs.

C'est un bien curieux rapport, celui que j'entretiens avec les producteurs. Quand ils ne veulent pas m'emplafonner, la plupart s'emploient à gentiment me courtiser, histoire d'obtenir mon silence, de même que davantage de publicité.

Pendant un rendez-vous avec un producteur de téléréalité, un autre, je découvre une fois de plus les conséquences de ma « tauperie ». Cette fois-ci, elles sont à leur comble. Je jouis.

Pour le coup, au lieu de me donner du grain à moudre, le type a tout fait pour démanteler mon réseau. Il a injustement viré des gens au sein de son équipe. Il a harcelé ses candidats. Il m'a même proposé de l'argent en l'échange des noms !

Six ans après avoir fait la connaissance de Jeremstar, le pauvre en a les cheveux totalement blancs.

« Ça fait un long moment que tu pourris nos programmes, dit-il. N'est-il pas temps que nous nous réconciliions ? »

Il a plusieurs fois essayé de m'attaquer en justice à cause de mes articles. Entre nous, l'ambiance est tendue.

« Bon. Toi et tes taupes nous avez coûté assez cher en avocats et en dommages et intérêts. Je suis désolé, Jérémy. Je t'avais sous-estimé, tu es un génie, je le reconnais…

– Non mais je hurle ! C'est une blague, j'espère ! »

Le pauvre a l'air aussi dégoûté de me voir que si on lui présentait un plat de tarentules au dîner. De sa bouche, j'apprends que j'ai failli faire déprogrammer son émission phare, à deux reprises. Qu'à cause de moi, il a eu des problèmes avec le CSA…

Quand j'entends le récit des merdes dans lesquelles je l'ai fait patiner, je ne peux pas m'empêcher de ricaner.

« Ça te fait marrer de nous emmerder comme ça ?

– J'avoue que oui ! Je suis un parasite médiatique, moi. On ne me changera pas… »

Au moment où je le vois, j'ai l'impression d'être l'amoureuse cachée d'un homme marié. Il fait nuit noire. C'est l'hiver. Pour me rencontrer, le type a choisi un endroit totalement désert.

« Pourquoi ce restaurant ? je lui demande. Tu veux m'assassiner, ou quoi ? T'aurais pu me convoquer dans tes bureaux !

– Oh, impossible, rétorque-t-il. Les gens cultivent une telle haine de toi, chez nous… Je me suis dit qu'il serait plus prudent qu'on ne t'aperçoive pas. Surtout, qu'on n'apprenne pas que je veux maintenant travailler avec toi.

– Je meurs. C'est un canular titanesque, ou quoi ?

– T'es à la mode, Jérémy… Les téléspectateurs t'aiment, est-ce qu'on a vraiment le choix ?

– Admettons. Et tu me veux pour quelle émission ? T'as un projet intéressant ?

– Je ne peux pas t'en parler…

– Pardon ?

– Eh bien oui… je ne peux rien te le dire, sans quoi tu vas tout répéter !

– Tu me demandes de travailler à une émission dont je ne peux rien savoir, en somme !

– C'est ça… »

La conversation est absurde. Je sors mon téléphone.

« Attends, je lui sors. Bouge pas. Je vais écrire un papier. « SCOOP : Jeremstar ne révélera pas qu'on lui a demandé de ne rien révéler au sujet du mec qu'il a rencontré en secret ! » Sérieux… on marche sur la tête, là !

– Enfin, il faut me comprendre, Jérémy ! Je ne pourrai rien te dire tant que tu n'auras pas signé une clause de confidentialité. Mais nous devons travailler ensemble, je le sais.

– Ben voyons ! »

Il ne faut pas s'y méprendre, les vermines. Même s'ils me reprochent de spoiler leurs programmes, tous les producteurs de téléréalité m'aiment, je le sais. Quoi que j'en dise, quoi que je leur fasse, il n'y en a pas un qui ne m'ait pas proposé d'avoir ma propre émission orchestrée par ses soins.

Pourquoi ? Parce qu'il n'y a rien de plus triste qu'un programme de téléréalité qui n'est pas discuté. C'est la base, et c'est précisément ce en quoi consiste mon métier… Lancer le débat. Allumer la flamme.

Si je n'étais pas là à déballer les histoires des uns et des autres, eh bien… c'est triste à dire… Mais les émissions ne vivraient pas, j'en suis persuadé. Du moins vivoteraient-elles, isolées sur des chaînes recluses de la TNT.

Jeremstar est tout-puissant, les vermines purulentes. Vous l'ignoriez ? Qu'est-ce que j'y peux.

Jeremstar surveille tout, Jeremstar voit tout, Jeremstar est partout…

Nouveau message à l'adresse des productions : mes Jeremstarlettes vous encerclent. Elles sont là, autour de vous.

Faites attention. Il y en a une cachée à tous les coins de rue, qui peut dégainer son téléphone à tout moment.

Je vous somme de faire attention.

Jeremstar vous regarde.

L'œil de *Secret Story*, c'est moi.

Je suis la caméra qui filme la caméra, qui filme elle-même les candidats.

La seule vraie téléréalité, c'est moi.

***

CHAPITRE 20

Comme Britney en son temps, je suis à bout

Mon quotidien s'appelle invasion, les vermines. Son deuxième prénom, c'est intrusion. Je suis en permanence épié, harcelé, perturbé. Quoi que je fasse. Où que j'aille.

Je suis à bout. Je n'en peux plus.

Histoire que vous compreniez, je vous donne ici un exemple. En dédicace à Bordeaux, je déjeune au restaurant. Une enfant rôde devant. Elle me scrute, comme une bête de foire. Quinze minutes suffisent à ce qu'elle rameute dix de ses copines. Jusqu'à ce qu'il me soit impossible de m'alimenter tranquillement. Jusqu'à ce qu'il faille changer de table. Jusqu'à ce que je supplie le patron de faire place nette.

« Je vous en supplie, je l'implore, faites quelque chose, je suis en train de suffoquer. »

Le patron sort.

« Qu'est-ce que vous faites là, mesdemoiselles ?

– Oh, rien ! disent-elles, on regarde le menu !

– Et quel âge avez-vous ?

– Neuf ans…

– Bien, si vous le souhaitez, je vous donne la carte dans sa version imprimée, pour que vous puissiez la lire tranquillement à votre domicile ! »

Chacun de mes repas est un défilé. Je suis pris de crises de panique, j'en viens à ne plus pouvoir manger. À peine ai-je le temps de porter ma fourchette à ma bouche qu'on m'interrompt.

« Jeremstar ?

– Ouais… »

Photo. Vidéo. Baisers.

Depuis quand n'ai-je pas eu la chance de manger un plat encore chaud ?

À l'enterrement de mon arrière-grand-mère, des gens sont allés jusqu'à entrer dans l'église pour assister à la cérémonie. D'autres m'ont demandé des photos dans le cimetière… J'avais encore ma cravate noire. J'étais en pleurs.

Je n'en peux plus, les vermines. Laissez-moi exister. Je vous en supplie.

Par moments, je ne vis plus. Malgré la meilleure volonté du monde, personne ne pourrait supporter un train de vie pareil.

Quand je pars en vacances, mes admiratrices suivent l'avancée de mon vol en direct, sur l'écran tactile de leur téléphone. Elles savent, à la minute près, où se trouve mon avion et au-dessus de quel océan.

À l'aéroport, elles se prennent en photo avec l'appareil, tandis qu'il est encore dans les airs. Assises à m'attendre, elles se plaignent de trouver le temps long et, quand j'arrive, elles se permettent encore d'en formuler la remarque.

« Ton avion est en retard, mec. T'abuses ! J'ai menti à mon patron pour venir te voir. Je fais comment s'il m'a grillée ?

– Qu'est-ce que j'en sais, moi ? Je t'ai demandé de me traquer ? »

Ma vie ne m'appartient plus. La nuit, des Jeremstarlettes sonnent à mon interphone, elles me font sursauter dans mon lit, elles ricanent.

Je n'en peux plus.

Je serais à l'article de la mort qu'on me tendrait encore des coques de téléphone à dédicacer, j'en suis persuadé.

Certaines personnes n'ont pas de limites. Lorsque je leur annonce désirer un peu de paix, leur visage change instantanément, de même que leur ton.

« Ah ben oui, mais faut être gentil avec tes fans, tu l'as voulu !

– J'ai voulu quoi, moi ? »

Dans le train, pour avoir une photo, on me secoue sur mon siège. On fait des vidéos de moi, bouche ouverte… Quand on ne jette pas carrément mon sac par terre, pour s'installer de force sur la banquette.

« Ça te dérange, si je passe le trajet à côté de toi ?

– Ouais, cocotte, j'avoue que ça me gêne… Je n'ai pas dormi depuis quarante-huit heures. J'ai besoin qu'on me lâche un peu…

– Wesh, t'as vraiment pris la grosse tête, en vrai ! »

La vie de Jeremstar, c'est ça. C'est marcher dans la rue, se faire houspiller, arrêter, insulter…

Si vous pensez que j'ai un chauffeur par snobisme, vous vous trompez. Je ne peux plus prendre le métro, les vermines, vous imaginez ? On me bloque dans les escalators.

Quant à faire mes courses… Je n'ai pas grand choix. Me faire livrer ? Certainement pas. Impossible de communiquer à qui que ce soit mon adresse sans qu'elle se retrouve dans les dix minutes sur Internet.

Sortir ? Oui… Mais pas avant la nuit tombée, quand le magasin est à deux doigts de fermer, quand il fait nuit noire… Et encore.

Je suis obligé de me prémunir contre les débordements, désormais. Au-dessus de mon bureau est accroché sur le mur, avec des punaises, un plan de mon quartier. Chaque école y est marquée d'une croix rouge, chaque lycée dans un rayon de deux kilomètres ; les rues à éviter, les endroits que fréquentent les lycéennes pour déjeuner.

Comment peut-on se faire respecter, quand on est assimilé à la téléréalité ? Quand l'image de vous qu'ont les gens est celle d'un garçon torse nu, dans l'intimité absolue de sa salle de bains ?

Un jour sur deux, malgré son succès, j'en viens à me dire que j'ai mal conçu le personnage de Jeremstar. Que j'ai fait le truc de manière trop spontanée. Que j'en ai trop donné.

J'ai mis en scène mes coups de cœur et mes chagrins, c'est vrai. Je l'ai fait en toute sincérité. Sans aucune arrière-pensée. Mais quelle considération peut-on accorder à un mec qu'on voit sur Snapchat se coucher, se doucher, et parfois même déféquer ?

Je suis prisonnier de la manière dont j'ai démarré ma carrière, voilà la vérité. Et j'avoue que j'en ai un peu assez. Je n'ai plus envie d'être célèbre, désormais. Je veux simplement être aimé et qu'on me laisse le loisir d'exister en paix.

Je sais ce que vous allez me dire. Que je ne comprends pas l'amour qu'on me porte. Que je suis ingrat. C'est faux, mes Jeremstarlettes, je le jure. Je ne voudrais surtout pas que vous pensiez ça.

J'ai décidé d'être honnête dans ce livre, voilà tout. C'est d'ailleurs la raison pour laquelle je vais vous livrer ici une part de mon intimité que vous ignoriez.

Avant d'être connu, j'ai moi-même été groupie et je sais par conséquent ce que c'est.

L'amour de ma vie ne s'appelle pas Jeremstar, non. Il s'appelle Élodie Frégé. Avec Nelly, aucune femme n'aura autant compté dans ma vie.

Pour l'avoir moi-même fait, quand je vois des jeunes filles m'attendre devant des hôtels, je comprends ce qu'elles vivent.

Poireauter trois heures dans le froid pour avoir une photo avec sa star préférée. Je connais.

Voir sa vie s'illuminer parce qu'on l'a seulement aperçue, oublier ses soucis grâce à un mot, je sais ce que cela signifie.

En 2004, je traînais sur le forum officiel d'Élodie toutes les nuits. J'en étais un « Utilisateur VIP ». Mon pseudo, c'était « Falco », le nom de mon poney préféré.

ATTENTION, DOCUMENTS SECRETS, REGARDEZ :

Posté le mardi 9 mars 2004, à 1:50. Sujet du message : SERMENT DE FIDÉLITÉ.

« Hello ! J'ai créé ce topic afin que les vrais fans se rencontrent et jurent de croire en Élodie jusqu'au bout, quel que soit l'état de sa célébrité : réussite ou échec. »

Posté le dimanche 14 mars 2004, à 2:49. Sujet du message : Le piratage a commencé !

« Je voudrais vous dire que de nombreux gens de mon entourage ont pu graver l'album d'Élodie. Pouvons-nous faire quelque chose ? Écrire à TF1 pour leur donner le site qui propose le téléchargement afin qu'ils le poursuivent en justice ? Ou leur demander de protéger les prochaines rééditions ? IL FAUT AGIR ! »

Posté le jeudi 15 juillet 2004, à 22:55. Sujet du message : Ma rencontre avec Élodie.

« Élodie m'a signé mon portable, ma pancarte, affichée sur un arbuste. Dessus, j'avais marqué "Élodie star de mon cœur, je t'aime pour la vie !"

Ensuite, je lui ai demandé de signer "Pour chouchou" sur mon classeur spécial Élodie.

Je lui ai donné ses cadeaux. Il y avait un sac violet, avec marqué dessus des trucs comme "Élo je t'adore, t'es la meilleure".

J'avais collé des chats dessus et dedans, il y avait une lettre dans une sublime enveloppe, une rose et un pot de cornichons, car je sais qu'elle adore ! […]

J'espère devenir de plus en plus proche avec Élodie et ça semble bien parti ! Le feeling est vraiment passé à merveille ! »

Ces messages sont encore en ligne, les vermines. Je les ai retrouvés récemment, en travaillant à l'écriture de ce livre. Quand je les regarde, j'avoue que j'ai du mal à me dire que j'ai un jour pu me comporter comme ça.

Je fais ici appel à votre bon sens… Je foutais sacrément les jetons, vous ne trouvez pas ?

J'allais loin. J'étais flippant.

Je connaissais tout de sa vie, à cette pauvre Élodie. Ce qu'elle aimait manger. Sa couleur préférée. J'avais même piraté la messagerie de son téléphone portable. C'est vrai, je sais que c'est inadmissible, mais il m'arrivait de l'écouter en secret.

Je m'insinuais partout. Pire que la vermine, pire qu'un cancrelat.

Mais j'étais sincère. Sans volonté de nuire. Je ressentais pour elle un amour pur…

Que cette histoire vous serve de leçon, les vermines. Je ne sais pas si elle se souvient de moi, Élodie. Si c'est le cas, je serais curieux de savoir quelle image elle a gardée de l'adolescent que j'étais.

Maintenant que je sais ce que c'est que d'être envahi, je ne peux que m'excuser platement auprès d'elle.

Désolé, Élodie. Pour vivre à mon tour ce que je t'ai fait subir, je te demande pardon. Peut-être pourrais-tu me donner quelques leçons de patience et d'abnégation ?

Adolescent, je passais mes nuits à regarder des vidéos de Paris Hilton et de Britney, en train de se faire harceler. Je m'imaginais dans leur peau. Je rêvais d'être traqué. Comme elles. Je voulais qu'on joue des coudes pour m'approcher. Je voulais qu'on m'aime.

Maintenant, je comprends mieux ce que vivaient ces femmes.

Comme Britney en son temps, je suis à bout, les vermines, je n'en peux plus.

Ne prenez pas ce que je vous dis pour de la prétention. Je ne voudrais pas que vous pensiez que je « fais ma star », que je suis irrespectueux ou méchant… Mais ma vie m'est devenue insupportable par moments, vraiment.

Un jour où j'étais en booking avec Carligras, il m'est arrivé une chose que j'imaginais totalement impensable jusque-là. Elle a achevé de me convaincre que ma vie devait changer.

On était dans notre hôtel et on nous avait donné deux chambres séparées. Afin que Charles puisse aller et venir à sa guise, j'ai pris le parti de laisser la porte de la mienne entrouverte.

Il était sorti. Je me suis fait couler un bain. J'étais déjà dedans quand j'ai entendu des bruits de pas.

« Charles ! j'ai crié. C'est toi ? »

Pas de réponse.

« Je me lave ! On ira dîner après, ça te va ? »

Toujours pas de réponse.

Seulement des ricanements étouffés, et toujours des bruits de pas.

« Tu me fais pas rire, Charles. T'as levé une morue, ou quoi ? »

Bon sang, les vermines. J'étais en train de me savonner quand j'ai compris que trois gamines étaient entrées dans ma chambre. J'ai à peine eu le temps de bouger un cil qu'elles étaient déjà dans la salle de bains en train de me filmer avec leurs téléphones. Elles avaient quoi, quatorze ans ?

L'enfer. J'étais à poil, moi ! Nu comme un vers, la flûte à l'air.

Et vas-y que ça ricanait.

Louchant sur mon boxer, qu'elles étaient en train de piétiner par terre, j'avoue avoir été pris d'une crise d'angoisse dramatique. Je comptais sur l'arrivée de Charles. J'espérais qu'il viendrait me sauver.

« Et si j'avais été sur le trône ? j'ai demandé. Vous m'auriez aussi pris en photo ? »

Je me suis senti humilié. Totalement prisonnier. Jamais je n'oublierai cette scène. N'est-elle pas symbolique ? Moi, coincé dans ma baignoire, totalement démuni. Terré comme un rat, obligé de sourire. Avec l'irrépressible envie d'en sortir.

Saloperie de baignoire, je me dis. Combien d'années devrai-je encore subir cette vie pathétique ?

Ce message s'adresse à vous, mes Jeremstarlettes.

J'aimerais instaurer entre nous un rapport de respect. Certaines limites ne doivent plus être dépassées, je vous en supplie. Il en va de ma santé.

Je suis comme tout le monde : il m'arrive d'être malade, malheureux, ou tout simplement fatigué. Vous devez le comprendre et me respecter.

Il y a une manière de faire. Choisissez les bons moments pour m'approcher. De nombreuses dédicaces sont régulièrement organisées.

Si vous me croisez par hasard dans la rue, approchez-moi avec douceur, soyez patientes. Attendez que j'aie fini de parler.

Si vous ne me laissez pas dormir, ni m'alimenter correctement, vous me perdrez rapidement.

Cessez de tomber dans les pommes quand vous me rencontrez, également. Ça me met terriblement mal à l'aise, pitié. Qui suis-je pour mériter que vous vous mettiez dans des états pareils ?

Quant aux cadeaux que vous m'offrez… Je vous remercie de tout cœur pour votre générosité, mais gardez votre argent. Il est bien trop difficile à gagner. Investissez plutôt dans des choses utiles, qu'est-ce que vous en pensez ?

Ne le prenez pas mal, mais à quoi bon m'acheter des ours en peluche par milliers, des serviettes hygiéniques, des pâtes en formes de zizis, des boîtes de préservatifs ?

Pardonnez-moi, mais je ne suis personne et je ne mérite pas que vous vous rendiez malades pour moi.

Je m'appelle Jérémy. Je ne suis rien de plus qu'un garçon ordinaire, qui est un peu dépassé par tout ça…

***

CHAPITRE 21

La poule aux œufs d'or, elle s'est cousu le derrière !

Devenir célèbre, c'est comme gagner au Loto. Tu te découvres de nouveaux amis, des créanciers. Tu réalises que tu n'as dans ton entourage que des gens qui s'imaginent que tu n'aurais rien fait de ta misérable existence sans eux. Des personnes inutiles que ta notoriété excite, et qui se battent pour en ramasser quelques miettes.

Autour de moi, depuis quelque temps, tout le monde s'y met.

La première boîte de nuit à m'avoir booké.

Le présentateur qui m'a offert mon premier plateau télé.

Même Nabilla s'imagine que je suis connu grâce à elle sous prétexte que j'ai été reçu chez Bourdin pour commenter ses monstruosités ! Elle ne se prive d'ailleurs pas de me rappeler tous les quatre matins, quand elle a quelque chose à me quémander.

« Et tu veux pas faire de pub pour ma marque de blanchiment dentaire ? »

« Et tu veux pas demander à tes Jeremstarlettes d'ajouter Thomas sur Snapchat ? »

« Vas-y t'es pas cool ! qu'elle insiste, de sa voix traînante.

« T'es qui, toi ? t'es un mec, t'es un gay ! Moi je suis une femme… tu serais qui, sans moi ? »

« Non mais stop, les vermines. Ça suffit. Je ne fais déjà pas de pub pour les comptes de mes amis, je vais encore moins en faire pour les vôtres, que ce soit dit ! »

Et puis un ami, d'abord, c'est quoi, un ami ? Jeremstar n'a pas d'amis. Il a des gens qui lui rendent ponctuellement service, et qui le lui font payer au centuple après. Des gens qui lui lèchent le derrière toute la journée, qui l'abreuvent de notes audio mielleuses. Qui achètent son amitié.

Mon petit coquelicot, qu'ils m'appellent. Amour. Chéri. Cœur. Chouchou. T'es un mec en or, Jérem ! Bisous.

Tu parles.

Vous vouliez que je balance dans mon livre ? Je vais vous donner ici ce que vous attendiez, les vermines. J'ai tellement été déçu, mes pseudo-potes ont tellement été malhonnêtes avec moi, qu'ils ne pourront pas s'en plaindre après.

Voici le top 3 des pires déceptions de mon entourage, avec la vérité qui l'accompagne.

Numéro 1 : « Le Ballon de Baudruche »

Dieu qu'il était adorable, ce Ballon de Baudruche ! La fille me soutenait, elle me félicitait pour mon travail, elle disait me trouver merveilleux. Elle m'offrait des séances de massage, des paires de chaussures, elle m'invitait à dîner. J'étais fou d'elle.

Pour faire court, le Ballon de Baudruche achetait mon affection.

Pour la récompenser de sa gentillesse, je me suis mis en tête de lui confier ma boutique en ligne, d'autant qu'elle en avait elle-même déjà une. J'avais pourtant des propositions. Des dizaines d'entreprises ultra sérieuses sur les rangs. Mais j'avais confiance en elle, et j'ai bazardé tout ce petit monde pour lui faire plaisir.

La vérité, les vermines, c'est que dans son travail avec moi, cette fille s'est révélée être incompétente.

Je vous la fais schématiquement.

Le Ballon de Baudruche m'a demandé d'investir une grosse somme d'argent pour lancer l'affaire. Sur cette somme, il était entendu qu'elle concevrait les produits, qu'elle les ferait fabriquer, qu'elle mettrait un site en ligne, et qu'elle expédierait les commandes.

Le problème, c'est qu'au bout d'une semaine, elle voulait déjà dépenser l'intégralité de mon fric, si durement gagné, en absurdités. Des trucs sur lesquels elle était prête à faire imprimer des fautes d'orthographe, des coques de téléphone grotesques…

Ce pauvre Ballon de Greluche n'avait absolument aucune notion de commerce. L'argent que je lui donnais partait dans la cuvette des toilettes.

« J'ai trouvé un fournisseur, qu'elle disait en zozotant, c'est le "top du top" !

– Non, Ballon. C'est de la mauvaise qualité, c'est de la merde, du travail bâclé.

– J'ai envie de faire imprimer des casquettes avec des flammes dessus, ce sera le "top du top".

– Super, mais quel rapport avec Jeremstar ? Jeremstar, c'est pas les Hell's Angels ! D'où t'as vu du feu dans ma baignoire ? »

Et vas-y qu'elle a commandé des débardeurs… Sur lesquels le motif n'était pas placé au bon endroit.

« Tu n'as pas les yeux en face des trous ! je lui disais. Même un enfant de cinq ans aurait fait le truc correctement ! »

Invendable, son bordel, poubelle ! Chacune des choses qu'elle faisait devait systématiquement être modifiée, recommencée, indéfiniment reprise par mes équipes qui travaillaient à sa place, toujours à mes frais.

Le plus drôle, c'est que pour cette prestation pathétique, la vermine se permettait d'exiger 50 % des ventes !

On avait presque signé le contrat. À 50/50. Mais « bon ne s'écrivant pas avec un C », j'ai décidé de me rétracter.

Je vous laisse imaginer le drame. Notes audio de supplications. Chantage affectif. Le Ballon qui vient pleurnicher en bas de chez moi, en disant qu'elle ne peut plus nourrir son enfant…

J'ai beaucoup trop de cœur, je vous jure.

« Arrête, j'ai fini par céder. Je ne supporte pas de voir une femme pleurer. On va réfléchir à une autre solution, histoire que tu ne sois pas à la rue, OK ? Je te propose de te payer de manière fixe, pour mettre les commandes sous enveloppe. Juste ça. Tu voudrais que je te donne combien tous les mois ? »

Naïf comme je suis, je m'attends à ce qu'elle me réponde quoi… Deux mille euros ? Ce qui est déjà un salaire correct, en soi ! Mais par amitié, je lui laisse le loisir de choisir.

Quelques jours après, le couperet tombe. Le Ballon de Greluche me réclame quinze mille euros par mois pour mettre quelques t-shirts sous pli discret. Je hurle.

« Ben ouais, ça les vaut, Jérem. Je te ferai un travail "top du top" !

– M'enfin, Ballon… Le président de la République touche 15 140 euros brut… Et on ne lui demande pas de jouer à la marchande, hein ! »

Rebelote. Chantage affectif. Pleurs. Je ne peux pas nourrir mon gosse. Encore.

Pas sotte, cette vermine purulente ! Toute persuadée qu'elle allait faire fortune sur le dos de son bon Jéjé… J'apprends qu'elle a anticipé son prochain train de vie, cette cruche. Elle a commandé une Mercedes, elle s'est couverte de crédits, à l'aise. Elle a emménagé dans un appartement plus grand…

Myriade de « S'te plaît » zozotants.

« Je me suis trompée, je suis dans la merde, maintenant ! »

Après avoir perdu des milliers d'euros, après m'être tu par pure amitié, j'ai fini par m'en séparer.

Mais j'aurais mieux fait de m'abstenir, peut-être ? Trop écœurée de ne plus pouvoir compter sur sa vache à lait, elle a cherché à se venger en montant contre moi mes collaborateurs professionnels, mes amis… Un par un, elle les a pris ! Pour leur monter le bourrichon. Se les approprier. Casser du sucre sur mon dos. C'est devenu la quête de toute sa vie. Pourrir la mienne, me faire chier…

Et je suis encore très sympathique dans le portrait que je dépeins d'elle ici.

Désolé, mais je n'ai pas besoin de quelqu'un comme ça dans ma vie, merci.

Numéro 2 : « Bob l'Éponge »

À mes yeux, Bob l'Éponge aura la palme de la gratte à vie. Je m'explique.

Un jour, je tourne une baignoire avec un candidat de *L'Amour est dans le pré*. Adrien. Mec agréable. Baignoire sympa. Le tournage se déroule chez un ami de l'Éponge, qui prête gentiment son appartement. Jusque-là, tout va bien.

Le mec vient me saluer.

« Ah ! dit-il, c'est bien, ce concept d'interview baignoire que vous avez inventé tous les deux ! »

J'en reste bouche bée.

« Pardon ? Le concept de qui ? Attends… La baignoire, je ne la dois à personne. Surtout pas à Bob l'Éponge ! Peu importe si ce blaireau raconte le contraire à la terre entière ! »

Au cas où vous l'ignoreriez encore, sachez que, pendant un nombre incalculable de mois, Bob l'Éponge n'a cessé de me reprocher d'être dans l'ombre. Monsieur rêvait d'être célèbre, et le pire, c'est que dans sa tête, poser son long doigt sur son appareil photo suffirait à le propulser.

Vous êtes bien assises, les vermines ? À chacun de mes passages télévisés, le malheureux me reprochait de ne pas être remercié à l'antenne, s'il vous plaît !

Mais remercié pour quoi, au juste ?

Fut un temps où il a même exigé de moi que je revoie totalement le format de mes baignoires parce qu'il voulait que j'y ajoute une séquence de deux minutes pendant laquelle on le verrait installer les canards ! Au secours.

Il rêvait d'apparaître à l'image, Bob La Serviette Éponge ; et il trouvait normal d'avoir son propre générique, limite. « Une interview de Bob l'Éponge et de Jeremstar ». Et puis quoi encore ?

Le Gant de Toilette Éponge n'a rien inventé, à ce que je sache, et il n'a jamais conduit une interview de sa vie.

Lui se contentait d'organiser des bookings foireux et des séances photo merdiques avec mes invités, alors que j'y étais formellement opposé. Après quoi il les mettait sur de répugnants blogs d'exhibition masculine. Insupportable.

Sans compter sur le fait qu'il était parfaitement incompétent, lui aussi…

Combien de fois suis-je rentré chez moi pour découvrir qu'il avait tourné des images mal cadrées, quand elles n'étaient pas totalement floues, tout occupé qu'il était à gratter l'amitié ? Combien d'interviews ai-je été contraint de retourner intégralement par sa faute ?

Les séquences les plus intéressantes – celles où la personne pleurait et se confiait sur des choses graves – n'étaient bizarrement jamais enregistrées.

« Ah, j'ai oublié d'appuyer sur le bouton ! qu'il disait. Mais j'ai filmé avec mon portable, si tu veux ! »

Ben voyons.

Qu'en est-il des séquences durant lesquelles il passait devant l'objectif, sans raison, en espérant que je les garderais…

Je m'énervais.

« Je te demande pas la lune, non ? Tu ne gères même pas le montage ! Ni le son ! Tu n'as qu'à appuyer sur un putain de bouton ! »

Voilà, les vermines. Son incompétence et ses rêves de gloire ont achevé d'émousser ma patience et ma générosité.

Alors, c'est vrai. Effectivement. Au début, je ne le payais pas. Je n'en avais pas les moyens. Sauf qu'au moment où je lui ai proposé un contrat qui lui imposait d'être sérieux, La Serviette Éponge n'a jamais voulu le signer. Il me l'a jeté au visage en arguant qu'il était « trop formel ».

J'ai été contraint de m'en débarrasser.

« Désolé, mec. Mais il y a cœur et cœur. Je ne peux pas indéfiniment accepter par amitié du travail mal fait. »

J'ai fini par engager à sa place quelqu'un dont c'était vraiment le métier. Quelqu'un qui ne courait pas après la notoriété, quelqu'un qui sait rester à sa place. Cette personne que vous connaissez désormais sous le nom de « Gazon Maudit »…

Voilà, les vermines. Je vous devais la vérité. Quand je l'ai congédié, j'ai découvert que La Serviette Éponge se permettait d'envoyer des mails à toutes les rédactions de Paris, pour se venger de moi et « balancer »…

Merci, mon gars. T'es un super mec. Surtout, ne change pas !

NUMÉRO 3 : « PUPUTE »

À mon contact, les gens deviennent fous, les vermines. Je vous jure. Ma notoriété leur monte à la tête.

Les mois avançant, Pupute, pourtant si dévoué, s'est fait de plus en plus distant. Il choisissait ses moments.

M'accompagner chez le coiffeur ? Non. Pupute pas dispo. Me récupérer à l'aéroport ? Non. Pupute pas dispo. Trop chiant.

Quand il s'agissait de m'accompagner à mes plateaux télé, par contre… Pupute était là…

« Comment je m'habille pour Hanouna ? », se permettait-il de demander à mes collaborateurs. « Je devrais plutôt arriver avec un beau jean ou alors en mode chauffeur ? »

Et vas-y que ça trépignait en coulisses, en espérant le moment où ça serait cité à l'antenne. Lui aussi.

Combien de temps j'ai passé avec mon chauffeur, en tout ? Un an ? Je n'ai compris que trop tard que tous les jours Pupute dictait sa journée à son téléphone en vue d'écrire un livre. Chacun de mes faits et gestes étaient soigneusement consigné. Chacune des phrases que je prononçais. Chaque moment que nous avons passé ensemble…

Pourquoi me fréquentait-il, enfin, si ce n'est pour alimenter ce pathétique brûlot qui m'a totalement horrifié après une simple lecture de quelques mots ?

Je suis désolé, les vermines, mais aucune relation saine ne peut se fonder sur une entourloupe pareille.

Je crois bien que Pupute perdait la tête.

Au lendemain d'une dédicace, il arrivait qu'il m'explique qu'il était « en dépression », qu'il n'avait pas dormi de la nuit. Qu'il n'irait pas travailler le lendemain tant il était nostalgique de son bain de foule passé.

J'ai eu le malheur de le mettre en avant, sans doute trop. Mea culpa. Pupute y a pris goût. Ma notoriété et l'exposition qu'elle lui procurait par capillarité sont devenues une drogue dont il ne pouvait plus se passer.

Jusqu'à l'ultime coup de pute. « L'ultime coup de pupute ».

Tout accro qu'il était, mon chauffeur se permettait d'annoncer sur son Snap les dates de mes dédicaces auxquelles il assisterait, comme s'il s'agissait de sa propre tournée ! J'en ai eu assez.

Vous connaissez la suite… Il a essayé de monter mon public contre moi – l'ultime limite à ne pas dépasser – pour une chose dont il était le seul fautif : son besoin maladif de se faire acclamer, sans que la chose soit seulement méritée.

Les derniers mots que nous avons échangés l'ont été par note audio. Le 7 janvier, Pupute y disait que je pouvais me mettre mon champagne d'anniversaire dans le c**, de même que d'autres choses que je tairai par pudeur…

À vous, qui me demandez tous les jours des nouvelles de mon petit chauffeur, vous avez maintenant la réponse. Pupute stagne dans les oubliettes des personnages les plus indélicats de mon entourage avec ses collègues La Serviette Éponge et Le Ballon de Greluche. Je sais que c'est triste, les vermines. Mais ne m'en parlez plus, je vous en saurai gré. Vous les oublierez comme moi je les ai oubliés, je vous le promets.

La notoriété est une maladie, les vermines, je vous le dis. À mon contact, une personne d'apparence normale finit presque toujours par devenir tarée en l'espace de quelques mois.

Je n'ai réalisé que trop tard que mon entourage profitait de ma générosité. La vérité c'est que quatre-vingts pour cent des gens que je fréquente le font avec pour seul but de servir leurs intérêts. Je continue à les voir à contrecœur, parce que vous me les réclamez… Je feins les sourires, quand je ne suis pas tenté de me boucher le nez. Mais la coupe finit toujours par déborder, et ce chapitre en est le résultat concret. Qui suis-je ? Un distributeur de notoriété ? Une planche à billets ? Je suis la poule aux œufs d'or, peut-être ?

Ça me rend malade de le dire, mais je suis moi-même devenu une téléréalité, pas mieux. Les personnes de mon entourage se poussent les unes les autres, à grands coups de coude, pour apparaître dans le cadre.

Je dois désormais apprendre à catégoriser. Évaluer. Détecter les personnalités le plus susceptibles de basculer.

Ne plus trop m'attacher à des gens dont je sais qu'ils ne seront que de passage.

Ma vie est comme un appartement qu'il faut régulièrement nettoyer. Par périodes, de grands ménages s'imposent. Je renouvelle mes personnages.

Quelle est la prochaine étape de ma carrière ? Recruter de parfaits inconnus pour mes Snaps ? Ne plus jamais filmer mes amis pour ne plus subir leurs folies, leurs grattages et leurs jalousies ? Faire signer des clauses de confidentialité à quiconque apparaît dans ma story ?

Stop. C'est terminé. Je vous l'annonce ici, mes Jeremstarlettes. Plus personne ne profitera de moi, jamais. La poule aux œufs d'or, elle s'est cousu le derrière !

***

CHAPITRE 22

Je vous l'annonce officiellement, les vermines, j'en ai assez !

Ma vie est un enfer, les vermines. J'éprouve un ras-le-bol gigantesque et le pire, c'est que je peine à expliquer mon mal-être.

Je mène la vie dont je rêvais, mais elle n'est pas exactement telle que je l'imaginais. Je n'ai pas trouvé la personne essentielle, je ne suis pas entouré du groupe d'amis que je voudrais.

Cela fait une bonne dizaine d'années que j'ai oublié de vivre, en vrai. Je les ai passées à travailler comme un acharné pour atteindre un niveau de notoriété satisfaisant. Qu'est-ce que j'y ai gagné ? Pas grand-chose. Je me sens un peu perdu dans ce monde. Je ressens une lassitude profonde.

Vous allez apprendre ici quelque chose, mes Jeremstarlettes. Je ne regarde plus aucune téléréalité. Jamais. Au cas où vous m'imaginiez à la pointe de l'information, sachez que j'apprends ce qui se passe sur les tournages grâce à mes taupes, rien de mieux.

Avant, les téléréalités m'intéressaient et je découvrais avec plaisir chaque saison de mes émissions préférées. Les choses ont changé.

Je vous l'annonce officiellement, les vermines, j'en ai assez ! Marre de fréquenter ces personnes, marre de ce milieu malsain. Les candidats de téléréalité m'épuisent. J'aspire à davantage d'équilibre.

Je dois à tout prix quitter ma baignoire avant de m'y noyer. Je réfléchis de plus en plus à un virage, à quelque chose de différent, à quelque chose de propre, à quelque chose de grand.

Il y a quelques mois, pendant un voyage en avion, j'ai regardé un film sur la vie de Dalida. Comment vous dire, les vermines ? J'ai été totalement happé. Tellement ému que j'en ai pleuré.

Les bagarres dans les loges. Les embrouilles. La foule. La porte de la chambre d'hôtel qui claque. Personne d'autre que soi-même à l'intérieur.

Dalida a touché mon cœur. Je ne voudrais surtout pas vous faire peur, mais j'avoue m'être senti proche de cette femme. Je me suis reconnu dans sa quête de l'amour, dans sa détresse, dans sa solitude.

Je ne l'ai compris que récemment : les dix années que j'ai passées à travailler comme un fou n'ont servi qu'à tromper ma misère affective. Jusque-là, tout ce que j'ai fait n'a servi qu'à meubler du vide, à me faire oublier que la mort arrivait. Maintenant, j'aimerais qu'on me laisse le loisir de faire mon apprentissage de la vie et d'aimer.

Serai-je un jour satisfait ?

Je suis au bout du rouleau six jours sur sept. Certains matins, je suis prêt à tout abandonner.

« Je voudrais m'endormir et ne plus jamais me réveiller. »

Cette phrase, je la lance à mes proches collaborateurs, sans arrêt. Mais si tout s'arrêtait ? Je crois bien que j'en mourrais.

C'est l'histoire de ma vie. Souffler le chaud et le froid. Changer d'avis sans arrêt.

Après chacune de mes dédicaces, je rentre chez moi épuisé, jurant que je n'en ferai plus jamais. Cela dit, au bout de deux week-ends passés sans avoir d'engagements professionnels, je me surprends à m'ennuyer. Je me sens seul, je n'ai personne à appeler. Mes Jeremstarlettes me manquent. Je téléphone à mon éditrice sur-le-champ :

« Il faut m'organiser de nouvelles dates, Sophie, me laisser à nouveau rencontrer mes fans, vite ! »

C'est ainsi. Mes périodes de burn out se manifestent par crises. Je suis comme une femme qui serait sur le point d'accoucher. Les contractions se rapprochent. Quand expulserai-je Jeremstar de mon corps à jamais ?

J'ai déjà un pied hors de ma baignoire, les vermines. Perdu sous la mousse, l'autre y étouffe encore.

Dois-je rester, ou partir ?

Ma vie n'est faite que de cet aller-retour. Je pourrais à tout moment basculer.

Un jour, je quitterai le monde de la téléréalité, je cesserai mes enfantillages, je grandirai. Un jour, j'aurai le courage de me confronter à la réalité du monde, tel qu'il est. J'accepterai d'être un homme et de laisser derrière moi l'éternel adolescent qui a fait mon succès.

Attendez. Je me trompe. Je ne veux pas quitter Jeremstar, jamais. J'aime ce personnage, il fait partie de mon ADN. Tout ce qu'il représente me correspond et me plaît.

Petit à petit, Jeremstar se consume, mais il est encore loin d'être en cendres. Rassurez-vous, les vermines : je ne suis pas près d'abandonner mon petit monde. J'ai à cœur d'assurer ma sécurité financière. De continuer à m'amuser.

Plutôt que d'affronter les dangers de la vie, je préfère me consacrer à entretenir ma légèreté. Elle me fait du bien, elle me rassure, elle me distrait.

Quelle idée du bonheur nourrit mon imagination ?

J'ai ce terrible défaut, les vermines : je suis ambitieux tout en étant paresseux. Mon rêve ultime est d'une infinie naïveté : j'aimerais pouvoir nager dans des flots de billets, sans avoir à trop travailler.

Moi qui ai si peur de la mort, je formule également ici le vœu d'être immortel. J'aimerais traverser les époques. Peu importe si j'y perds mes proches.

Je devrai un jour mettre fin à la vie de Jeremstar avant qu'il ne soit trop tard, je le sais. Et me consacrer au plus grand vrai défi de ma vie, parvenir à me faire apprécier pour ce que je suis en vrai. Ne pas finir seul. Partager.

Il m'arrive de me demander si je voudrais un jour avoir des enfants. Quand je dis ça à ma mère, elle ne peut s'empêcher de glousser.

« Toi, père ? Mais tu es bien trop égoïste ! Tu ne sais t'intéresser qu'à toi-même ! »

Aujourd'hui, ma priorité n'est plus de développer mon entreprise, mais de trouver quelqu'un à aimer. Et si c'était la quête des dix prochaines années ?

Tout au long de ce livre, j'ai l'impression d'avoir clashé la terre entière. Ne m'en veuillez pas, les vermines : cracher dans la soupe la rend à mon sens meilleure.

Il paraît que les gens m'aiment parce que je suis drôle. M'aimeront-ils moins, maintenant que je suis sincère ?

Bonjour, mes Jeremstarlettes. Je m'appelle Jérémy. Nous ne nous connaissions pas. Je suis ravi d'enfin vous rencontrer.

On se fait la bise, ça se passe comment ?

***

REMERCIEMENTS

Avant toute chose, merci à mes Jeremstarlettes. C'est avec vous que je trouve mon bonheur chaque jour. C'est vous qui me boostez, vous qui me donnez l'envie de continuer. Je suis si ému à chacune de mes dédicaces lorsque je vous rencontre. Je vous aime tellement.

Merci à Clarisse Mérigeot, mon ange gardien, qui a toujours su m'aiguiller et me guider vers le bon chemin. Tu as passé des mois (des années ?) sur mes livres avec tant d'assiduité. Love you Clacounette.

Merci à mon éditeur, Hugo & Cie, pour sa confiance. C'est une belle aventure qui a commencé en 2016 et qui se poursuit aujourd'hui.

Merci à Sophie Le Flour, la dame qui n'était finalement pas si grosse que ça, puisqu'elle était seulement enceinte !

Merci à mon attachée de presse Marion Marin, qui se coltine mes cinquante sacs de cadeaux après chaque dédicace, de même que mes questions indiscrètes lors de nos longs voyages en train.

Merci à Stéphanie Moennard, qui a bien failli perdre un bras à l'une de mes dédicaces.

Merci à mes parents de m'avoir mis au monde.

Je dédie ce livre à ma mère, à qui je n'ai jamais réussi à dire « je t'aime ». J'espère qu'elle comprendra dans ce livre qu'elle est la seule femme de ma vie.

JEREMSTAR

LA VÉRITÉ, TOUTE LA VÉRITÉ

Avec la collaboration
de Clarisse Mérigeot-Cassaignau

Pour Lorenzo,
mon unique amour, mon sauveur ;
Qui a rendu ma vie magnifique
malgré l'horreur.
Tu es l'homme de l'ombre grâce auquel
j'entrevois à nouveau la lumière.

« On peut mourir de faim ou de froid,
mais si l'on en réchappe, on oublie son mal.
Quand on n'aurait souffert qu'un seul jour
de la honte, on en meurt toute sa vie. »

Françoise Chandernagor,
de l'Académie Goncourt,
L'allée du Roi.
Souvenirs de Françoise d'Aubigné,
marquise de Maintenon,
épouse du Roi de France.

AVANT-PROPOS

Quand est-ce qu'on devient adulte, dans la vie, en vrai ? Est-ce que c'est quand on devient majeur ? À moins que ce ne soit au moment où il nous arrive une horreur ?

Au cas où vous seriez totalement passés à côté, une sacrée bouse m'est tombée sur le coin du front l'an dernier. J'ai disparu des écrans radar pendant quelque temps. Incapable de marcher, de manger ; ravagé par d'incessantes crises de larmes, je pense avoir fait l'expérience d'une détresse totale.

Ce qui m'est arrivé ? J'ai été victime de harcèlement numérique. Voilà, il n'y a rien de plus à voir, circulez. Des gens mal intentionnés se sont amusés à balancer tout et n'importe quoi sur les réseaux sociaux à mon sujet. La presse a relayé le tout jusqu'à ce que « mon » scandale devienne national. C'est aussi bête que ça.

Comment s'est orchestrée ma disgrâce ? Comment l'idole des ados s'est-elle trouvée réduite à raser les murs, affublée d'une ridicule perruque ? Je ne sais pas. Ça me dépasse. Je pense avoir vécu mon rite de passage quoi qu'il en soit. Mon épreuve. Au final, il aura fallu que j'attende d'avoir trente et un ans pour devenir un homme.

J'ai longtemps mené la vie d'une adolescente, loin des réelles préoccupations du monde. Je repoussais indéfiniment le moment où je devrais me comporter « comme un grand ». J'ai toujours vécu selon ce précepte : aller là où me porterait le vent de mon plaisir et de mon amusement. S'il fallait en quelques mots résumer ma carrière, ce seraient bien ceux-là : rire à gorge déployée, nourrir d'historiettes futiles un personnage égoïste et outrancier. J'ai fait les beaux jours du scandale et du trash. Je les ai érigés au rang de valeurs phares jusqu'à ce qu'ils fassent partie intégrante de moi. Scandale aurait pu être mon deuxième prénom, tiens !

Jérémy Scandale Gisclon. Jérémy Provocation. Jérémy Dénonciation.

Ma vie était un enchaînement sans fin de privilèges que je consommais sans modération. Je produisais du contenu sans profondeur, sans engagement. Je me contentais de vivre gentiment. Pour subsister, il suffisait dans ma tête de faire quelques galipettes dans une baignoire. Tu parles d'un truc valorisant ! Je n'avais qu'à sortir trois punchlines gratinées pour satisfaire mes abonnés et je bénissais cette facilité. Je vivais un rêve éveillé, peuplé de flamants roses, de licornes, de pyjamas à capuche et d'opérations chirurgicales inutiles. Un monde parallèle dans lequel j'ai embrigadé des jeunes gens par centaines de milliers. Je tiens à dire que j'en suis désolé.

Dans mon précédent livre, j'ai mis mon public en garde contre les dangers de la téléréalité. C'est au tour des réseaux sociaux de subir ma critique désormais.

C'est terrible à dire, mais je remercie le ciel de m'avoir infligé cette affreuse polémique. Si tout cela ne m'était pas arrivé, je n'aurais sans doute jamais eu de déclic.

Une fois n'est pas coutume, voici que je m'angoisse du but de mon existence médiatique. À quoi sert ce que je fais ? Je suis un « influenceur », comme ils disent. Mot terrible. Si je dis à ma communauté que telle marque est formidable, elle va s'y intéresser. Si je lui dis qu'une musique est géniale, elle se mettra à l'écouter par effet de ricochet. Mais qu'est-ce que j'apprends à la jeunesse française ; qu'est-ce que je lui apporte, en vrai ?

Pendant les milliers d'heures d'isolement que le « CardonnaGate » m'a infligé, j'ai eu le temps de m'interroger. J'aimerais que mes Jeremstarlettes considèrent ce livre comme le résultat d'une introspection profonde, forcée par de bien dramatiques événements. J'aimerais que mon message soit précisé. Que mon héritage soit propre et cadré. Il se trouve que j'ai envie de transmettre quelque chose dont je n'aurai plus à avoir honte désormais.

Au moment où sont rédigées ces lignes, mon calvaire n'a pas encore trouvé d'épilogue. Des gens sollicitent des rendez-vous avec moi pour satisfaire une curiosité malsaine. Comme ce matin, un type qui dirige la « com » d'un géant de la grande distribution.

Je ne voulais pas le rencontrer, celui-ci. Je sentais le coup pourri. Pour que je me laisse entraîner, il a fallu qu'il me promette un partenariat fabuleux.

Alors voilà, la scène se déroule comme ça. Je suis assis, à la table du déjeuner. Je suis angoissé. À ma grande surprise, le type se présente les mains dans les poches. Il n'a rien apporté : ni contrat, ni dossier, ni papier. Pourquoi s'est-il déplacé ?

Voici qu'il dégaine son téléphone et me réclame une photo. Je saisis rapidement qu'il n'a aucun autre souci que celui de « voir » la curiosité du moment de ses propres yeux.

Qu'est-ce que je deviens ? Comment je vis tout ça ? Vais-je pleurer ?

Je suis à deux doigts de le faire et il s'en délecte, ça me débecte.

Ça ressemble à quoi, un mec qui a été accusé de viol ? Mince alors ! J'ai un pédophile à ma table, comme c'est original !

J'aimerais me lever, lui jeter mon verre d'eau au visage et m'en aller.

Ragots. Potins. Voyeurisme. J'imagine la vie de cette stupide créature. Rentrera-t-il chez lui, en métro, pour raconter à son chat qu'il m'a vu ? Inondera-t-il ses amis de textos ? Dira-t-il à son petit ami qu'il m'a trouvé beau ? Le type n'a rien à me vendre, évidemment. Il repousse sans cesse le moment de parler de choses sérieuses. Il me glace le sang.

Voilà ce que le harcèlement numérique aura fait de ma vie. Mon visage s'est mué en couverture de magazine permanente. Je suis devenu à moi seul l'incarnation de la fascination pour la trash news et l'événement.

Aujourd'hui encore, je dois sans cesse expliquer que non, je n'ai rien fait. Il faut y passer un temps fou.

« De quelle affaire parle-t-on ? je répète. Il n'y a pas d'affaire ! Je ne suis visé par rien. Il n'y a aucune plainte et je n'ai pas été mis en examen. »

Le scénario est toujours le même. Je rencontre par hasard quelqu'un que je n'ai pas vu depuis un moment. La personne « prend de mes nouvelles ». Je réalise qu'elle m'imagine coupable après quelques mots seulement.

– Coupable, moi ? Mais coupable de quoi ? je lui demande.

– Ben, je sais pas… De ce que j'ai lu sur Twitter !

Combien de salive gâchée ; combien de temps perdu à ressasser les mêmes saloperies ?

Soyez attentifs, les amis. Notez. La justice ne se rend pas sur les réseaux sociaux. Cessez de croire tout ce que vous y lisez. C'est dans mon témoignage que se niche la vérité. Je vais vous raconter les choses telles qu'elles se sont réellement déroulées.

Je ne suis ni un pédophile, ni un violeur. J'en ai assez que mes activités professionnelles soient ralenties par une procédure qui n'a jamais existé.

Puisque le procureur de Nîmes n'a pas jugé utile de m'écouter, je livre moi-même mes déclarations aux autorités. Voilà. Puisqu'on ne me reçoit pas, puisqu'on ne m'aide pas ; j'envoie un petit paquet au Palais par coursier. C'est mon procès-verbal détaillé. C'est cadeau, tenez.

Comment peut-on accélérer le cours de la justice ? Comment améliorer la manière dont les victimes de harcèlement numérique sont considérées en France ? Qu'est-ce que je peux apporter à tout ce merdier à mon petit niveau ; moi, Jéjé ?

De toute évidence, l'éventail de ressources que propose la loi n'est pas suffisamment efficace. La vérité, c'est que la justice aurait dû agir pour juguler la diffusion de cette catastrophe. Je n'ai pas été protégé alors que je n'avais strictement rien fait. J'ai été abandonné à mon triste sort. Je suis atterré.

J'ai décidé de sortir ce livre pour que soit enfin entendue la vérité. Si je ne fais pas en sorte de parler par moi-même, j'ai l'affreux sentiment qu'elle n'éclatera jamais.

L'heure est venue pour moi de me réapproprier mon histoire pour mieux vous la livrer. Si je me suis tu pendant un long moment, je prends de plus en plus plaisir à me raconter.

– Vos maux n'intéressent personne, m'a un jour dit une dame qui enseignait les bonnes manières. Je tournais avec elle un reportage pour l'émission d'Ardisson.

– Pas besoin de me le répéter, lui ai-je répondu. Je le sais parfaitement. Mais qu'est-ce que ça fait du bien, de pleurer, bon sang !

Pourtant loin du temps où la polémique battait son plein, je guette encore les moments pendant lesquels je pourrai m'épancher. Je cherche des oreilles compatissantes. Je chéris les épaules confortables. C'est ma thérapie. Je ne dirais pas que je suis une drama queen, non. Je suis juste un être humain. J'ai besoin qu'on m'écoute et qu'on m'aide, comme tout un chacun.

Ce livre, c'est un coucou. Coucou, les gens ; je suis encore en vie, je vais bien ! N'en déplaise à certains. Je suis heureux, je suis amoureux. Ma carrière prend un nouveau chemin.

Ce livre, c'est ma pensée, de même que la vérité, telle qu'elle est. Il s'adresse évidemment à mes

Jeremstarlettes adorées, que je sais suffisamment fines pour savoir faire la part des choses. Elles m'ont tellement manqué. Il ne s'adresse pas qu'aux gens intelligents qui ont su faire la part des choses. Il s'adresse aussi aux imbéciles finis ; ceux qui pensent encore que je suis un pédophile et un gros pourri.

Il s'adresse à ceux qui se permettent encore de m'interpeller ; « Wesh Jeremstar, t'es pas encore en prison, gros ? » Désolé, mais non !

Il s'adresse à ceux qui jouiront à l'idée de satisfaire une curiosité déplacée ; à toutes les personnes qui m'ont condamné sur les réseaux sociaux et qui se sont répandus sur mon compte en insanités. Écoutez-moi bien. Vous n'y connaissez rien.

Réseaux sociaux. Argent facile. Starification de morues siliconées.

Je suis la première victime d'un monde que j'ai contribué à alimenter. Mes bourreaux sont le produit des punchlines putassières de Twitter, de la culture du clash et de l'évolution toxique de la téléréalité.

Quand j'ai été la victime d'un harceleur numérique qui balançait sur moi, j'ai pris toute la mesure de ma responsabilité.

Bien au-delà de ma tragédie personnelle, j'ai compris que mon bourreau n'avait aucune autre ambition dans la vie que celle de m'imiter, jusqu'à vouloir me détruire médiatiquement pour me remplacer.

J'aimerais qu'il sache que je lui laisse ma place avec plaisir. Il en fera ce qu'il voudra. L'heure est venue pour moi de me consacrer à des choses utiles. La téléréalité, son vide et sa vulgarité… Je jette l'éponge. Pour moi, c'est terminé. Je refuse d'être le père d'une génération construite à mon image pour ce qui est de la course au trash.

C'est un cas d'école, ce qui m'est arrivé ! Mon affaire est symptomatique d'une époque dévoyée. Il est temps de tirer la sonnette d'alarme, car j'estime que la génération qui me suit est en danger.

Coucou, les gens ! J'ai toujours été un insoumis. Je décide ici de prendre le contre-pied du monde de fous dans lequel je vis. Au lieu de m'adresser via l'interface impersonnelle de Snapchat pour m'exprimer, je le fais sur papier.

Mes réseaux sociaux relèvent du domaine public, si j'y réfléchis. Ils appartiennent à ma communauté ; chacun peut y ajouter ce qui lui plaît. C'est comme un cahier de coloriages ; une toile participative à laquelle chacun apporterait son affreux coup de pinceau. Tout ce que j'y écris, toutes les photos que j'y mets. Tout est à la disposition du tout-venant. C'est un self-service, le truc ; c'est Flunch. Servez-vous, bon sang !

Ce livre n'appartient qu'à moi. Il est la seule tribune possible. Je sais que ma parole n'y sera pas tronquée, qu'elle ne sera pas moquée. Je sais qu'elle ne finira pas non plus noyée sous un flot de commentaires injurieux et de monstruosités.

Personne ne la bousillera en dehors de moi. Je ne laisserai pas des individus malveillants s'approprier mon histoire encore une fois.

Coucou, les amis ! Le plus grand drame de ma vie est ici. Des cyberagresseurs ont saboté mon travail et mon énergie. Je pensais ne jamais m'en relever, pourtant je suis là.

Je vais un peu mieux. Je me sens enfin apte à parler. Sans vouloir trop me lamenter, pendant des mois, j'en étais dans l'incapacité. J'ouvrais la bouche. Aucun son n'en sortait. Je me trouvais dans une grande tristesse, comme hébété. Évoquait-on « mon » affaire ? Je me contentais de pleurer. Mais on revient de tout, il paraît.

Mon cheminement de vie n'est pas anodin. Il s'est fait par paliers. Si Ardisson m'a fait sortir du monde d'ignorance dans lequel je patinais – la téléréalité –, le « CardonnaGate » m'aura permis de prendre conscience de la violence du deuxième théâtre dans lequel j'évoluais. Celui des réseaux sociaux. Que me reste-t-il désormais, sinon un nouveau monde, que je m'apprête à créer ? Une nouvelle orientation de carrière, de nouveaux combats à mener ? Un nombre infini de possibilités.

La catastrophe qui m'est arrivée m'aura transformé en jeune homme engagé, prêt à me battre bec et ongles pour des causes qui me sont chères.

Harcèlement numérique. Harcèlement scolaire. Cet ouvrage marque l'entrée de l'univers Jeremstar dans une nouvelle ère.

En attendant, je m'apprête à vous livrer ici la vérité, rien que la vérité, toute la vérité.

CHAPITRE 1

Le « JeremstarGate » est pathétique

Je me rappelle le jour maudit où ma vie a explosé. J'étais en boîte de nuit avec ma copine CaroBoobs et son mec, un soir de janvier. Je revois l'endroit : c'est un genre de cabaret oriental, j'ai une table dans le carré VIP. La déco est en mode rouge, il y a des miroirs au plafond. Devant moi, une corbeille de fruits, des dattes.

En plein milieu de la soirée, entre deux ricanements, j'ouvre quelques Snaps au hasard, comme je le fais souvent. Je reçois un message qui est présenté comme ça :

« T'as vu ? Deux candidats sont en couple sur le tournage des *Anges* ! »

Super… je me dis. Ça n'a pas le moindre intérêt. C'est ici qu'intervient le geste, tout à fait machinal, qui a transformé ma vie en un véritable cauchemar. Je fais une capture d'écran du message, que j'envoie à mon employée qui écrit les papiers de *Gossip*, on l'appellera Émilie.

À ce moment-là, pour ceux d'entre vous qui l'ignorent, j'ai deux sites Internet ; les loustiques.

Le premier qui est à mon nom, *Jeremstar* ; et puis *Gossip*, un blog de news généralistes. *Gossip*, c'est une grande revue de presse ; un genre de best of de la semaine médiatique… On n'y trouve aucune exclu. Les papiers sont relayés sur mes réseaux parce que j'ai des abonnés ; mais la vérité, c'est que je ne gère pas du tout.

« À traiter demain si tu trouves ça intéressant », j'écris donc à Émilie ce soir-là. Rendez-vous compte à quel point c'est con : je prends parce que ça me passe sous le nez, sans savoir ce que c'est ; puis j'envoie. Basta. À quoi tient une vie ? C'est un geste automatique qui dure quoi ? Deux secondes ? Le « JeremstarGate » part de là… C'est un peu pathétique, n'est-ce pas ?

La soirée passe. Le lendemain, Émilie m'envoie une note audio.

– Écoute, elle dit. Je suis embêtée. J'arrive pas trop à comprendre d'où vient l'info qu'on t'a balancée. J'ai cherché sur Twitter… mais je vois 15 000 copyrights de personnes différentes. Je fais quoi ?

– Bah j'en sais rien, je lui dis. Il faut continuer à chercher, trouver de qui ça vient, comme l'exige le métier.

Je n'ai vraiment pas eu de chance, les loustiques : elle a fait le choix de publier l'image sans mentionner de source, n'étant pas parvenue à l'identifier.

On a longtemps dit que j'avais été puni pour avoir volé un scoop. Mais je n'ai rien volé, en réalité.

Tout ça n'est rien de plus qu'un mouvement de pouce malheureux, bon sang !

Cela étant dit, je m'interroge encore aujourd'hui. Est-ce que j'ai été trop permissif ? L'employée qui a commis la bourde était sous ma responsabilité. J'aurais sans doute mieux dû la driver.

Vous vous figurez facilement la suite. Ma rédactrice a publié l'article. À la minute où il est sorti, je faisais la connaissance d'un jeune homme infiniment agressif et vulgaire. Mon cyberagresseur.

Alors voilà : le type ne dit pas bonjour. Il ne m'envoie pas de mail pour me mettre en demeure comme l'usage et la politesse l'exigent. À la place, il m'abreuve de messages pourris, dans lesquels il dit que je suis jaloux de lui ; que je veux à tout prix l'empêcher de réussir… Je suis dans ma salle de bain en train de charger du linge dans le tambour de ma machine, tranquille ; quand une voix d'une rare violence se met à résonner dans la baraque. Mon mec en est d'ailleurs étonné.

– Waouh, qu'il me crie du salon ; c'est qui, ce type qui t'agresse ?

– J'sais pas, bébé… Nobody. Encore un gamin désœuvré qui parle comme un charretier !

Vaguement agacé, je transmets l'info à ma rédactrice.

« Je te laisse gérer, je lui dis. C'est ton papier. Ça n'est pas à moi de me faire insulter. »

Voilà, voilà… Émilie crédite le mec à la fin du truc, comme ç'aurait déjà dû être fait. Je pense avoir la paix quand il pète à nouveau un plomb… Cette fois, elle n'a pas orthographié correctement son nom !

« Je suis maudit ! » je soupire en lançant ma machine. Et vas-y que c'est reparti : insultes, menaces et tout le tintouin.

Par note audio, il m'accuse encore de l'avoir fait exprès… Le tout sur ce même ton haletant, excédé.

Je transfère la note audio à ma rédactrice, donc ; encore. Elle corrige…

Vers vingt heures, Pollux se présente à la maison. Ce soir-là, nous avons prévu de dîner à trois au restaurant asiatique d'en bas.

C'est ici que commence le compte à rebours, mes Jeremstarlettes.

Vie foutue, H moins dix secondes. Neuf… Huit…

Je vous raconte la scène telle qu'elle s'est déroulée. Comme si vous y étiez.

Au moment de partir, déjà en manteau ; je marche jusqu'à ma chambre pour éteindre ma lampe de chevet et mes bougies. J'attrape mon téléphone, qui est en train de charger sur mon lit.

H moins quatre secondes…

Je prends mon portable, donc ; et là, je vois que j'ai reçu des dizaines de messages.

– Putain ! m'écrivent mes potes. C'est chaud, ce que le mec a balancé !

– Balancé quoi, je réponds par note audio. Qui ? De quoi parles-tu ?

Les messages, qui arrivent en masse, ne le précisent pas.

J'ai beau tous les dépouiller, je ne comprends toujours pas. Pollux et Lorenzo m'attendent debout, dans l'encadrement de la porte. Ils s'impatientent. « Jérémy ! » ils crient.

H moins deux secondes…

Alors que j'ouvre quelques Snaps, une vidéo de moi finit par s'afficher. J'y suis en train de me masturber. Ma stupéfaction est totale. Non seulement je ne me souviens pas des images, mais pour être tout à fait honnête, pendant un moment, je me demande s'il s'agit vraiment de moi. Il faut réfléchir, immédiatement, vite.

Mon visage semble très jeune, je reconnais la chambre, je crois. Il s'agit de ma piaule d'adolescent, celle que j'occupais chez maman. C'est ça. Je reconnais mes posters d'Élodie Frégé, mon armoire à vêtements… Mais d'où viennent ces images, bon sang ?

Mes poumons se vident, les loustiques ; je ne pourrais pas le décrire autrement. Mon corps s'affaisse. Je vois sans voir, je lis sans lire. À ce moment, je n'ai plus d'ego, je n'existe pas, je ne suis plus. Il n'y a que cette image de moi, que j'imagine arriver sur des centaines de milliers d'écrans entre les mains d'un public adolescent.

Hébété, j'avance en traînant des pieds vers la porte d'entrée. Lorenzo est là, Pollux et lui sont en train de ricaner. Ma deuxième pensée va à lui, évidemment. Nous ne sommes ensemble que depuis six mois… Je me dis qu'il sera furieux, qu'il me quittera.

« Ça va ? » me lance-t-il.

Je ne parle pas. Je suis choqué à l'idée que ce mec que j'ai eu par notes audio l'après-midi ait pu aller aussi loin alors que j'estime ne pas lui avoir causé de préjudice particulier. Car enfin… J'ai demandé à Émilie de chercher la source, bon sang de bois ! Je lui ai demandé de le créditer, puis de corriger sa coquille…

Quand bien même : pour un truc aussi dérisoire ; un papier publié sur un site peu consulté, qui plus est ; pour un truc aussi con… Balancer une vidéo de moi aussi obscène ? MAIS COMMENT C'EST POSSIBLE ? POURQUOI ? COMMENT ?

« Non, en fait, je réponds à Lorenzo ; ça ne va pas vraiment. »

La porte se ferme. Il n'est plus question d'aller au restaurant.

– Il vient de se passer un truc horrible… je lui lance.

– Qu'est-ce qu'il y a bébé ? Lorenzo est inquiet. Tu m'as trompé ? Attends… On a encore inventé une connerie pour nous séparer ?

– C'est beaucoup plus grave… je lui réponds.

J'étais blanc comme un linge, liquéfié. Je me rappelle lui avoir tendu la vidéo, sans prononcer le moindre mot.

« Qu'est-ce que c'est que ce truc ? il m'a demandé. C'est toi ? Je te reconnais pas ! »

Mon téléphone passe de main en main. C'est un concert de « oh non » interminables, traînants. Et puis il y a cette phrase, qui revient tout le temps : « Qui est ce garçon, bon sang ? Qu'as-tu bien pu lui faire pour mériter qu'il t'inflige un truc aussi violent ? »

Je suis en pleurs, mes Jeremstarlettes. Je pleure assis, je pleure debout. Moi qui ne fume que rarement, j'allume six cigarettes à la suite. Je trépigne, après quoi, je finis comme une pauvrette, affalé sur un tabouret. Je n'arrive pas à me calmer. C'est un terrible huis clos, qui est en train de se jouer : personne ne parvient à me réconforter tandis que mon salon se remplit d'une épaisse fumée. Entre la pièce, qui s'est figée d'un coup ; glacée comme dans un conte de fées ; et la rapidité à laquelle les images se propagent ; le paradoxe est total.

« Ce petit merdeux veut à tout prix faire du buzz sur ma gueule, je crois avoir lancé. Comment je vais faire pour m'en tirer ? »

J'ai signalé les images aux plateformes sur lesquelles elles circulaient. Certaines les ont supprimées parce qu'elles contrevenaient à leurs conditions d'utilisation. Mon cyberagresseur ne l'a pas supporté et, pour se venger de moi, encore ; il a entrepris de me ruiner.

« Tu m'as fait bannir de Snap, il m'a écrit. Tu m'asphyxies dans tous les sens. Aujourd'hui, les choses prennent une autre dimension. J'ai des preuves de la pédophilie de ton ami Babybel. »

C'est ici que commencent les gros emmerdements. Celui que je surnommerai désormais mon tortionnaire poste de nouvelles horreurs toutes les dix minutes. Il multiplie les comptes. Pendant plusieurs jours. Une somme insensée de mensonges me tombe sur le coin de la figure. On m'accuse d'avoir fourni de la « chair fraîche » à Cardonna, d'avoir servi pour lui « d'appât ». Le gamin a même le culot de se définir comme un « lanceur d'alerte » ! Tu parles. En fait, il reçoit des témoignages issus du Web, qu'il se contente de publier en l'état. Il se fait le porte-voix du tout et du n'importe quoi. Son fiel coule, le flux est ininterrompu.

C'en est fini de moi, ma disgrâce ne s'arrêtera pas : pour se faire connaître sur les réseaux sociaux, la lie de l'humanité s'allie contre moi. De fausses victimes apparaissent, qui disent avoir souffert de délits inventés de toutes pièces…

J'apparais comme un pédophile. Un violeur. En l'espace d'une semaine, mon destin est scellé. J'arrête toute publication. Je me fais jeter de chez Ardisson. Je perds mes réseaux sociaux. Je n'ai plus de numéro de téléphone, plus de famille, plus de boulot… On parle de moi partout, j'ai honte de me montrer dans la rue.

J'en viens à me demander si je deviens fou ; car enfin, que se passe-t-il ? Tout le monde me reproche d'être coupable alors qu'en fin de compte, je suis victime !

J'ai décidé de vous raconter la vérité dans ce livre, les loustiques, vous le savez. Ça tombe bien, certains points méritent d'être ici éclaircis.

« J'ai des preuves de la pédophilie de ton ami Babybel », écrivait mon cyberagresseur. On va tirer immédiatement les choses au clair.

Effectivement. Des soirées avaient lieu tous les week-ends dans le petit appartement de Cardonna, de même que des repas. Mais Cardonna n'est pas pédophile ; en tout cas, je ne crois pas.

Vous vous demandez ce que j'ai vu pendant ses soirées ? Bah, pas grand-chose, pour dire vrai. À part un bonhomme qui se prenait indéfiniment la marche de sa terrasse et manquait de se casser la gueule… Il ne s'est rien passé de folichon, désolé.

Je faisais mes Snaps. Les voisins se plaignaient. Cardonna mettait des heures à servir le dîner. Les gens crevaient la dalle et s'impatientaient.

J'ai lu qu'on s'adonnait chez lui à des orgies. Je vous confirme que non ! La vérité, c'est qu'à trois heures du matin, on n'avait même pas bouffé le taboulé !

Voilà. Désolé de casser le mythe et de vous décevoir, mais on s'ennuyait un peu, pendant les soirées de Pascal Cardonna ! Le temps était long. Au-delà de ça, je n'ai rien de fabuleux à raconter.

Non, son salon n'était pas un lupanar, ni un cinéma avec des écrans sur lesquels étaient diffusées des saloperies. Sa télé, si j'y ai regardé quoi que ce soit un jour, c'était le biopic sur la vie de Dalida… Encore navré de vous décevoir, mais voilà.

On reproche à Cardonna d'aimer les jeunes gens. Bon. Babybel fait pour moi partie de ces personnes décalées qui évoluent au-dessus d'un gouffre, tiraillées entre deux mondes. Celui de leur âge qui les répugne, et celui des jeunes dans lequel ils ne sont pas forcément les bienvenus.

Trop vieux pour les jeunes, trop jeune pour les vieux.

Est-ce qu'il a rémunéré des faveurs sexuelles ? Je n'en ai pas la moindre idée, je ne vis pas dans sa chambre à coucher. Vous êtes au courant, vous, de ce qui se passe dans la culotte des gens que vous fréquentez ?

Tout ce que j'ai vu, de même que chacun de mes abonnés, c'est de la drague un peu lourde, prodiguée sur quelques hétéros hilares à l'heure du dîner.

Pour ce qui est de moi, tout le monde le sait. J'ai toujours considéré le sexe comme quelque chose de sale, comme quelque chose de mal. Avant de rencontrer mon mec, j'ai vécu des années d'abstinence totale, pendant lesquelles les choses de l'amour m'étaient totalement sorties de la tête.

Vous l'ignoriez peut-être, mais Lorenzo m'appelle « princesse », les loustiques ! Ne riez pas mais pour moi, l'amour, c'est se dire des trucs cucul, se faire des cadeaux mielleux. Avoir un mec qui m'embrasse et qui me fait à manger ; quelqu'un qui me rassure, qui me protège et qui croit en moi.

Voilà. Je pense qu'on est assez loin des horreurs qu'on a pu dire de moi. Je vis dans un monde de contes de fées, de romans à l'eau de rose, de dessins animés Disney. Je ne suis pas un pédophile, non ! Quiconque me fréquente un minimum le sait : JE NE M'INTÉRESSE PAS AUX CHOSES DU SEXE, JE SUIS SŒUR AU COUVENT. C'est aberrant, de devoir se défendre en s'humiliant ainsi publiquement !

Le « JeremstarGate » n'existe pas, les loustiques. J'ai été victime d'un amalgame terrible. De mec qui fréquentait un prétendu pédophile je suis devenu, par la force des choses, pédophile moi-même.

Cette affaire n'est rien d'autre qu'un raccourci sémantique, un glissement de terrain. On reproche un truc à Cardonna. Cardonna connaît Jeremstar, donc on le reproche à Jeremstar… Transfert de peine.

Si vous voulez la vérité telle que je la vois, la voilà : le pédophile n'est pas moi ; et ça n'est pas non plus Pascal Cardonna. C'est personne ; le pédophile, en fait !

Le « JeremstarGate » n'existe pas. Le « JeremstarGate » n'est rien de plus qu'un mot-monstre, un fourre-tout, une création scandaleuse. C'est une astuce marketing, qui a permis de mettre en lumière les prétendues exactions d'un autre en me les mettant sur le dos, histoire de générer des clics et d'écouler du papier.

Alors c'est quoi, le « JeremstarGate », en fait ? Eh bien ça n'est rien.

C'est du vent. Que dalle. Un pet de lapin. Une invention des réseaux sociaux. Ce sont des vidéos sorties de leur contexte ; le travail délirant d'un pauvre type issu du Net, qui voulait devenir célèbre et se faire un peu de fric.

Je ne vous apprendrai rien ici, mes Jeremstarlettes ; si ce n'est que le « JeremstarGate », en somme, est pathétique.

CONSEIL À MES LOUSTIQUES

La cyberagression, qu'est-ce que c'est ?

La cyberagression est grave, ce n'est pas parce qu'on se cache derrière un écran qu'on ne peut pas être puni par la justice.

On parle de cyberagression lorsqu'on porte atteinte à la dignité d'une personne via Internet, notamment en publiant des menaces, des messages haineux et bien sûr lorsqu'on diffuse une vidéo embarrassante.

Pour trouver une solution il ne faut pas rester seul : on en parle à ses proches, à des adultes, à la police.

Gardez confiance en vous, ne laissez personne vous piétiner et vous détruire. Relevez la tête : vous êtes beaux. Exceptionnels. Merveilleux.

CHAPITRE 2

« Oh, pauvrette ! Tu me fais tellement peine ! »

Comment ai-je subi la polémique dans l'intimité ? Quels drames se sont noués dans le secret de ma vie privée ?

On me demande souvent comment j'ai vécu. Je me suis tu pendant des mois. Je ne voulais pas que mes tortionnaires soient encouragés dans leurs bassesses et dans leurs monstruosités. Je refusais qu'on sache à quel point j'étais malade ; maintenant, je l'admets volontiers.

Où j'étais. Où j'ai passé mes journées. Ce que j'ai mangé.

Au cas où vous vous seriez interrogés, vous qui me lisez ; je m'en vais satisfaire votre morbide curiosité.

Alors voilà. Puisque je n'ai rien à vous cacher, vous apprendrez que j'ai passé plusieurs semaines terré chez « la Salopette », que vous connaissez sans doute si vous suivez mes Snaps ; en mode secret-discret.

Toute la violence du harcèlement numérique est là, les loustiques. Pendant la polémique, il me tombe une merde sur la gueule par seconde. J'ai l'impression d'une interminable chute, d'un puits sans fond. Ma vie n'est plus qu'un long tourment.

Il faut se cacher, ne pas sortir, semer les gens dans la rue, toujours fuir. Les journées sont sans fin.

Oh, je ne vais pas vous mentir. Il m'est arrivé bien des drames, dans ma vie, les amis. Comme il nous en arrive à tous. Chagrins, accidents, décès, maladies… Mais je pense avoir vécu ici ce qui pouvait m'arriver de pire.

Comment vous dire les choses plus clairement qu'en vous disant que j'en ai bavé des ronds de chapeau ? C'était on ne peut plus dramatique.

Pour commencer, les paparazzis me traquaient. J'ai été contraint de partir de chez moi dans l'urgence, vers un autre endroit, à seulement quelques kilomètres de là.

J'ai empaqueté mon barda comme si j'allais me cacher dans une cave, pendant la guerre. Vous trouvez ça triste ? Au moment de quitter ma vie, j'ai pris ce qui me passait sous la main dans la précipitation. Un pull, deux pantalons… Il faisait certes froid, mais à quoi bon prendre des vêtements chauds en quantité quand je savais que je ne sortirai jamais ?

J'ai laissé derrière moi ma vie, mes lettres de fans, ma collection de canards… Croyez bien que je suis monté dans le Uber qui m'arrachait à ma vie à contrecœur. C'était Marie-Antoinette qui quitte Versailles, mon truc ! J'ai regardé mon appartement une dernière fois. Je pleurais parce que je ne savais pas si je reverrais un jour l'endroit…

La Salopette m'a proposé de me filer les clés de chez lui. Il était parti en vacances, faire pendant quelques semaines un tour d'Asie. C'est un loft sur trois étages, la baraque ; avec une cuisine moderne, une déco kitch, très ordonnée ; en mode showroom Maisons du Monde.

Pour ne rien vous cacher, je ne défais pas ma valise quand j'arrive chez lui. Pourquoi ? Parce que je refuse de m'installer, en fait. Parce que j'espère. Parce que je rêve que la chose ne va pas durer et que je serai délivré de l'endroit au plus vite.

Nous y sommes, mes Jeremstarlettes. Pendant les mois que dure la polémique, chaque journée ressemble à la précédente, qui ressemble au lendemain, qui ressemble au lendemain…

« Qu'est-ce qu'on fait ? » je demande à Lorenzo sans arrêt.

Cette phrase, c'est à en devenir taré ; je n'arrête plus de la répéter. Moi, le gosse qu'il faut sans cesse occuper ; moi, l'acharné qui ne vit que pour bosser… Comment vous dire, les loustiques ? Pour la première fois de ma vie, je découvre ce que c'est que… de se faire chier. Et qu'est-ce que je m'emmerde, bon sang de bonsoir !

Mon malheur a l'allure d'une toile d'araignée qui s'étend sans arrêt. Je n'ai pas un moment de répit, jamais. Dieu merci, bien qu'un peu dépassé, mon Lorenzo est parfait. Il me fait des câlins. Il me couvre de baisers. Il fait ce qu'il peut pour me soulager.

Rendez-vous compte de la chance que j'ai : au moment du « CardonnaGate », peu importe ce dont j'ai envie, mon mec se démène pour me l'apporter.

– Et t'es sûr que ça te dérange pas ? je lui demandais.

– Non bébé, il disait. Vu la vie de merde que t'as, je pense que si tu rêves d'un Kinder Bueno ; eh bien je peux te l'amener.

Il sortait à trois heures du mat' pour aller m'acheter des fruits, du sirop de cassis, des M&M's…

Pendant la polémique, je regarde *Barbie* et beaucoup de dessins animés avec lui, qui sont diffusés sur la chaîne Gulli. Vous trouvez peut-être que ça a l'air gentillet, dit comme ça ; mais en vérité, c'était abominable. Attendez que je vous raconte, vous allez halluciner.

La Salopette avait instauré un réglage qu'il ne pouvait pas modifier à distance… Laissez-moi m'expliquer. À une heure trente-deux du matin, toutes les nuits ; dites-vous que la télévision s'arrêtait de marcher ! Le truc capotait et voici que ma beauté et moi nous retrouvions à nouveau livrés à nous-mêmes, dans la peine…

Quand je vous dis que c'était épouvantable ! Je vous laisse imaginer. On était bien, on se sentait en paix, enfin… Et voilà que d'un seul coup, on se retrouvait dans un environnement méga glauque… « Mais pourquoi cette putain de télé se coupe ? s'indignait Lorenzo. C'est pour faire des économies d'énergie ? »

Vous allez rire, mais le pire, c'est que chaque soir, on oubliait. Tout occupés à passer notre unique moment positif de la journée, on ne voyait pas le temps passer. Sauf qu'à l'heure dite, en plein dessin animé… Plus d'image. Plus de son. Ma vie en noir et blanc. Tout en noir, plus exactement.

Nous devions nous occuper. Pendant nos nuits d'oisiveté, donc ; lui et moi nous posions des questions existentielles. Nous parlions du système solaire, par exemple.

– C'est étrange, qu'il y ait autant de planètes, je lui disais.

– Ouais, bébé… Mais comment elles font pour tenir dans les airs et ne pas tomber ?

On évoquait la problématique de la vie après la mort. Pyjama party en mode quinze ans… Dans le noir, ouais ! Est-il nécessaire de vous dire que j'adorais ?

Vous apprendrez que pendant le temps que dura la polémique, je ne regardai pas mon téléphone une seule fois : c'est Lorenzo, qui s'en chargea pour moi. Mon mec a été en effet préposé à découvrir les pourritures de mon cyberagresseur à ma place, pour m'épargner.

Comment vous dire, les amis : rien que le fait d'entendre sa voix, ses fautes de français, sa vulgarité… J'étais assailli par des crises d'angoisse et d'urticaire. Il fallait que je m'isole dans une pièce, un casque sur la tête, tandis que Lorenzo s'enfermait dans les toilettes pour prendre connaissance de ses nouvelles abominations.

La scène se répétait indéfiniment. Tous les jours, mon mec consultait les réseaux sociaux, avec un visage fermé, tandis que je fumais.

– Alors, ÇA a dit quoi ? je lui demandais.

– Oh, ben rien de méchant, bébé…

– Je suis toujours en TT ?

– Mais non, voyons ! Les gens ont déjà oublié !

Dois-je par ailleurs préciser qu'il mentait pour m'épargner et me protéger ?

Le harcèlement numérique m'a réduit à la condition d'enfant effrayé. Je me réveillais en larmes quand des papiers sortaient, qui mettaient en lumière des accusations nouvelles. Lorenzo devait alors me prendre dans ses bras, me lever, m'asseoir, me passer un pantalon de survêtement et des chaussettes, comme il pouvait… Tandis qu'il me lavait les cheveux à la douchette, j'étais recroquevillé dans ma baignoire. Je me balançais d'avant en arrière.

Les forces m'ont abandonné, mes Jeremstarlettes ; vous n'avez pas idée. Pendant le « CardonnaGate », j'avais tout le temps les jambes coupées. J'ai pris quarante ans en l'espace d'un mois, Lorenzo se plaît à répéter… D'un zébulon infatigable, je me suis transformé en petit vieux. Une boule de nerfs abattue d'un coup de fusil. Je passais mon temps assis sur le canapé, sur un tabouret, sur le bord de mon lit.

Je ne me nourrissais plus. Mon mec s'inquiétait. « Fais un effort, bébé ; il disait. J'ai l'impression d'avoir un gamin auquel il faut faire l'avion ! »

Il a tout essayé. Me cuisiner des poulets, du riz, des purées. Mais rien ne passait jamais.

En fin de journée, ses yeux se fermaient ; le pauvre luttait. Mais j'avais beau essayer, je ne pouvais pas concevoir de me trouver seul face aux horreurs que le sommeil m'infligerait.

Vous trouverez sans doute cela cruel, mes Jeremstarlettes ; mais quand Lorenzo s'endormait, je n'avais pas d'autre choix que celui de le réveiller. Je lui secouais alors l'épaule. Je le suppliais de ne pas m'abandonner.

D'autant que je flippais ; dans le salon de la Salopette, pour couronner le tout, une caméra de surveillance nous filmait sans arrêt.

Je plaisante pas les loustiques, je vous promets : il arrivait même qu'elle se mette à bouger pour nous suivre ! On la voyait zoomer…

Non, vraiment. Lorenzo et moi nous sentions épiés.

Moi qui m'employais à la fuir comme la peste depuis quelques années, voici que j'avais l'impression de vivre en pleine téléréalité. « Dzzzzz », faisait la bécane. Mon mec était excédé. « C'est quoi ce bordel, il pestait. On nous observe ? »

Je me rappellerai toujours de cette polémique, comme de ma première expérience de l'ennui. Pour la première fois dans ma vie, j'ai du temps que je dois meubler à tout prix. Je suis plus malheureux que jamais. C'est un cercle vicieux, mon truc : je n'ai envie de rien. Je m'ennuie. Et plus je m'ennuie, plus je suis malheureux.

En quelques mois, c'est simple, j'ai perdu le goût de tout. Le goût de manger, le goût de vivre, le goût d'aimer. Rien ne me soulageait jamais. Il a fallu que Lorenzo déploie des trésors d'inventivité pour ôter de moi mon air désœuvré.

Si vous vous demandiez ce que j'ai fait pendant mes interminables moments d'oisiveté, la réponse va sans doute vous étonner. Ne riez pas les amis, mais je garde du « CardonnaGate » le souvenir d'avoir cuisiné des quiches.

Un jour où Lorenzo avait acheté des fruits, l'idée nous est aussi venue de faire des smoothies orange-kiwi.

Je ne sais rien faire de mes dix doigts, il paraît. Ma vie s'est transformée en une suite sans fin d'ateliers, en mode centre aéré. « Comme une maman avec sa petite fille », il disait.

Ne vous étouffez pas, mes Jeremstarlettes ; mais pendant cette période, vous apprendrez par exemple que Lorenzo m'a appris comment dépoussiérer mon intérieur !

– M'enfin, bébé… il ricanait. Les interrupteurs, ça se fait !

– Ah bon ? lui répondais-je naïvement.

– Ben oui ! Imagine, tu vas chez quelqu'un et dessus, y a de la poussière et du noir…

– Mais je peux pas, beauté ! je pleurnichais. J'ai trop peur de m'électrocuter !

Lorenzo et moi avons fini par quitter Paris pour Perpignan au bout d'un mois. Nous vivions dans un studio aménagé, au-dessus du local dans lequel travaille son père. Inutile de vous dire que là non plus, nous ne sortions pas. Hormis le soir, quand les rues étaient désertes.

Je me souviens que j'attendais qu'il fasse noir pour passer quelques minutes à tourner sur le parking d'en bas. C'était une aire minuscule, un genre de square. C'était naze, il faut bien le dire… Mais ça me faisait un bien fou. Je marchais sans but, je jouais à saute-mouton au-dessus des lignes…

À côté du parking, il y avait des jeux pour enfants. J'ai joué dans le bac à sable. J'ai fait du toboggan. Je me rappelle avoir fait des câlins à un arbre, également !

Depuis la fenêtre, Lorenzo supervisait ma promenade de prisonnier. Il avait toujours peur qu'il m'arrive quelque chose, le pauvre. « Maintenant, faut remonter, princesse ! » il criait. Rentrais-je entier, il me serrait dans ses bras comme si j'avais été à deux doigts d'y passer.

Ce souvenir aussi, m'est émouvant : pendant les semaines que mon mec et moi passons à Perpignan, nous attendons la tombée de la nuit ; nous guettons le moment pendant lequel je pourrai enfin me faire promener autour du quartier.

« C'est étrange ! Je te trimbale comme on sortirait un chien, répétait Lorenzo, pris de pitié pour moi. Ou alors un vieux ! » On fait le tour du lotissement et comme je ne vois rien de ma journée, je m'émerveille devant des conneries, forcément. C'est simple, je suis tellement en dèche que dans ma tête, une façade blanche et quelques pierres suffisent à transformer la plus ordinaire des maisons en monument.

– T'excite pas comme ça, bébé ! rit ma beauté. C'est pas la tour Eiffel !

– T'es marrant, toi… je lui réponds. Je vois tellement rien !

Ne rien voir, jamais. Cette situation m'épuisait. Pour y remédier, l'idée m'est un jour venue d'acheter une perruque, vous apprendrez ; histoire de pouvoir me promener tranquille dans la rue. Chez Gifi, j'en ai trouvé une particulièrement affreuse qui m'amusait. Bon. J'avoue que posée comme ça sur ma tête, elle était on ne peut plus grotesque…

Mais en y ajoutant des lunettes et une capuche, je crois que ça passait crème !

C'était une espèce de moumoute rousse, le truc. Frisée. Blond vénitien, peut-être.

« Woh putain, s'est écrié Lorenzo en me voyant la porter. On dirait Jean-Claude Dusse ! »

Comment vous décrire le sentiment de soulagement que j'ai ressenti au moment où j'ai pu la tester ? En plein centre-ville de Perpignan, pour la première fois depuis des semaines, j'ai eu la chance de pouvoir marcher en paix.

Je trouve le moment hyper mignon quand j'y repense : je cours, je vole, je danse, je colle mon nez aux vitrines. Fondu dans la masse, Jeremstar n'existe plus. Quelques groupes d'adolescentes passent ; elles ne réagissent pas. L'espace de quelques heures, je suis Michael Jackson dissimulé sous son masque chirurgical, les loustiques !

Voilà, voilà. Le bonheur ne durant qu'un temps, il a fallu que Lorenzo et moi nous nous séparions provisoirement. J'avais des obligations professionnelles ; j'ai dû rentrer à Paris faire mon grand retour télévisé…

La dernière soirée que j'ai passée avec lui, je me la rappelle parfaitement. C'est un souvenir qui est pour moi plein d'amour, ultra-touchant… Jugez plutôt. Comme mon avion décollait à treize heures, Lorenzo et moi avions décidé de faire nuit blanche pour profiter le plus longtemps possible l'un de l'autre.

On a encore regardé *Barbie* toute la nuit sur Netflix ! J'étais trop content.

Attendez, mes Jeremstarlettes, je vous laisse imaginer le machin, histoire que vous vous rendiez compte de l'étendue du sacrifice… Vous êtes assises ? Vous êtes prêtes ? Figurez-vous un peu le mec en short de foot, ultra-viril avec ses claquettes Nike, barbu… Qui se retrouve à côté d'un petit merdeux ; sa « petite princesse », comme il l'appelle… Vous pensez être arrivés au bout de la scène ? « Oh bébé, je me revois lui lancer. Tu sais ce dont je rêverais ? De manger des petits œufs à la coque, tu sais… Avec des mouillettes ! »

Cette soirée restera à jamais l'un des plus beaux souvenirs de ma vie. Assis dans un petit canapé, enroulés dans un plaid d'une douceur extrême, nous avons mangé nos œufs à la coque, installés comme deux vieilles. Lorenzo s'est appliqué à me tailler de belles mouillettes. Il a cassé mes coques au couteau, après quoi nous avons trempé nos bouts de pain dans nos œufs.

Mon Lorenzo, ma beauté… Je revois tout ce qu'il faisait pour moi et en parler me fait monter les larmes aux yeux. C'était tellement adorable ! Je ne peux pas l'expliquer. Même mes propres parents ne m'ont pas autant aimé, j'en suis persuadé !

D'ailleurs, je vous le dis ; il m'a récemment confié quelque chose qui m'a, pour le coup, vraiment fait pleurer. Je trouve cette histoire tellement émouvante que j'aimerais la partager ici en guise d'épilogue.

Il m'a avoué que quand nous étions à Paris, il priait tous les jours pour qu'il se mette à neiger. « Pitié, pensait-il en secret. Si vous existez, faites qu'il y ait de la neige pour que mon bébé puisse enfin s'amuser. »

Dans mes souvenirs, regarder la neige était la seule chose qui m'apaisait en effet. Et il a fini par neiger, dites-vous ! Ma beauté a été exaucé.

Combien faisait le balcon de la Salopette, exactement ? Quatre mètres carrés ?

Ce souvenir m'est particulièrement précieux, les loustiques ; et je suis très ému à l'idée de le partager. Lorenzo et moi avons fait un bonhomme de neige. Nous avons passé beaucoup de temps à le fabriquer, notre petit personnage ! Nous lui avons enfoncé des cigarettes coloriées en noir, pour lui faire des yeux. On avait les mains gelées, on était en pantoufles, mais on s'aimait.

Pendant l'espace d'un instant, si j'ai été un tant soit peu heureux, je ne le dois à personne d'autre qu'à ma beauté.

CHAPITRE 3
Indispensable Lorenzo

Lorenzo est arrivé à une période de ma vie extrêmement glauque, vous apprendrez. Je sortais sans arrêt. J'étais dans une quête permanente d'amour et d'oubli.

J'avais sorti un livre qui était un succès. Mon ascension était totale. Je faisais carton plein. Pourtant, dans ma vie, rien n'allait.

Bien qu'en pleine gloire ; je pataugeais dans une solitude extrême.

Rencontres foireuses. Entourage horrible… C'est le moment où Jeremstar a touché le fond, les loustiques ; la période noire dont je n'ai jamais parlé.

Il y a eu ce mec, appelons-le Soufiane ; un type qui me servait de chauffeur. Il me dragouillait plus ou moins. Un soir, j'ai eu le malheur de l'inviter chez moi pour prendre un café. Oh, n'y voyez rien de scabreux, mes Jeremstarlettes ! Je voulais juste qu'on me tienne compagnie un moment…

Je vous la fais rapide. Après quelques heures, Soufiane est parti. Je n'ai plu eu de nouvelles jusqu'à ce que je me fasse cambrioler la semaine d'après.

Eh ouais ! À un moment où j'étais dans une autre pièce, le mec était allé chercher un verre dans mon buffet… Et il est tombé sur les 15 000 € que j'y planquais en cash. Toutes mes économies.

Une semaine plus tard, donc ; ma porte avait été fracturée au pied-de-biche. « La personne savait où chercher », m'ont dit les policiers. Et vas-y que sur Snap, Soufiane, que je savais pourtant désargenté, postait des photos de lui noyé sous un flot de billets…

Quelques mois plus tard, j'ai rencontré un autre mec, appelons-le Aziz.

Je l'aimais bien, Aziz ; j'étais très attaché à lui. Le problème, c'est qu'il avait une vie beaucoup trop mystérieuse pour que nous puissions nous entendre.

Aziz cachait son téléphone. Il m'interdisait de le photographier. Quelquefois, il lui arrivait même de quitter la soirée à laquelle nous étions invités. « Je dois aller voir quelqu'un, il disait. Je dois rentrer. »

Je ne savais pas où Aziz habitait. Je ne savais pas ce qu'il faisait.

Dans mon entourage, les spéculations allaient bon train. « Aziz est forcément dealer, on me disait. À moins qu'il ne soit marié ? »

Je passais mes journées à attendre qu'il m'écrive, comme un gentil toutou bien dressé ; mais j'avais beau faire tous les efforts du monde qu'il ne se passait rien, jamais. Le type me prenait pour un con, il me mentait sans arrêt.

Je l'ai fréquenté pendant combien de temps, ce mec ? Deux mois ?

Je le suppliais de bien vouloir m'aimer. Je pleurais sans arrêt. « Je vais me fâcher ! me mettait en garde Pollux. Tu ne peux pas lui faire sans cesse des crises, mon Fufu ! Tu vas le faire fuir ! »

Qui aurait voulu d'un garçon qui se trouvait dans une telle détresse et dans une telle solitude ?

Je n'en pouvais plus, mes Jeremstarlettes, si vous saviez. Pour attirer l'attention d'Aziz, je me comportais mal avec lui, je le poussais à bout sans arrêt. Je lui mettais les doigts dans les oreilles ; je lui hurlais tout un tas de conneries jusqu'à ce qu'il finisse par cogner.

« Alors, je criais ; on m'écoute pas ? On m'ignore ? »

Mes amis les plus sincères étaient inquiets. « Jérémy file un mauvais coton, ils disaient. Il faut intervenir. Il va mourir s'il continue. »

Violence, solitude, fréquentations horribles… C'est une période hyper glauque de ma vie, que je raconte ici.

Un soir où Aziz voulait me quitter, je me rappelle l'avoir suivi dans la rue pendant plusieurs kilomètres, en le suppliant comme une pauvresse et une serpillière. J'avais beau le solliciter, Aziz ne répondait jamais.

– Pourquoi tu veux m'abandonner ? je lui demandais.

Je suppliais. Je pleurais.

– Mais qu'est-ce que j'ai fait ? je répétais.

– Arrête de me suivre, il hurlait. Sinon, je vais te démonter !

Aziz me frappait. Je tombais par terre. Téméraire, je me levais toujours pour continuer de plus belle :

– S'te plaît, Aziz… Je t'en supplie.

Biiiiim !

– Pitié…

Biiiiim !

J'avais atteint le point de non-retour, mes Jeremstarlettes ; j'en étais persuadé. Cette brute m'avait fait sombrer.

Après ce triste épisode, je suis parti quelques jours dans le Sud, histoire de me changer les idées. Un soir, alors que je luttais pour ne pas penser à lui, j'ai eu l'idée de poster ce que j'appelle une « annonce de solitude » sur Snapchat.

« Si t'es musclé et sexy, envoie ta photo », j'ai écrit.

Vous connaissez le délire, les amis. Pas besoin d'épiloguer. Je voulais m'occuper, avoir l'illusion que je pouvais susciter ponctuellement le désir…

J'ai ajouté ce message à ma story, donc. Et par le plus grand des hasards, quand j'étais au fond du trou, l'amour m'a répondu.

J'ai ouvert le premier message qui me passait sous le doigt quand une photo époustouflante m'est apparue.

C'était la première fois qu'un mec ne m'envoyait pas son sexe ou son corps, dites-vous ; et j'ai été particulièrement sensible à ce geste.

Depuis combien de temps jouais-je ce petit jeu ? Deux ans ? Peut-être trois ? Je peux vous garantir qu'aucun homme ne m'avait autant captivé.

Il était beaucoup trop beau, Lorenzo. Trop beau pour exister. Trop beau pour être vrai. Il était dans ma tête une gravure de mode, une image ; un acteur américain, peut-être ?

Je ne mérite pas un mec aussi beau, j'ai pensé. Car moi, pour qui suis-je fait ? Pour les ploucs qui frappent, les dégénérés qui me maltraitent ? Les homos refoulés, peut-être ?

C'est pas possible, je répétais dans la solitude de ma chambre.

Je me revois plonger dans la conversation après avoir divagué seul un moment. Puis lui écrire ce bref message : « Fake. »

Croyez-le ou non, c'est le premier mot que j'ai adressé à mon mec, mes Jeremstarlettes ! « Fake. » Juste ça. Ni bonjour, ni merde ; juste : « Fake. »

Ainsi avons nous commencé à échanger. Je lui ai ordonné de me prouver la réalité de son existence par A+B.

À chaque Snap envoyé, à chaque photo, je doutais ; rien n'y faisait.

– J'y crois pas, je lui disais. T'es forcément hétéro. T'es beaucoup trop beau.

– Mais nan, me répondait-il ; t'inquiète !

– Bien. Dans ce cas, lui ai-je lancé ; la prochaine photo que tu m'enverras, je voudrais que tu m'y fasses un doigt d'honneur.

Curieuse requête, vous me direz. Toujours est-il que Lorenzo s'est exécuté et qu'à partir de là, je n'ai plus quitté la conversation de la soirée.

– J'habite à Perpignan, il s'est présenté. Je ne suis pas fan de toi ; ça fait seulement quelques mois que je te suis sur Snapchat.

Il m'a ensuite fait un aveu qui m'a intrigué.

– La première fois que je t'ai regardé, m'a-t-il dit ; tu m'as beaucoup excité. Je crois bien que tu étais ce que je cherchais. Je n'osais pas t'écrire, il a ajouté. Je l'ai fait ce soir, comme ça, pour rigoler. Pour être tout à fait honnête, je pensais que tu ne répondrais jamais…

– OK, et tu fais quoi demain ? je lui ai demandé.

J'ai tout de suite voulu le rencontrer, ma beauté. Pour oublier mon mal-être, pour oublier Aziz. J'avais besoin de quelque chose de positif dans ma vie, une personne à laquelle me raccrocher.

Lorenzo était beau gosse, a priori sympa… Allez hop ! je me suis dit.

Le lendemain, j'ai parlé à Lorenzo toute la journée. J'ai regardé les billets de train pour lui. Je lui ai envoyé les prix.

Finalement Lorenzo est venu. J'ai entendu ses chaussures se rapprocher, puis passer la porte vitrée… Mon cœur battait.

Il était habillé comme j'aimais, ma beauté ! Un survêtement Nike, une casquette à l'envers… Parfait.

On s'est fait la bise. Pour le coup, je crois qu'il était un peu gêné ; mais l'heure avançant, je l'ai rapidement senti fantasque et libéré.

On a discuté de ma célébrité, du hasard des rencontres et de mes projets. On a rigolé. Après quoi nous nous sommes embrassés.

Alors voilà. Je suis un garçon extrêmement coincé, les amis ; vous le savez. Moi qui mets trois semaines pour embrasser un mec d'ordinaire ! Lorenzo et moi avons passé la nuit ensemble et chose incroyable, j'ai extrêmement bien dormi avec lui. Lorenzo ne s'est pas décollé une minute de moi, comme une peluche. Il m'a fait des câlins. Je n'avais jamais connu de mec aussi attentionné de ma vie, je crois bien !

Quand on s'est réveillés, il faisait grand soleil. On s'est assis sur la terrasse. J'avais les dents sales, j'étais gêné. Il me regardait comme la huitième merveille du monde.

C'est là qu'on a pris conscience du fait qu'on était un couple, lui et moi. On n'a même pas eu besoin de se le dire tant la chose paraissait logique. Oserai-je dire simplissime ?

Ce jour-là, Lorenzo aurait dû repartir dans l'après-midi. Moi aussi. Mais j'ai fait le choix de ne pas monter dans l'avion qui devait me séparer de lui. À la place, je suis monté dans sa voiture et je suis parti à Perpignan, chez lui.

Je vous dis pas la scène, les loustiques ! Figurez-vous que j'ai débarqué en plein repas de famille ! Un barbecue auquel il y avait ses oncles, sa sœur. Lorenzo m'a présenté sa mère.

Je vous laisse visualiser le truc : Jeremstar, qui débarque avec ses énormes valises chez des gens qu'il ne connaît ni d'Ève ni d'Adam ; avec un garçon qu'il a rencontré moins de dix heures auparavant…

À aucun moment je n'ai éprouvé de gêne pourtant.

Je ne sais pas ce que vous en pensez ; mais ce jour-là, je crois bien que j'ai tiré le gros lot. Un garçon adorable, doux, câlin, super beau, qui me donne tout… Un mec qui me présente à sa mère, dès le premier jour ; de même qu'à sa famille tout entière…

Message à l'adresse de mes Jeremstarlettes. Si vous me lisez aujourd'hui, j'aimerais que vous sachiez que si je continue à mener une existence publique, c'est uniquement grâce à lui.

Il m'a apporté un équilibre que je n'aurais pas trouvé si je ne l'avais pas eu dans ma vie. D'ailleurs, Dieu seul sait où j'aurais fini sans lui !

Lorenzo est arrivé au moment où le navire faisait naufrage. Il m'a sauvé des eaux en me faisant grimper sur un joli radeau.

Il me l'a toujours dit, mon bébé : quand il regardait mes Snaps, avant de me connaître, il ne pouvait pas s'empêcher de ressentir une tristesse infinie. J'étais malheureux, pensait-il, mal entouré. Il le sentait.

Il s'est toujours dit que la seule chose qui manquait à ma vie, c'était lui.

Eh bien je le lui dis : « Tu avais raison, mon chéri ; et je ne conçois plus d'exister sans toi aujourd'hui ».

Lorenzo me fait souvent le récit d'un moment qui ne cesse pas de m'émouvoir.

Pendant la polémique, alors qu'il descendait l'escalier de la Salopette, ma beauté m'a vu sur la terrasse. J'étais en train de fumer.

« Tu avais tant de peine, qu'il m'a dit. Une vraie pauvresse. C'est là que je me suis dit, ce garçon, vraiment, je l'aime. Dans un moment tout à fait anodin. Un moment d'une infinie détresse… Je me suis dit voilà. C'est le bon. »

Ce jour-là, Lorenzo m'a vu dans toute ma vérité. Malgré mon anorak, je lui suis apparu plus dénudé qu'un nouveau-né. Inoffensif. Quasi mort. Vaincu.

Vous savez tout.

Alors voilà, les loustiques ; ça y est. J'imagine que le moment est venu de faire publiquement l'éloge de ma beauté. J'en rougis, mon Dieu. Je suis à deux doigts de pleurer. Si vous me voyiez !

Ton solennel. Éclaircissement de gorge.

Lorenzo, mon bébé. C'est maintenant que je choisis d'enfin te parler.

J'aimerais que tu saches que tu es la personne que j'ai le plus aimée sur cette terre jusque-là.

Si Jeremstar est un être insaisissable, qui m'échappe parfois ; j'aimerais que tu saches que Jérémy n'est qu'à toi.

Indispensable Lorenzo. Parfait Lorenzo. C'est dans les moments difficiles que les gens se révèlent. Quand certains de mes amis étaient à l'autre bout du monde, tu m'as couvert d'attention. Tu m'as pris dans tes bras pour assurer ma protection.

Pour l'amour de moi, Lorenzo a mis sa vie en suspens ; son avenir, son présent. Il a cessé toute activité professionnelle pour se consacrer à moi le temps qu'ont duré mes emmerdements.

On a vécu en vase clos, contraints et forcés ; enchaînés l'un à l'autre comme des candidats de téléréalité. Dans des conditions pareilles, nous n'avons pas eu d'autre choix que celui de nous aimer très fort pour subsister.

Attachement. Bienveillance. Confiance. Avec Lorenzo, j'ai enfin trouvé un sens à mon existence.

Ce mec est si parfait que je me dis qu'il doit être une erreur de parcours, forcément. Une erreur de chromosomes, une aberration de la nature, une créature extraordinaire ; que sais-je.

Irremplaçable Lorenzo. Même si j'ai du mal à exprimer mes sentiments. Même si je te dis rarement que je t'aime ; j'aimerais que tu saches à quel point je suis fier de t'avoir rencontré. La vérité, c'est qu'après tout ce par quoi nous sommes passés ; nous avons noué une relation qui ne pourra jamais être abîmée. L'horreur des choses a décuplé nos sentiments. En somme, la violence du « CardonnaGate » nous a rapprochés.

Pendant la polémique, j'aurais pu demander de l'aide à n'importe qui. Même si j'avais eu entre les mains une lampe magique ; même si un génie s'était manifesté, une bonne fée ou même Dieu, eh bien je n'aurais voulu que toi.

Personne n'aurait mieux pu me soulager que toi.

Je n'attendais de secours que de toi. Je n'ai jamais voulu que toi.

– Toute ma vie, je me suis dit que je finirais marié avec une petite blonde aux yeux bleus ; tu m'as un jour dit. Avec toi, j'ai la sensation de l'avoir trouvée.

Quand tu me l'as raconté, je n'ai pas pu m'empêcher de ricaner.

– J'ai toujours rêvé mon mariage, tu as ajouté.

– Ah ouais ? je t'ai coupé.

– Ouais. Et tu sais quoi, bébé ? Je nous visualise un avenir tout tracé. Je vois une petite maison de maître à retaper, avec un chemin. Je vois des petites tuiles en ardoise, des petites fleurs… Un enfant qui fait du foot et des Mercedes.

Fabuleux Lorenzo. Je tiens à te dire que je t'aime infiniment pour tout ce que tu as fait. J'ai vu que ton attachement était sincère. Que tu souffrais à travers moi. Je saurai m'en souvenir, je le promets.

En me prenant dans tes bras, tu as mis un terme à ma quête d'amour dévastatrice ; à ma souffrance permanente. Tu m'as tendu la main quand j'étais à terre ; et tu m'as doucement réappris à marcher.

Je t'aime parce que tu es un homme d'honneur, ma beauté ; un homme de valeurs. Parce que tu m'inities chaque jour à des joies simples, desquelles je m'imaginais étranger.

Je suis parfois invivable et capricieux, je sais. Mais j'aimerais que tu ne doutes jamais de ma sincérité.

Tu es la personne avec laquelle j'ai envie d'évoluer. J'aimerais t'avoir à mes côtés à tout jamais.

Mon beau Lorenzo. Je sais que tu as déjà fomenté dans ta tête le scénario d'une demande en mariage et d'une vie parfaite. Je sais. Tu visualises l'endroit, tu entends les mots…

Je suis désolé de te couper l'herbe sous le pied, mais j'aimerais te dire ici que je suis prêt à t'épouser, on y est.

CHAPITRE 4

Ardisson me manque plus que n'importe quoi d'autre dans mon existence

Quand on me regarde évoluer en télé, on s'imagine que je me présente les mains dans les poches. C'est totalement faux, les loustiques. Ça a l'air simple, comme ça ; mais ça ne l'est pas. Si vous saviez le travail que m'a demandé chaque apparition dans l'émission d'Ardisson ! Je ne l'ai jamais dit jusque-là ; je ne l'ai pas avoué. Mais vous n'imaginez ni la galère que c'était, ni le temps que j'y passais.

Ma directrice de la communication m'écrivait toutes mes répliques. Clarisse travaillait dessus comme un chien, jusqu'à me restituer des fiches que j'exigeais les plus courtes possibles. Après quoi je les apprenais par cœur, comme une gentille écolière pendant des dizaines d'heures. Chaque émission équivalait pour moi à un travail de vulgarisation colossal. Problématiques sociétales, politiques, historiques, musicales. Tout y passait.

Je travaillais cent fois plus que les autres chroniqueurs, je vous dis. Même pas pour arriver à leur niveau, hein ! Pour arriver à leurs chaussettes !

À chaque semaine sa suite ininterrompue de panique et de doutes. Mes genoux jouaient des castagnettes. J'étais en stress. Mais qu'est-ce que j'étais fier, punaise.

Clarisse était toujours avec moi en coulisses. Elle et moi communiquions par WhatsApp. Elle était mon oreillette sans oreillette. Mon Cyrano de Bergerac. Qu'est-ce que nous avons pu ricaner chez Ardisson, elle et moi ! Je chéris ces moments.

L'idée est un jour venue à Ardisson et à son producteur, Stéphane Simon, de me soumettre au jeu de l'étiquette. Je ne sais pas si vous connaissez, mais je vous raconte le truc, les loustiques, histoire que vous ricaniez avec moi. On m'a collé un nom sur le front. Je devais le deviner en posant des questions auxquelles les chroniqueurs répondaient par oui ou par non. Me voyant surnager, Clarisse m'a immédiatement envoyé la réponse par texto. « Wauquiez ». Qui était ce type ? Je n'en savais foutre rien. Je me suis contenté de lire, en butant sur la prononciation. « Wauquièzzzzze » j'ai dit. La honte que je me suis tapée, mes Jeremstarlettes ! Vous n'avez pas idée.

Vraiment, je vous le dis, je vous le répète ; nous avons beaucoup ri. Si je vous raconte tout ça, c'est pour que vous compreniez à quel point l'émission d'Ardisson me manque. Tout ce travail qui était si valorisant pour moi. Toutes ces tranches de franche rigolade… Si le « CardonnaGate » m'a tout fait perdre ; Ardisson me manque plus que n'importe quoi d'autre dans mon existence.

Je n'ai pas encore évoqué ma copine Raquel ; mon amour de petite Raclette. Elle aussi, elle me manque. Sur le plateau, on chahutait comme deux adolescentes. Ardisson nous reprenait.

« CHHHHHHHHHHHHHHTTTTTTTTT ! » il criait. Il tapait du poing sur la table. Il était excédé.

Après chaque enregistrement, on retenait le personnel en otage pour tourner mes séquences Snap jusqu'à deux heures du mat'. Quand tout le monde était parti depuis belle lurette, qu'on éteignait les lumières et qu'on verrouillait les portes ; elle et moi étions toujours là à pousser des cris.

« Au fait, Mélenchon, je lui sortais sur le ton de la plaisanterie ; il t'a déjà secouée, ou non ? »

Rires gras.

Est-ce qu'elle a eu la prescience de l'impact qu'auraient ses interventions sur mon Snap ? Je n'en sais fichtre rien. On a chahuté naïvement ; sans nous préoccuper du lendemain.

Un soir nous nous étions même promis de faire ensemble un voyage au Pérou. On se voyait déjà faire de la barque sur le lac Titicaca en hurlant de rire pour mon Snap.

Raquel m'a toujours donné la primeur de ses déclarations, sans que j'aie à m'imposer. La chose était logique. Amicale. Sincère. Raquel était mon scoop permanent. Merci, Raclette !

« Dis donc ma grande, je lui demandais ; c'est parce que t'es une grippe-sou, que t'as pas payé tes cotisations ? »

Rires gras à nouveau.

Au bout d'un moment, je m'attendais à ce qu'elle me jette mon téléphone à la figure, à ce qu'elle me l'écrase sur le front. Mais non. La Garrido a toujours répondu gentiment à mes questions, se sentant sans doute investie d'une mission éducative vis-à-vis de moi.

« Et sinon, ça t'arrive de te filmer nue avec Alexis ? » je pouffais. On faisait des chorégraphies sur du Britney. On s'amusait. Je garde de tout ça un souvenir idyllique, les loustiques ; absolument merveilleux. Tous les jeudis, j'attendais, trépignant comme un gosse, le moment où je pourrais enfin retrouver ma Raclette dans ma loge. Le moment où je pourrais, tel son mauvais ange, la pousser toujours plus loin.

« Et c'est quoi, au juste, la France Insoumise, Raquel ? C'est une secte ? » « Et comment se fait-il qu'avec tout le fric que tu gagnes, tu vives encore dans un HLM ? »

Elle est comme moi, Raclette. Bonne vivante. Expansive. Si elle n'avait pas choisi de s'engager politiquement et de prendre la robe, elle aurait fait une candidate de téléréalité merveilleuse, j'en suis persuadé…

Raquel et Jérémy. Jérémy et Raquel. Un duo qui s'est formé naturellement, sans calcul. Je peux le dire, maintenant : Raquel m'impressionne. Raquel est un puits de science. Elle m'a appris tellement de choses ! Je l'aime profondément.

Sur le plateau, elle a toujours joué avec moi le rôle de maman. Elle remettait en place le col de ma chemise s'il était de travers. Elle me protégeait, Raquel. Quel que soit le pathétique de mes interventions, elle soulignait à quel point j'avais été parfait. « C'était vachement pertinent, ce que t'as dit ; Jérem ! »

Raquel Garrido m'a toujours pris comme un petit poulain, en somme ; comme une biquette apeurée, qu'il faut à tout prix rassurer.

Je m'égare, les loustiques ; mais vous aurez compris. Pendant les longs mois qu'a duré la polémique, ce commentaire est celui qui est le plus souvent sorti de ma bouche : « Je veux Ardisson ». C'était devenu le combat le plus important de ma vie. Je le répétais indéfiniment, comme une litanie. « Je veux Ardisson. »

Je ne pensais pas à retrouver mon Snap, non. Je voulais récupérer mon émission. Ma Raclette. Mon ours rouge. Ma Clarisse en coulisses. Mon plateau de fromage, celui que j'aimais tant m'enfiler avant le tournage. Chacune de ces choses représentait pour moi un paradis perdu.

En m'écartant de l'antenne, C8 m'a privé de ce que j'avais de plus cher ; de ce dont j'étais le plus fier. Pourquoi je dis ça ? Parce qu'Ardisson, c'était l'activité qui exigeait de moi le plus grand investissement personnel, la plus grande discipline.

Reviendra ? Reviendra pas ?

Si vous habitez sur la planète Mars, vous apprendrez que ma présence dans l'émission aura été le plus grand feuilleton de l'année 2018. Mieux que les *Feux de l'Amour*, le truc. Le retour du fils prodigue. Jéjé la galère.

Chaque semaine, le doute persistait. Ardisson voulait me récupérer. Stéphane Simon également. Même Raquel, disait qu'elle se sentait seule sans moi pendant les enregistrements.

Mais quel bordel on m'a infligé, mes Jeremstarlettes… J'en veux beaucoup à la chaîne de m'avoir éjecté. Le fait de ne plus me voir à l'antenne m'aura condamné. Aux yeux de mes détracteurs, c'était la preuve ultime.

« C'est bien qu'il est coupable ! commentaient les gens sur les réseaux. S'il n'avait rien à se reprocher… On le reprendrait, c'est pas vrai ? »

Si j'étais déjà à terre, je considère que C8 m'a porté la dernière estocade. « C'est du cassage de carrière », m'a un jour dit le producteur d'Ardisson.

Je les ai suppliés de me reprendre. Semaine après semaine, je me suis traîné aux pieds de la chaîne. Non seulement j'ai tout essayé ; mais dites-vous qu'en plus, même Thierry et Stéphane, ont forcé. « Ouais, on sait pas trop », on nous répondait. « Pas pour l'instant. » « La semaine prochaine, peut-être ;

ou alors à la rentrée ? » Ça a duré un temps fou ; jusqu'au moment où j'en ai eu assez de me faire baratiner.

Il était entendu que je garderais l'exclu de ma première interview pour Thierry. Ce que j'ai fait. Une date avait même été prévue. Mais au dernier moment, C8 s'y est opposée. Stéphane m'a fait comprendre que je ferais mieux d'aller m'exprimer ailleurs, avec tout le tact dont il est coutumier.

La suite de l'histoire, vous la connaissez. J'ai choisi *Quotidien* pour réapparaître à l'antenne après soixante-sept jours de silence ; et le moins qu'on puisse dire, c'est que les circonstances de mon retour ont été rocambolesques.

Avoir privilégié le groupe TF1 à C8 m'a beaucoup été reproché. C'est vrai. Laissez-moi donc vous couper l'herbe sous le pied.

J'ai pensé à aller chez Hanouna, oui… Que dis-je… Pour être plus précis, J'AI IMMÉDIATEMENT PENSÉ QUE JE N'IRAIS PAS.

En toute franchise, je me voyais mal jouer ma vie entre deux prouts, un tenons-nous-la-barbichette et trois chorégraphies travelottées. C'était absolument aberrant, impossible, ridicule. C'était NON.

Barthès s'est présenté à moi comme un choix tout à fait logique. Je savais que chez lui, mon sujet serait traité par des gens normaux, avec respect. Je savais que je n'aurais pas à faire face à un tribunal médiatique de pacotille.

Alors voilà. Je crois que le 22 mars 2018, c'est aux alentours de 17 h 30, que *Quotidien* a annoncé ma venue sur Twitter. La scène est aberrante, les loustiques ; accrochez-vous bien aux pages de votre livre.

Les images me reviennent. Je me tiens debout, dans ma cuisine. Le message vient d'être posté. C'est ici que commence un déferlement que vous n'imaginez pas. Quarante-trois secondes après que le truc ait été posté, très exactement ; mon téléphone n'arrête plus de sonner. La programmatrice d'Hanouna, sur un ton péremptoire, ordonne d'être rappelée. Elle insiste lourdement.

Euh... En quel honneur cette femme se permet-elle de formuler des exigences ? je me demande. *Je ne suis pas salarié de Cyril Hanouna, à ce que je sache ?*

Le stress monte. C'est un raz-de-marée. Une putain d'invasion. Un harcèlement. La femme téléphone deux fois, trois fois…

Ça ne marche pas ? Pas grave ! Hanouna enchaîne. Maintenant, ce sont ses chroniqueurs, qui m'appellent. « Tu dois répondre à tout prix, on me dit. Il est en train de nous pondre un caca nerveux. » Je passe outre.

Attention, les amis ; harcèlement, étape 3 ; ne reculons devant rien cette fois : pour m'atteindre, voici qu'il essaye de passer… Par mes proches !

– J'ai reçu un appel, s'inquiète Pollux. Hanouna exige que tu plantes le direct de Barthès pour aller chez lui…

Je suis outré. Mon doigt du milieu se lève tout seul tandis que je suis en train de parler.

– Bah voyons ! je lui réponds ; et puis quoi ? Comme si je devais à ce bonhomme quoi que ce soit ! Ça fait des mois que je supplie pour faire mon retour sur C8 ; on me le refuse ; pire, on m'invite à aller me justifier ailleurs ; et là, d'un coup, je suis le bienvenu ?

La suite aussi, vous la connaissez. Pendant mon passage chez Barthès, pendant la télé la plus importante de mon existence, donc ; Hanouna s'est permis d'annoncer en frontal que j'étais viré, par pure vengeance.

« Après ce qu'il a fait ce soir ; de ce que je sais de la direction, Jeremstar ne reviendra plus sur C8 » il a dit à l'antenne.

Le pathétique de la situation m'a scotché.

On n'a pas Jeremstar ? Barthès va pulvériser l'émission en termes d'audimat ? Pas grave... On va faire croire qu'on a un truc à dire sur lui... Puis lâcher quelques mots, inventés de toutes pièces, juste pour faire chier ! Par mesquinerie, par dépit...

Dieu merci, mon passage chez *Quotidien* a bien été accueilli. J'ai repris contact avec mon public, j'ai retrouvé la vie. Ce soir-là, Barthès a broyé Hanouna comme je le prévoyais. 1 450 000 téléspectateurs m'ont regardé raconter les horreurs que j'avais endurées, soit 6,1 % de parts de marché.

Attendez, mes Jeremstarlettes ! Ça n'est pas ici que s'arrête l'histoire, je n'ai pas terminé. Je ne pouvais pas m'en tirer à si bon compte, n'est-ce pas ? Le lendemain, coup de fil de Cyril Hanouna qui me promet que je serai repris, qu'il l'annoncerait quand j'irais sur son plateau.

Je garde très peu d'images de mon passage chez *TPMP* tant il a été vide de sens. Ce dont je me souviens, c'est de l'idée du temps qui ne passe pas ; et de l'interminable angoisse de voir enfin prononcée l'annonce de ma résurrection.

J'attends, donc. Une heure ; deux heures ; trois heures… Quand vient mon tour d'être reçu, en toute fin d'émission ; après un teasing d'enfer, cela s'entend ; c'est la déception. Après avoir subi la vindicte injustifiée des acariens hanounesques… Après m'être mordu la langue pour ne pas leur cracher au visage… Cyril n'annonce rien.

– Moi je vais te dire ; a priori, C8 n'a rien contre toi, il sort.

– Génial ! Jéjé connard, bonjour. Jéjé naïf.

Hanouna m'avait baladé, donc. Je ne vais pas mentir, les loustiques. Celle-là, aujourd'hui encore ; elle me reste en travers de la gorge.

Quand j'étais chez *Quotidien*, l'émission a pourri celle d'Hanouna.

Quand j'étais chez Hanouna, il est repassé devant *Quotidien*.

Voilà. Je pense que vous aurez compris le délire ; rien à foutre de me voir souffrir et de jouer avec ma vie.

Après mon grand retour médiatique, j'ai été reçu par C8 en présence de mon avocate. J'attendais une réponse, cette fois une vraie. Malheureusement, je me suis trouvé assis face à trois personnes qui n'avaient strictement rien à me raconter. Les types étaient là, bouche ouverte ; ils regardaient voler les mouches. Ils m'ont dit que Cyril s'était un peu avancé. Qu'il s'était engagé sur des choses sur lesquelles il n'a absolument aucune prise.

Voilà pour l'anecdote. Je ne sais pas ce que vous en pensez, mais je suis content de l'avoir racontée. Je suis ravi de m'être enfin vidé. Cela étant dit, je me pose une question. C'est le mystère de l'année. Qui a œuvré en sous-marin pour me saboter ? Et surtout, pourquoi l'ont-ils fait ?

Plusieurs noms ont circulé. Le paparazzi Elfassi. Cyril Hanouna. Magalie Berdat. Aussi, même ; une alliance des trois. J'ai beau avoir entendu mille versions, c'est toujours un mystère pour moi.

Beaucoup de personnes de mon entourage pensent que c'est Hanouna. Plusieurs sources proches de lui concordent, qui me l'ont confirmé… D'autres disent que c'est la direction de la chaîne, que c'est un délit de sale gueule. Je me garderais bien d'accuser directement qui que ce soit.

Mais je me pose beaucoup de questions, comprenez-moi. Perdre Ardisson est ce qui m'a fait le plus de mal pendant la polémique. J'ai ressenti une douleur folle, je me répète peut-être.

Retrouver Ardisson. Cette émission et la place que j'y tenais ne cessent pas de me manquer. Les avoir perdues est pour moi le symbole d'une profonde injustice.

Vous le savez, les loustiques ; plus d'un an après, je ne suis pas guéri. J'ai des relents de dégoût ; mille regrets. Je considérerai que mon affaire sera réglée quand j'aurai récupéré tout ce qu'on m'a injustement retiré. Et que la chose soit dite, ma place dans l'émission de Thierry est en tête de liste.

CHAPITRE 5
Je vous demande pardon de vous avoir abandonnées

Je n'ai pas parlé en public pendant soixante-sept jours, mes Jeremstarlettes. Si vous avez trouvé ça long ; dites-vous que j'en ai souffert également.

Un certain nombre de « spécialistes » se sont permis de commenter mon silence. « Jeremstar fait une grave erreur », j'ai même pu lire… Ces gens ne sont rien ; ils n'étaient pas à ma place et ils n'y connaissent par conséquent que dalle.

Comment peuvent-ils se permettre de juger mon travail ?

Je tiens à dire que rien n'a été fait au hasard. Pendant plus de deux mois, ma directrice de la communication et moi avons vécu terrés comme des rats, en mode cellule de crise. Tout a été pensé et tout a été fait par nous deux pour des raisons précises. Pour ne pas aggraver ma situation ; pour entrapercevoir à court terme un avenir et, surtout, pour que je puisse revenir dans ce livre.

Ne pas parler. La chose était anormale pour moi et j'ai beaucoup dégusté. Si vous saviez.

Avant que la polémique n'éclate, j'avais pris l'habitude de tout partager avec ma communauté en temps réel.

Avais-je la grippe ? Je montrais en gros plan mes amygdales.

« Quels sont vos conseils ? je demandais sur Snapchat. Boire du thé ? Me faire une infusion au miel ? »

C'était ma stratégie de communication de base, l'essence même de mon personnage. Compenser mon manque d'affection par un partage total. Entrer dans la vie des gens en leur ouvrant grand les portes de la mienne… Sans arrière-pensée, sans calcul. Juste de l'amour qui circule.

Je ne vais pas vous mentir. Quand le « CardonnaGate » s'est déclenché, mon premier réflexe a été de sortir mon téléphone de ma poche, de le mettre face à ma tête, et de lancer la vidéo. Si ça n'avait tenu qu'à moi – comme je le fais dès que j'ai un pet de travers –, je me serais empressé de faire des Tweets, des Snaps et tout le tralala. Mais il ne fallait pas commettre cette erreur-là. Surtout pas.

Il a fallu qu'on m'empêche de faire n'importe quoi et Dieu merci, Clarisse était avec moi.

« Avant de penser à communiquer, il faut penser à ne pas communiquer », elle me répétait. Paradoxe total. Incompréhensible pour moi. Il a fallu qu'elle me l'impose, donc. Avec des mots durs, de manière extrêmement violente parfois.

J'avais tellement envie de parler, mes Jeremstarlettes. Vous n'avez pas idée. J'avais les pouces qui me brûlaient. C'est tout juste s'il ne fallait pas m'attacher les mains dans le dos. J'étais comme un cheval, qui se cabre dans sa stalle. J'avais envie de taper, d'insulter ; de rendre dossier graveleux pour dossier. Et Dieu sait que de la matière, j'en avais !

Quiconque fréquente les réseaux sociaux connaît cette problématique par cœur. Elle a pour moi l'allure d'un arbre dont les branches s'étendent sans cesse ; ou alors d'une toile d'araignée. Celle-ci s'épaissit jusqu'à ce qu'il soit impossible de la démêler.

Pour que je ne commette pas l'irréparable, il aura fallu que Clarisse soit là, minute après minute, derrière moi. À sans cesse me dire non comme on le fait à un enfant.

C'était terrible, mes Jeremstarlettes. Abominable. J'étais comme un drogué qui réclamait sa dose. Toutes les dix minutes j'avais une nouvelle excuse pour publier sur mes réseaux un truc miteux.

– Peut-être que je pourrais me filmer en train de pleurer ? Je demandais. Si les gens voient dans quel état je suis, ils verront bien que je suis mal et que je n'ai rien fait.

– Jamais de la vie, répondait Clarisse.

– Et lui, là ; qui m'insulte… Si je dis la vérité sur lui… Les gens le prendront moins au sérieux, sans doute ?

– Non, Jérémy…

– Une vidéo de moi déguisé, alors ? Ou bien en train de chanter, comme si de rien n'était ?

– MOI VIVANTE, JAMAIS.

La chose était très compliquée et en vérité ; on ne peut pas dire que j'ai été aidé. Outre la pression de ma communauté, beaucoup de gens de mon entourage y allaient de leur conseil malavisé.

« Tu dois te défendre, mon loulou ; tu dois à tout prix parler. »

Pendant deux mois, mon silence a fait de moi une proie. On cherchait à me joindre, par tous les biais. Je me suis découvert de nouveaux amis, qui espéraient m'extirper quelques mots, histoire de les refourguer à la presse après.

Pendant deux mois, en somme ; quiconque m'avait un jour côtoyé, ne serait-ce que dix minutes, est devenu un ennemi, un potentiel témoin.

On a le scoop, ça y est. Jeremstar m'a dit bonjour, il a réagi ; j'ai récolté son premier témoignage, c'est fait.

J'avais une cible au milieu du front. J'étais l'homme le plus recherché de France.

Pollux répondait aux gens sur Twitter en mon nom, la malheureuse ; et elle n'était pas la seule. Mes « copains » se sentaient tous au cœur de l'affaire ; et ils me portaient tous préjudice en pensant bien faire.

Je ne leur jette pas la pierre, non : dès que je voyais un Tweet pourri, j'avais moi-même envie d'y répondre ; c'était plus fort que moi. Je ne peux que les comprendre.

Les mauvaises habitudes ont la vie dure… Comment pouvais-je m'y prendre, alors que je n'avais jamais agi autrement dans ma carrière ?

Quand un candidat de téléréalité me chauffait, avant, je haussais publiquement le ton. Après quoi mes abonnés se lançaient sur lui comme une armée de fourmis pour me protéger.

Il m'a fallu énormément de temps pour comprendre que les circonstances étaient exceptionnelles et que parler ne ferait jamais que m'enfoncer.

« N'apporte pas de l'eau au moulin de ces gens ! disait Clarisse. Elle le répétait. Ils n'attendent que ça, tu comprends ? Ils crèvent d'avoir ton attention. Ils veulent savoir si tu souffres pour continuer de plus belle. Si tu leur réponds, ils auront tout gagné. »

NE PAS FAIRE DE PUB À MES AGRESSEURS.

NE PAS APPORTER DE L'EAU À LEUR MOULIN.

RÉSERVER LA PRIMEUR DE MES DÉCLARATIONS À LA JUSTICE.

NE PAS LUI COMPLIQUER LA TÂCHE EN AJOUTANT DES CENTAINES DE MESSAGES ORDURIERS À UNE AFFAIRE DÉJÀ COMPLIQUÉE.

NE PAS TOMBER DANS LE PIÈGE DE LA SURENCHÈRE.

Je ressassais ces mots dans ma tête comme autant de mantras pour me soulager.

Après, vous savez… Ce que j'ai vécu ressemble un peu à ce que ressentent les gens qui arrêtent de fumer. Les premiers jours sont une tannée ; mais le temps passant, l'effort consenti fait qu'il est plus difficile de craquer. On prend le pli, jusqu'à totalement oublier.

Non seulement je me débattais, mais à côté de tout ça, en plus, il y avait Pascal Cardonna. Vous n'imaginez pas à quel point c'est une catastrophe, cet homme-là.

Comment vous dire, mes Jeremstarlettes ? Je vous mets en situation pour que vous compreniez.

À J+2 après le déclenchement de SA polémique ; Cardonna fait n'importe quoi. En plus, il pleurniche à tout va. Ça tombe mal : c'est précisément ce que je refuse de faire pour laisser penser à mes agresseurs que leur campagne de dénonciation calomnieuse ne m'atteint pas.

C'est dramatique. Le type m'envahit de notes audio, dans lesquelles il me dit qu'il doit parler. Qu'il va parler. Que NOUS devons nous exprimer.

Le « nous » qu'il utilise me donne envie de gerber.

Je suis obligé de mettre immédiatement les points sur les « i ».

« Le problème, Pascal, c'est qu'il n'y a pas de "NOUS", je lui dis. C'est chacun pour sa gueule. Tu en as déjà assez fait ; maintenant, laisse-moi. »

Dans quel bourbier ce type m'a-t-il enfoncé ?

Ça n'est pas tout, mes Jeremstarlettes adorées. Non content de m'enquiquiner, voici que Pascal Cardonna se permet de me donner des leçons. Je suis à deux doigts de défaillir.

Il m'annonce qu'il a engagé deux spécialistes de la communication de crise, qui vont le mettre en scène et redorer son blason… Je pouffe. Je pète les plombs.

C'est amusant, quand j'y pense. Quand ces saloperies m'ont éclaboussé, nous étions tous les deux des ordures, des gens absolument abominables. Mais à partir du moment où j'ai choisi de m'en débarrasser, tout a changé.

D'un coup d'un seul, Pascal Cardonna, que les médias soupçonnaient d'être un violeur et un pédophile, s'est mué en pauvre petite chose, abandonnée par son vilain copain, le méchant Jeremstar. J'ai cru rêver.

Je me suis officiellement « désolidarisé » de lui dans un communiqué de presse, que j'ai publié sur mon compte Twitter le 23 janvier 2018.

Parce que je n'avais jamais été solidaire de lui en premier lieu.

Parce qu'il m'était insupportable d'entendre SON affaire porter mon nom.

Et puis parce que.

« Bonne, ne s'écrit pas avec un C. » Vous connaissez cette expression ? Je ne suis pas con. Quand on me fout une gifle, je ne tends pas la deuxième joue en remerciant.

C'est l'éternelle problématique du « que ferais-tu par amitié pour moi ? » Vous savez, cette devinette qu'on joue à se poser parfois…

Admettons. Je tue quelqu'un ; par amitié pour moi, est-ce que tu caches le corps ?

Eh bien la réponse est non, désolé. Certainement pas. Et je ne trinquerai pas non plus publiquement pour toi.

Pascal Cardonna a très mal vécu cette « séparation », vous le savez. Mais ce que vous ignorez, c'est que pour s'en venger, il est entré dans une logique totalement farfelue de chantage affectif et amical.

Ça a commencé par des petits courriers, adressés à mon avocate. Des sous-entendus répugnants qu'il a fallu faire constater par huissier.

Il écrivait qu'il était mon ami et qu'il savait tout de moi et moi de lui.

Après quoi il m'a adressé des messages audio par des biais détournés. Eux aussi, ont été constatés par huissier.

Il me disait qu'il ne voulait plus que je dise que je n'avais jamais été son ami et que sinon il sortirait la grosse artillerie. Il m'a menacé en disant que sa revanche serait infernale.

Il me demandait de lui rendre mon dernier cadeau d'anniversaire… C'était inacceptable. Pitoyable. Je manque d'adjectifs.

Dans son délire érotomane, qui plus est, Cardonna était persuadé que Clarisse m'avait interdit de lui adresser la parole ; que je l'aimais tout de même, qu'il finirait par me retrouver…

Eh bien non. Coucou, Pascal ! C'est faux. Je le confirme ici, cette décision vient uniquement de moi. Voilà.

Si vous saviez, mes Jeremstarlettes… J'en ai connu, des gens qui s'accrochaient bec et ongles (manucurés) à ma notoriété. Mais ça… Je n'imaginais pas la chose possible : tenter de conserver un semblant de proximité avec moi par le biais du chantage…

Non, vraiment ; je suis tombé de l'armoire. J'avais beau chercher ; je ne comprenais toujours pas : Cardonna s'en était pris plein la gueule, il avait été humilié… Par quel mécanisme étrange pouvait-il vouloir faire subir la même chose à quelqu'un qu'il disait être son « ami » désormais ?

Vous apprendrez ici que j'ai été contraint de prendre des mesures drastiques à l'encontre de Pascal Cardonna. Pour qu'il me foute la paix, j'ai été obligé de l'attaquer en justice pour chantage, menaces, et abus de confiance. Ça craint.

Beaucoup de gens ont ri de la « vidéo-vérité » qu'il a mise en ligne sur sa chaîne YouTube par la suite.

« On dirait une allocution présidentielle ratée, en a dit Clarisse. Derrière lui, on devine son four et son Thermomix… Enfin merde, quoi ; c'est à hurler de rire ! »

Voici donc ce que l'avaient invité à faire ses deux « super conseillers » : entre deux sanglots mal feints, trois tentatives de suicide racontées pour détourner l'attention… Le type s'attelait à lire ma biographie. Désespérant.

Son message, en gros, était celui-ci : « Jeremstar ne serait rien sans moi. » Après quoi il se permettait de me traiter d'imposteur, de me dévaloriser et de m'attaquer. Clairement, le mec était en train d'imiter à son tour le jeu d'un cyberagresseur et de retourner mon propre public contre moi. J'ai été horrifié.

Mon Dieu. Ce sera la dernière fois que je m'adresse à toi, Pascal Cardonna. Sache que je suis content de m'être débarrassé de toi. Tu n'en valais absolument pas la peine. Tu ne me méritais pas.

Pour ce qui est de la manière dont tu as contribué au personnage Jeremstar, je pense qu'il est également temps de clarifier. Tu ne m'as pas permis d'évoluer dans ma carrière, jamais. Tu penses avoir contribué à m'élever ? C'est faux. La seule personne à l'avoir fait, et c'est la raison pour laquelle nous formons un duo, c'est Clarisse Mérigeot. Plus que jamais, j'en suis persuadé : j'ai bien fait de couper les ponts.

Ah oui… Vous qui me lisez ! Il y a une chose que j'ai oublié de vous raconter : c'est la façon dont j'ai communiqué avec ma communauté de manière détournée.

Pendant la polémique, on racontait partout que mon mec m'avait largué. Je voyais passer des articles.

Jeremstar quitté par son compagnon.

« C'est bien fait, disaient les gens. Il ne méritait pas un beau gosse pareil ! »

Mes détracteurs se réjouissaient de me voir subir cette catastrophe supplémentaire. Ils anticipaient mon malheur. Ils en rêvaient.

Jeremstar abandonné par la seule personne qui lui restait… Comment va-t-il subsister ?

Je me devais de réagir. Qu'on touche à mon honneur m'était déjà insupportable… Mais qu'on cherche à me séparer de mon seul bonheur, je ne pouvais pas l'encaisser sans broncher.

Il n'était pas seulement question de moi, cette fois… Mais de Lorenzo et moi.

La seule solution que j'aie trouvée pour me défendre sans rompre mes obligations, c'était d'utiliser un moyen discret ; en l'occurrence, son Snap.

La suite, vous la connaissez peut-être. Le 14 février 2018, un mois pile après le début de la polémique, Lorenzo a posté une photo de notre dîner, sur laquelle il a ajouté ce tag : « Bonne saint Valentin, mon amour ».

C'est la seule communication réelle à laquelle je me sois livré pendant cette période maudite de mon existence. La seule entorse à mon vœu de silence.

Dieu qu'elle m'a fait du bien.

Comme je ne peux rien vous cacher, autant vous l'avouer : j'ai éprouvé beaucoup de plaisir à savoir que je pouvais ainsi m'adresser à ma communauté. À lui donner des nouvelles. À la rassurer.

Lorenzo l'a régulièrement fait par la suite, de son côté.

Chaque fois qu'il postait une photo de nos activités, il donnait indirectement des nouvelles de moi.

Une photo de quiche. Une photo de McDo. Une image de lui dans la rue.

« Go acheter des Kinder Bueno pour mon bébé », il mettait.

En partageant ces quelques clichés, ma beauté a assuré pour moi la continuité de mon message.

Je suis là, mes Jeremstarlettes. Je suis toujours en vie. Je vous aime. Vous me manquez.

Ça n'est pas tout. J'avoue qu'il m'est quelquefois arrivé de répondre à des messages de soutien pris au hasard. J'en ai beaucoup eu, des messages comme ça. Pendant le « CardonnaGate », j'en recevais tous les jours des centaines.

J'y répondais un simple « merci », ou alors un cœur en Emoji…

Sans ces marques de soutien, pour être tout à fait clair ; je ne sais pas ce qui serait advenu de moi.

Vous voyez… Je ne vous ai jamais oubliées, mes Jeremstarlettes adorées… Vous occupiez toujours mes pensées !

Je vous demande pardon de vous avoir un moment abandonnées.

CHAPITRE 6

Peut-on être plus seul au monde que je l'ai été ?

Je n'ai jamais eu mon père au téléphone, pendant les mois qu'a duré mon « affaire ». Je ne l'ai pas vu non plus. Nous communiquions seulement par SMS et par mail, quand j'avais le cœur de le faire.

« Coucou Jéré, m'écrivait-il. J'ai vu des choses sur Internet. Que se passe-t-il ? » « Est-ce que tu as commis l'irréparable ? Est-ce que c'est vrai ? Tu peux tout m'avouer, tu sais. » « On se dit tout. »

On se dit tout, on se dit tout… On se dit quoi, en vrai ? Il ne s'est rien passé !

Sur le moment, ses messages m'ont laissé stupéfait ; mais si mon père craignait dans les premiers temps que je sois coupable ; au final, il a été pour moi d'un soutien sans faille. Prêt à me défendre envers et contre tous, jusqu'à ce qu'advienne la fin du monde.

Je n'ai pas beaucoup échangé avec ma mère non plus. C'est une curieuse manière de fonctionner, je sais. Ça m'arrachait le cœur ; mais je ne savais pas comment lui parler. Va expliquer à ta mère, qui ne sait pas comment fonctionne Twitter, la naissance virale d'une polémique ? Déjà que je lisais toute la journée des horreurs… Inutile de brasser une fois de plus ma propre merde pour me faire abreuver de commentaires. C'était au-dessus de mes forces.

En plus, connaissant ma mère…

« Ah ben oui, ben forcément ! À fréquenter des gens comme ça ! Je l'ai jamais aimé, moi, ce Cardonna ! »

Elle a eu une réaction pour le moins inattendue, ma petite Nelly. Elle était d'une négativité absolue. Pour elle, ma carrière était terminée. Pire, elle avait l'air heureuse de voir mon existence médiatique cesser.

« Je ne pensais pas que les choses se feraient de manière aussi brutale, elle disait. Cela dit, je le savais. »

Elle voulait me faire fermer mon entreprise. Elle me voyait déjà prendre une chambre de bonne ; un minuscule rez-de-jardin ou alors un cabanon, à Lyon.

Retour à la case départ. Chez Môman.

Dans sa tête, la chose était claire. Elle récupérait son paquet. Elle n'était pas malveillante, non. Bien au contraire. Elle avait simplement peur de me voir souffrir plus que nécessaire.

Elle m'a envoyé énormément de messages qui m'ont touché, mon amour de Nelly. Moi qui pensais qu'elle prendrait la chose à la légère…

« Je suis là », elle disait. « Je t'aime. » « Si tu as besoin de moi… »

Comment vous faire comprendre dans quel état d'esprit j'étais ? Entre une mère qui m'imaginait déjà retombé au plus bas de l'échelle sociale ; plus bas que terre ; et un père qui me voyait déjà sur le banc des accusés ; je ne savais plus où donner de la tête. Il était hors de question que je me laisse tirer vers le fond, même si leurs témoignages d'amour m'extirpaient des larmes.

Je n'avais pas le choix. L'idée n'était pas de penser à l'après, au bout du compte ; il s'agissait déjà de subir le présent. Pour ce qui était de la suite, eh bien… Chaque problème en son temps.

Globalement, que les choses soient dites, j'ai été contraint de couper les ponts avec la terre entière. L'affaire était beaucoup trop compliquée, je n'avais pas envie de passer mes journées à radoter. Encore moins de me faire noyer sous des reproches qui, sur le moment, étaient déplacés.

Les considérations des uns et des autres, aussi bienveillantes soient-elles ; quand on est dans des tourbes pareilles… Quelle perte de temps, quand il peut être employé autrement !

Fidélité, amour, câlins, bisous. En plus de ça, certains de mes « amis » m'ont complètement lâché alors que j'aurais pensé les avoir près de moi. Des gens qui me promettaient qu'ils iraient au bout du monde pour l'amour de moi. Non, vraiment, je n'ai pas été épargné.

Vous trouvez que j'ai été abandonné ? C'est vrai. Les seuls à ne pas m'avoir lâché, pour le coup, ce sont les candidats de téléréalité ; mais j'aurais préféré qu'ils me fichent la paix. Là aussi, j'ai dégusté.

Des moins que rien m'ont demandé de retirer de mon site les entretiens qu'ils m'avaient accordés il y a des années.

« Ça n'a rien à voir avec la polémique, ils disaient. Mon chéri. Tu sais que je t'aime. C'est juste qu'avoir fait ton bain cause du tort à mes projets. »

Au-delà de ça… Des candidats pour lesquels je me suis battu. Des gens que j'ai défendus, protégés mille fois… Des gens pour lesquels j'ai dissimulé bien des choses par amitié… Si vous saviez ce que ceux-là m'ont fait.

Thomas et Nabilla ont pris plaisir à m'enfoncer et se sont publiquement réjouis de ce qui m'arrivait. Je ne les pensais pas capables d'une telle bêtise, d'une telle ingratitude et d'une telle cruauté.

Ainsi va le monde de la téléréalité. Thomas re-tweetait que mon mec était un prostitué. Nabilla que j'étais pédophile.

Faut-il mentionner *Les Marseillais*, qui se sont jetés sur moi en meute pour me déchiqueter, allant jusqu'à m'abreuver de messages enthousiastes et orduriers en privé ?

Nikola Lozina me harcelait de notes WhatsApp dans lesquelles il prenait une voix enfantine, le pourri.

Pour ce qui est de Julien Tanti, il est allé si loin dans la calomnie que son agent a dû mettre le holà. Même sa petite copine s'est excusée de son comportement auprès de moi !

Pendant le temps qu'a duré cette affaire, j'ai pris toute la mesure de la misère humaine. Oh, je ne vais pas citer à nouveau l'éventail de pathétiques créatures que le bon sens m'a forcé à laisser sur le bord de la route… Ces personnages Snap indélicats, qui m'ont trahi à tour de bras… Mon dernier livre est encore en vente, je pense que je les y ai décrits de manière suffisamment claire pour ne pas avoir à m'étendre davantage. Toujours est-il que certains se sont permis de lancer des blogs pour partager « leur vérité » : des mensonges éhontés dont tout le monde se foutait éperdument, moi le premier.

Mais dans quel monde vit-on, s'il vous plaît ?

D'autres ont trouvé le moment opportun pour étancher la soif qu'ils avaient d'une vague notoriété, en apportant un témoignage bidon à quelque chaîne ultra-subalterne de la TNT.

C'était à en vomir. À hurler. De la merde en sachets.

Tous les gens dont j'espérais de l'aide m'ont abandonné.

– Qui vous a conseillé ? m'a demandé Yann Barthès sur le plateau de son émission télé. Qui vous a entouré ? Qui vous a soutenu ?

– Pas grand monde… j'ai répondu. Des proches. Des personnes que je n'ai jamais filmées.

Si je n'ai pas été très disert sur le moment, pour les protéger ; j'estime que le temps est venu de les remercier.

Les voici donc, mes Jeremstarlettes ; les trois personnes qui m'ont protégé. Et je suis très fier d'enfin pouvoir vous les présenter.

1. Lorenzo. mon amour, mon sauveur, mon mec.

Vous l'aurez compris, c'est avec lui que j'ai passé le plus clair de mon temps. S'il n'avait pas été là, peut-être que la polémique m'aurait tué.

2. Aude Weill-Raynal, mon avocate.

C'est Gilles-William Goldnadel qui me l'a présentée. J'ai toujours accueilli la moindre de ses remarques avec le plus profond respect. C'est une femme intelligente, agréable ; que je vois un peu comme une maman. Je la trouve touchante.

Elle est toujours avec moi, mon avocate. Elle m'accompagne à la police. Elle est toujours là quand il s'agit d'aborder une problématique qui m'angoisse. Encore aujourd'hui.

Sa présence me rassure, elle m'apaise.

À chaque moment pénible, à chaque nouvelle horreur ; je me suis raccroché à l'idée qu'elle existait.

Un jour que j'ai passé avec elle m'a marqué en particulier. Celui où nous sommes allés porter plainte contre mon cyberagresseur. Elle voyait bien que je n'étais pas bien. Je n'avais pas de monnaie. J'avais faim. Elle a proposé de m'offrir un Balisto et ce geste m'a profondément touché. Elle m'a donné un fruit, aussi ; une pomme, qu'elle avait dans son sac.

Cela paraît sans doute stupide, dit comme ça ; mais vous apprendrez ici que les gestes désintéressés, que les marques de considération ; sont autant de choses auxquelles Jeremstar n'est pas habitué.

Cette femme n'était pas seulement avocate, donc. C'était aussi un être humain ; une personne qui me voyait tous les jours me débattre et pleurer. Elle avait suffisamment de cœur pour comprendre qu'elle se trouvait face à un garçon désespéré.

Merci pour ce Balisto, Maître. Aussi dérisoire que fut ce geste, il a été pour moi une apparition lumineuse dans un bureau sinistre, par une sombre journée. Une lueur d'humanité.

Je le dis ici sans rougir : en l'espace de trois mois, cette femme m'a fréquenté de manière beaucoup plus attentionnée et assidue que beaucoup de mes amis. Merci.

3. CLARISSE MÉRIGEOT.

Clarisse, vous ne la connaissiez pas avant ce livre. C'est ma directrice de la communication. C'est elle qui gère mon entreprise et qui travaille avec moi chacune de mes apparitions publiques. Que dire d'elle sinon qu'elle a joué un rôle prépondérant pendant « l'affaire », minute après minute ?

Je la connais depuis plus de dix ans, Clarisse. Elle a assisté, médusée, à mes premiers buzz ; quand je me foutais à poil en télé. Elle était avec moi sur tous les plateaux, déjà. Elle m'a toujours accompagné. Dans les meilleurs moments, comme dans les plus abominables.

Dès notre première entrevue, elle avait compris qu'un petit malin se cachait à l'intérieur de moi. Un garçon intelligent et sensible – prisonnier d'un string trop petit – qui criait pour qu'on vienne le libérer. Ce mouvement, c'est elle qui l'a initié.

Avant de s'occuper de moi, Clarisse a été journaliste, écrivain. Je sollicitais ses conseils, jusqu'à ce qu'elle devienne indispensable au développement de chacun des aspects de ma carrière. En dix ans, j'ai tellement fait appel à elle qu'elle est devenue ma conseillère officielle, de manière permanente et éternelle.

Je me rappelle encore la soirée pendant laquelle elle et moi avons eu l'idée de sortir un livre. Un mode d'emploi pour accéder à la basse notoriété.

Nous l'avons fait, ce livre ! Clarisse l'a imaginé, elle l'a écrit. Après quoi j'en ai assuré la promotion pendant une année idyllique de tournée.

Heureusement que Clarisse était là, pendant le « CardonnaGate ». C'est simple, c'est elle qui a tout géré. Elle a tout fait. En plus de m'apporter un peu d'air dans un contexte insupportable, elle a pris toutes les décisions. Qui attaquer. Pourquoi. S'il fallait répondre publiquement ou non.

Elle non plus, n'en dormait plus la nuit. Elle en était malade de stress ; le dos sans cesse démis, à attraper tous les virus qui passent.

Heureusement que Clarisse était là. Clarisse, c'est mon binôme, c'est une sœur. Je tombe, tu tombes. À la vie, à la mort. Je suis sa marionnette de Frankenstein. Et je sais que la marionnette qu'elle a créée, elle ne l'abandonnera jamais. Une création est comme un enfant, n'est-ce pas ? Quel genre de parent abandonnerait son enfant ?

Nous avons une relation particulière, Clarisse et moi. C'est un peu comme si c'était ma mère. Elle a un côté autoritaire ; poing sur la table, sanctions et tout le tralala.

Lorenzo parle d'elle en ces termes : « Clarisse, c'est un peu le Dieu bénit. On la concerte pour tout et n'importe quoi. Quel que soit le problème, Clarisse est là, Clarisse sait. Le fin mot de l'histoire, c'est toujours Clarisse. »

Pleurais-je pendant la polémique ? Elle me répétait de ne pas lâcher. Était-elle angoissée à son tour ? Je m'occupais d'elle. Nous avons partagé ma douleur. Nous nous la sommes répartie pour mieux la tolérer. Pour la terrasser plus facilement à deux.

J'ai beaucoup dit que personne n'aurait pu vivre à ma place et saisir l'immense horreur qui s'est abattue sur moi. Je me suis trompé, elle seule le pouvait. Chaque coup qui m'était porté se répercutait sur elle, pour la blesser profondément à son tour.

À la vie, à la mort. S'il n'y a plus de Jeremstar, il n'y a plus de Clarisse. Mais s'il n'y a pas de Clarisse, il n'y a pas de Jeremstar… Les deux fonctionnent ensemble, comme des Lego qui s'emboîtent.

Elle seule connaît l'énergie que j'ai employée depuis mes dix-sept ans pour me faire connaître et pour subsister, pour m'y avoir aidé. Elle seule sait ce que je paye au quotidien, ce que j'ai investi, ce que j'ai sacrifié. Elle le comprend pour la simple et bonne raison qu'elle aussi l'a fait.

Pour le coup, si deux personnes se sont trouvées dans le même bateau, dans cette affaire ; ce ne sont pas Jeremstar et Cardonna. En aucun cas. Ce sont bel et bien Clarisse et moi.

Si vous saviez, mes Jeremstarlettes. Malgré leur présence, j'ai ressenti une douleur si intense que je ne pouvais la décrire ni la tolérer. J'ai entrevu ce qu'était la solitude la plus profonde. Je pense avoir découvert ce que voulaient dire les mots « seul au monde ».

Je ne sais pas si vous me comprenez. Quand on a de la peine, on dit qu'on a « mal au cœur ». Eh bien vous apprendrez qu'aujourd'hui encore je ressens une gêne, une brûlure incessante, une grande peine. Mon cœur pleure. Il me pique en permanence, comme si on y enfonçait des milliers d'aiguilles minuscules.

Je me sens seul. Mon mec est avec moi dans mon lit, il me tient la main. Je l'aime de tout mon cœur ; mais malgré sa présence, je souffre. Je peine à m'endormir. Je regarde le plafond pendant des heures. Aujourd'hui encore, je vous dis ! Lorenzo est à mes côtés, mais je me sens triste et abandonné.

Personne ne me tient compagnie à l'intérieur de mon cœur. Personne ne trouvera jamais le bouton sur lequel appuyer pour faire qu'à l'intérieur de moi s'arrête le malheur. Les témoignages d'amour rendent l'horreur plus acceptable. Ils ne l'enlèvent pas.

Les gens ne sont rien de mieux qu'un aménagement de peine, en somme.

Chaque encouragement. Chaque Balisto. Toutes ces preuves d'affection, aussi agréables soient-elles, n'auront jamais le pouvoir de réduire ma souffrance au néant.

C'est triste à dire, mais même à travers ce livre ; je pense que je n'arriverai jamais à partager les immenses douleurs par lesquelles je suis passé.

À chaque fois que j'en parle, l'émotion me vient encore. J'ai vécu un traumatisme total. Il a détruit mon passé, il influencera mon avenir. Rien ne guérira ce que j'ai subi.

À quoi se résume maintenant ma vie ? À revoir indéfiniment les scènes, à entendre les dialogues… L'affreuse voix de mon cyberagresseur. L'abominable trogne de l'affabulateur.

Si vous voulez tout savoir, j'ai encore rêvé que j'étais en prison hier ! Je me suis réveillé en sursaut, j'étais en sueur.

Il arrive qu'en marchant dans la rue, je sois pris par un trouble que je peine à décrire. Ma poitrine se serre, je me sens épié ; je manque cruellement d'air. J'ai l'impression qu'un vautour tourne au-dessus de moi et qu'il peut piquer à tout moment pour me perforer le crâne ou m'arracher encore le cœur.

Dites-moi, mes Jeremstarlettes ; soyez franches. Vous pensez que je finirai par m'en remettre ?

PENSÉE POUR MES LOUSTIQUES

Malgré tout ce qui m'est arrivé, malgré la solitude, je m'estime chanceux. Sérieux, que serais-je devenu si j'avais été TOUT seul ? Aujourd'hui je sais avec certitude qui sont mes amis, et c'est ce qui est important. Alors, vous aussi ayez conscience que la véritable amitié ne se base ni sur la renommée ni sur les réseaux sociaux. Vivez votre vie en vrai.

CHAPITRE 7

La présomption d'innocence n'existe pas

Je me souviens du temps bénit où Twitter était une sorte de fil d'actualité permanent, destiné à des personnes soucieuses de découvrir ce qui se passait dans le monde en temps réel. C'était il y a combien de temps, tout ça ? Dix ans ?

On y trouvait de l'information brute, livrée directement de la source à une poignée d'internautes qui avaient soif de la consommer sans qu'elle soit détournée.

« Y a-t-il des incendies en Californie ? Voici la vidéo filmée de mon jardin. »

« Prise d'otages dans ma rue. Je vous tiens au courant. »

Aujourd'hui, qu'est devenu Twitter, sinon un déversoir de haine ; un répertoire d'avis putassiers que personne n'a sollicités ? Twitter s'est transformé en un forum géant, trop peu modéré ; pris d'assaut par les marques, de même que par une « petite France » qui se permet d'émettre son avis sur tout et sur n'importe qui. De pathétiques créatures, des moins que rien ; de la racaille, des homophobes, des chiens.

Admettons que ces gens prennent pour argent comptant les balivernes qu'on leur sert en 280 caractères. Ça n'est pas surprenant. En revanche, la chose ne devient-elle pas grave quand des personnes supposément intelligentes, qui ont des postes haut placés dans le monde de la communication, n'ont pas plus de jugeote que la lie de l'humanité ?

– Alors Jérémy, t'en es où de ton procès ? me demandaient mes partenaires publicitaires.

Je répondais qu'il n'y aurait pas de procès.

– Ah, ils soufflaient. Tu ne seras jamais blanchi, alors !

Pendant le temps qu'a duré la polémique, j'ai souvent eu la tristesse de réaliser que les chefs d'entreprise avec lesquels j'avais l'habitude de bosser avaient le même niveau de réflexion que des gamines éprises de téléréalité. Des gens capables de mener à la baguette des centaines de salariés, dites-vous. Quand ça n'était pas des milliers.

Pendant des mois, j'ai entendu les mêmes mots, indéfiniment ressassés. « J'ai lu sur Twitter que… »

Je nageais dans ma propre merde. J'étais acculé.

– Zut alors, je leur disais… C'est tout de même une première ! Je me trouve au cœur d'une affaire… Alors qu'il n'y a pas d'affaire !

– Mais j'ai pourtant lu sur Twitter…

Pour ne rien vous cacher, pour moi, l'exemple le plus concret de la bêtise et de la lâcheté humaine, c'est ce qui s'est passé avec Uber. Quelle déception, franchement. Je travaillais avec eux depuis trois ans. J'étais leur influenceur européen le plus puissant. 5 000 nouveaux utilisateurs générés grâce à moi tous les mois, rendez-vous compte. Jusqu'à ce que…

« @jeremstar J'ai essayé d'utiliser ton code promo pour une course, mais on me l'a refusé. T'as des infos, stp ? »

Pas un mot. Pas un appel. Pas un mail.

Mon code avait été désactivé. JEREMSTAR AVAIT ÉTÉ DÉSACTIVÉ.

J'ai contacté la fille qui gérait le contrat. J'étais en pleurs.

« Dis donc, je lui ai demandé ; c'est quoi, ce bordel ? »

La pauvre a appris la chose en même temps que moi. Elle était incrédule.

– Mais non, elle m'a sorti. Voyons. Ils n'auraient pas fait ça, tout de même !

– Tu parles…

Elle m'a promis de se renseigner. Quelques heures plus tard, elle est revenue vers moi dépitée.

« Je leur en veux énormément, elle m'a dit. C'est vraiment pas bien, ce qu'ils t'ont fait, Jérémy. »

Eh oui. Une autre marque m'a demandé de ne plus communiquer pendant un moment, le temps que l'affaire se tasse gentiment.

« On verra plus tard, m'a dit le PDG. Pour l'instant, tu seras mignon de ne plus citer le nom de ma boîte. »

De la success story des deux dernières années ; de l'influenceur qui permettait aux entreprises de cartonner ; je suis devenu en l'espace de quinze jours un pestiféré. Je suis passé du statut d'ambassadeur phare… À celui de dégénéré dont on doit à tout prix se débarrasser. (En priant pour que le consommateur finisse par oublier qu'il a seulement existé.)

Les gens sont cruels et cons.

– Au fait, Jérémy, a osé me demander un producteur de musique. Pour que reprenne notre collaboration, j'aurais besoin d'une preuve de ton innocence, d'un document.

– Un document ? je lui ai demandé. Comment ça ? Je suis navré, mais pareille chose n'existe pas. Le « certificat d'innocence » n'a pas encore été inventé par l'État !

Tout ce que je dis est vrai.

– Mince… a soupiré le mec. Et penses-tu que le procureur pourrait donner une conférence de presse au cours de laquelle il dirait ce qu'il compte faire de toi ?

Je vous jure que les gens sont cons.

Sans doute s'imaginait-il au cœur de l'intrigue d'une série américaine ? *New York Section Criminelle*, peut-être ? Je ne sais pas.

Dans tous les cas, nous nous sommes beaucoup disputés lui et moi.

– Et tu voudrais quoi ? je lui demandais. Que cette personne me mette une tape sur l'épaule ? Après quoi elle dirait, face caméra, « pas de panique, Jérémy est un bon gars » ?

– … Et c'est possible, tu crois ?

La présomption d'innocence n'existe pas, les loustiques. C'est une illusion, c'est un mythe.

Au bout d'un moment, j'ai été las de me justifier. « Je vais t'envoyer mon avocate, je disais. Je préfère déléguer à quelqu'un de compétent, qui saura ressasser l'évidence de manière plus efficace que moi ; de même que pallier le manque de culture judiciaire de la terre entière. »

Dans mon infinie naïveté, je pensais que les gens seraient plus prompts à se laisser convaincre par une femme de loi. Ça n'a pas été le cas. Tous mes partenariats sont tombés les uns après les autres ; sans que je puisse y faire quoi que ce soit.

Je n'ai pu espérer de salut que d'agences de communication étrangères, au final. Des gens qui n'étaient pas au courant de l'existence de Pascal Cardonna, et qui partaient par conséquent sans préjugés à mon encontre. Dois-je préciser qu'ils ont tous été ravis du travail effectué ?

Comment peut-on parvenir à prouver qu'on est innocent ? J'aimerais qu'il existe un mode d'emploi, qu'il y ait une marche à suivre. Comment s'y prend-on, bon sang ?

Faut-il jurer, cracher, s'ouvrir le pouce et promettre en faisant le serment du sang ? Avouer qu'on est à deux doigts de se suicider ?

« Je jure que je n'ai rien fait. Souhaites-tu consulter mon téléphone ou regarder le fond de ma culotte pour t'en assurer ? »

Je deviens fou, je m'insurge, je tape du pied. Mais je ne peux pas prouver la véracité de mes dires, jamais.

Un jour, Ardisson m'a sorti cette phrase : « Ton affaire me rappelle une période sombre de l'histoire. »

Retour en 1942, sous le régime de Vichy. Délation, calomnie et tout le tintouin.

C'est comme si tu vivais dans un village de quinze habitants. À partir du moment où l'un d'eux t'en veut et dit que t'es « ci » ou « ça », c'en est fini pour toi. Tu retrouves des inscriptions absurdes sur ta porte, des animaux cloués sur tes volets et une bouse de vache sur ton paillasson. Tout le monde sait que ce qui se dit est faux ; la logique la plus élémentaire le commande ; mais qu'importe : on se convainc que c'est vrai parce que c'est beaucoup plus « palpitant et marrant ».

Vous qui me lisez. J'aimerais que vous vous mettiez à ma place maintenant. Disons à l'échelle de votre immeuble. L'histoire commence comme ça, c'est une abominable fable.

Vous vous levez un matin. Il fait beau. Vous vous sentez bien ; mais voici que sans que vous vous y attendiez ; sans raison ; on vous accuse d'avoir tué le voisin.

On vous demande des comptes, évidemment. En moins d'un mois, vous êtes flingué. On vous expulse de votre appartement. On menace de vous jeter en prison. Vous croulez sous les frais.

Réfléchissez un instant. Comment vous vous défendez ?

– C'est pas moi, vous dites. C'est pas vrai.

Vous vous mettez à crier, vous vous débattez. Sauf que personne ne vous croit.

– Tu es coupable, je l'ai décidé. Par ailleurs, nous ne voulons plus de toi.

Que faut-il faire ? Déposer plainte ? D'accord, mais contre qui ? Pourquoi ?

On ne guérit pas de la rumeur. Pour y survivre, une seule solution : partir. Prier pour que le temps passe et que l'oubli survienne.

Ma situation est abominable. Je surnage dans une zone étrange, j'erre dans un flou total. Je suis prisonnier d'un no man's land judiciaire.

Ni mis en cause, ni blanchi ; je ne suis ni noir, ni blanc ; je suis gris.

Je ne suis pas coupable ; pourtant, je ne suis pas innocent aux yeux de mes partenaires. Il n'y a pas de recours possible ; rien qui permette de prouver que je n'ai rien à voir là-dedans. Je fais quoi, alors ? Je pète un plomb ? Ça se passe comment ?

Je ne cesse de me répéter. « Vous verrez, quand mes calomniateurs auront été condamnés et qu'ils auront les fers aux pieds ! » Mais le problème est toujours le même. « C'EST POUR QUAND ? » me demande-t-on. Je n'en ai pas la moindre idée et j'ai mille fois le temps de tout perdre, en attendant.

Ma vie professionnelle a l'allure d'un jeu vidéo. Il faut m'imaginer avec un niveau de vie, une jauge sur la tête. À chaque jour qui passe, à chaque nouveau message haineux posté sur les réseaux sociaux, le niveau baisse. Jusqu'à ce que le fluide vital du personnage soit épuisé et qu'il tombe raide mort sur le carreau.

Il y a quelques mois, j'ai été contacté par un hacker qui avait piraté le compte Facebook de Laura Smet. Le type m'avait envoyé des captures d'écran de certaines de ses conversations privées, dans lesquelles on apprenait, pour la première fois, que son papa était très malade. J'ai tout de suite tenté d'entrer en contact avec elle pour la prévenir, et lui transmettre les informations que j'avais en ma possession.

J'ai discuté avec le cyberagresseur pendant un moment. J'étais intrigué. Pourquoi m'envoyait-il de telles horreurs ?

Pour vous la faire simple, le type avait vendu ces informations à un magazine people ; qui ne l'avait pas payé. Il préférait donc les faire fuiter ailleurs pour les court-circuiter.

Le type m'a expliqué qu'il avait un travail à côté. Qu'il considérait le piratage comme un hobby. Après quoi il m'a donné la liste de tous les gens qu'il avait souillés. Une vingtaine de personnalités. Tout ce que la France compte de plus illustre.

Alors là, bizarrement, j'ai été convoqué par la police sur-le-champ ! La triste suite, tout le monde la connaît. Ce type, récidiviste, a été condamné. Johnny a été obligé de communiquer sur sa maladie… Pauvre homme. Toujours est-il que la justice s'est mise en branle immédiatement. L'agresseur numérique a été mis hors d'état de nuire rapidement…

Permettez-moi de m'interroger. Pourquoi est-ce que rien n'a été fait me concernant ? Alors que ma situation nécessitait qu'on agisse encore plus urgemment ?

J'aurais dû m'appeler Mylène Farmer, sans doute. Ainsi m'aurait-on aidé à conserver un semblant de santé morale et financière.

Ironie du sort, cette affaire m'a rendu célèbre à l'échelle du grand public. Depuis que j'ai fait mon retour télé, ma communauté est plus étendue et puissante que jamais. Ma story Snapchat est deux fois plus regardée. Problème, j'ai moins de partenaires publicitaires pour la monnayer. À quoi me sert cette nouvelle popularité ?

L'heure n'étant plus à la coquetterie, je vais faire en sorte d'être honnête. Au moment où sont rédigées ces lignes, les contrats commencent doucement à revenir, mais le mal est fait. J'ai passé près d'une année à fonctionner à perte.

Tenez ; puisque cela semble intéresser, je vais donner ici les vrais chiffres.

En 2017, le chiffre d'affaires global de mon entreprise s'élevait à 947 253 euros.

En 2018, j'ai généré 191 827 euros. Soit une perte de 79,75 %.

Je pense que le préjudice est assez clair…

J'ai dépensé près de 100 000 balles de frais d'avocat alors que je n'avais strictement rien à voir avec l'affaire Cardonna.

Est-ce que je peux dire que j'ai tout perdu ? Je crois bien, oui. Le prix de la rumeur et de la calomnie, le voici. Bravo et merci.

CONSEIL À MES LOUSTIQUES

Les « fake news », c'est quoi ?

De manière plus générale ; histoire que cette affaire puisse éveiller les consciences, j'aimerais attirer votre attention sur les « fake news », ces fausses informations, ces rumeurs qui pullulent sur le Net et principalement sur les réseaux sociaux. Mes Jeremstarlettes adorées, ne partagez pas, ne retweetez pas une information qui n'est pas avérée. Prenez le temps de vérifier les sources, prenez le temps de réfléchir à l'impact du partage de cette information. Les répercussions peuvent être, on l'a vu, dramatiques. Nous sommes tous responsables de ce que nous publions.

CHAPITRE 8

Il faut quitter Twitter, j'en suis persuadé #NonAuHarcèlementNumérique

Vous n'avez pas idée des manœuvres auxquelles je me suis livré pour me tirer de ce bourbier, mes Jeremstarlettes. J'ai supplié les réseaux sociaux d'agir et de me protéger. Je me suis traîné à leurs pieds. J'ai pleuré comme personne n'a jamais pleuré.

« Aidez-moi, j'ai écrit. » « Je vous en conjure. » « Je vais crever. » « Vous ne pouvez pas laisser mes bourreaux assassiner Jeremstar en toute impunité. »

Certains m'ont tendu la main. D'autres ne l'ont pas fait. L'heure est venue de régler mes comptes. Ça n'est pas que je sois aigri, non ; c'est que les choses auxquelles j'ai été confronté m'ont permis de tirer quelques leçons que j'aimerais partager. C'est ici que commence la remise de prix. Croyez-moi, c'est une bien pathétique galerie.

Et si on faisait comme en classe, mes Jeremstarlettes ? On commence par les meilleurs élèves et on finit par les cancres ? Qu'est-ce que vous en pensez ?

Le seul réseau social qui ait daigné me secourir, que les choses soient dites, c'est Snapchat. Eux seuls ont su prendre des mesures concrètes et immédiates.

C'est simple, les loustiques. Vous apprendrez que Snapchat est le seul réseau social du monde avec lequel il est possible d'entrer en contact de manière efficace.

Pour ma part, je communique régulièrement avec une personne de chez eux. Sympathique. À l'écoute. Nous dirons qu'elle s'appelle Bérénice.

Quand ma sextape est sortie ; je l'ai immédiatement appelée, Bérénice. Je lui ai fait un résumé de la problématique. Après quoi je lui ai donné le nom du compte de mon cyberagresseur. Elle a été hyper réactive.

Pour moi, Bérénice a fait plusieurs choses. D'abord, elle m'a donné le numéro de leur hotline par SMS, aux USA. Disponible 24 heures sur 24. Ensuite, elle m'a fourni l'adresse mail qui allait avec. De même que le numéro d'une deuxième personne, histoire qu'en cas d'urgence, quelqu'un puisse prendre le relais quand sa journée de boulot serait terminée.

Je suis un privilégié, vous me direz. Je sais. Mais pour être tout à fait honnête, ces contacts, je n'ai même pas eu à les utiliser.

Un message à Bérénice a suffi pour que mon problème soit réglé.

Quand je vous dis qu'ils sont parfaits… Bérénice s'est penchée sur le contenu litigieux et dix minutes après, l'affaire était pliée. « Et paf ! » Le compte de mon bourreau avait sauté. Ses saloperies retournaient au vide intersidéral dans lequel elles étaient nées.

Vous voulez ricaner, mes Jeremstarlettes ? Attendez. Mon tortionnaire a eu le culot de me reprocher de l'avoir censuré ! Quand j'ai appris ça, j'étais à deux doigts de m'étouffer. J'aimerais donc préciser : je suis navré, mais ça n'est pas ce que j'ai fait. Qui que j'aie pu contacter, le contenu répugnant qu'il s'amusait à diffuser aurait fini par sauter.

Bérénice me l'a confirmé : « Ce qu'il fait contrevient totalement à nos conditions d'utilisation. » Même si je ne l'avais pas signalé, en somme ; ce garçon se serait fait éjecter. C'était juste une question de temps, vous voyez ?

Ainsi va la vie et, surtout, ainsi est faite la loi. Personne n'est au-dessus de la loi. Surtout pas ce gars.

Bon point pour YouTube aussi, qui a su m'aider. Je ne peux que les en féliciter.

Pour votre gouverne, sachez que chez eux également, j'ai un contact privilégié. Dans le jargon des influenceurs, on appelle ça un « Partner Manager ».

Combien de temps a mis le mien pour prendre en main mon affaire ? Dix heures ?

Je ne sais pas s'il était occupé. Je ne sais pas où dans le monde il était. Peut-être était-il en réunion, ou alors en déplacement ?

C'est tout le problème, avec les polémiques comme la mienne : elles ont généralement le mauvais goût de survenir en plein milieu de la nuit, quand les bureaux ont été désertés. Tu te trouves donc condamné à ce que des horreurs circulent pendant huit ou neuf heures ; sans rien pouvoir faire d'autre que te ronger les ongles en attendant que le mal soit fait…

Ton sort tient aux hasards de la vie professionnelle de ton interlocuteur !

Heureusement, le mien a fini par supprimer les saloperies de mon bourreau. Il a fait péter sa chaîne ; il a été efficace. Tard, certes ; mais efficace tout de même.

C'est au milieu d'une bien jolie galerie de portraits qu'intervient Instagram désormais. Deux sur vingt.

Vous le savez, mes Jeremstarlettes ; pendant le « CardonnaGate », mon cyberagresseur a utilisé toutes les plateformes qu'il avait à sa disposition pour mener son noir dessein à son terme. Il a fait des Insta stories. Des « live ». J'avais besoin de voir la chose cesser.

Comment vous dire les choses de manière plus claire ? Je suis très en colère contre Instagram.

Si vous voulez tout savoir, il se trouve que j'ai également un contact régulier avec ces gens. J'ai en ma possession l'adresse d'une personne qui gère mes urgences ; une tentative de piratage, par exemple.

Elle me répondait assez vite, la fille, d'habitude… Mais à partir du moment où la polémique a éclaté… Elle m'a ignoré.

Ça n'est pas faute de lui avoir expliqué que j'étais victime de harcèlement numérique, qu'il y avait urgence. Un délit par ailleurs puni pas la loi. Mais rien. RIEN.

Je lui ai envoyé un mail, deux mails, trois mails. Rien n'y faisait.

J'ai supplié Marlène Schiappa de m'appuyer. Histoire de frapper fort, histoire qu'elle prenne mon affaire au sérieux.

Quand j'ai fini par avoir une réponse de cette femme, dites-vous ; c'est très simple, elle s'y foutait ouvertement de ma gueule… Et de celle de la Secrétaire d'État en prime !

« Bonjour, m'a écrit la fille. Je voudrais m'assurer que c'est bien vous qui m'envoyez des mails. J'en ai reçu plusieurs tout au long de la journée via notre agence de presse. Et un du cabinet de ministre (!!!!) »

Cette fille pensait que le facteur était en train de lui écrire, peut-être ?

« Ben ouais, je lui ai répondu. C'est bien moi (!!!!!) »

Est-il par ailleurs utile de dire que nos échanges n'ont pas servi à quoi que ce soit ?

C'est ici qu'intervient, Twitter. Twitter le cancre. Twitter l'horreur.

À eux aussi, j'ai envoyé des messages de supplications par dizaines. Je les ai implorés de m'aider. Mais personne ne m'a répondu, jamais.

Je ne leur en veux pas de ne pas avoir supprimé tous les contenus injurieux qui me concernaient. Comment auraient-ils fait ? Des milliers de comptes évoquaient la polémique en des termes diffamatoires… Aurait-il fallu qu'ils ferment 40 % de leurs comptes détenus par des internautes français ? La chose est impossible, je sais.

En revanche, j'estime qu'ils auraient dû censurer le compte de mon tortionnaire pour me laisser le temps de respirer.

Je ne pense pas me tromper en disant que c'est par leur biais que ce type m'insultait ?

En lui offrant une tribune, Twitter a fourni à cette personne l'arme qu'il a utilisée pour me poignarder. C'est dit de manière très imagée, certes ; mais c'est vrai.

Plus que n'importe quel réseau social, Twitter aurait dû agir. Ma polémique est née chez eux. C'est chez eux qu'elle s'est indéfiniment développée. J'ai passé plusieurs jours de suite en « TT ».

Mais Twitter n'a pas bronché. J'imagine qu'ils y ont trouvé leur intérêt… La polémique aura déclenché de nouvelles inscriptions, sans doute ; de gens anxieux de connaître chacune des étapes de ma disgrâce sur le bout des doigts. De gens soucieux d'assister à ma descente aux enfers en direct.

Que les choses soient claires, Twitter génère chez moi un état d'énervement extrême. Je ne sais pas ce que vous en pensez, mes Jeremstarlettes ; mais pour moi, la manière dont fonctionnent leurs « signalements » relève du grand mystère.

Parfois ça marche ; souvent, ça ne marche pas. Sans que je comprenne pourquoi.

En général, je reçois des mails dont le contenu me sidère. Hier encore, tenez : j'ai signalé un post que je trouvais insoutenable.

« Sale pédophile, écrivait un type ; va sucer des bites de bébés ! »

J'ai signalé, et voici ce que j'ai reçu en guise de réponse, quelques heures après :

« Bonjour,

Merci pour votre récent signalement. Nous avons étudié ce dernier avec soin et constaté l'absence d'infraction aux Règles de Twitter relatives aux comportements inappropriés. (…) Certains Tweets peuvent sembler inappropriés hors contexte, mais ne le sont pas forcément. »

C'est au-delà des mots, les loustiques.

La vérité est là, je crois. Il n'est pas normal d'aller quelque part pour se faire injurier sans que personne ne lève ne serait-ce qu'un doigt.

Il y a quelques mois, j'ai fait un sondage sur mon compte Insta. Sur plus de 100 000 votants, 89 % des gens disaient qu'ils n'aimaient pas Twitter et qu'ils n'y étaient pas abonnés. J'annonce ici que je quitte Twitter, donc. Cela me rend triste, parce qu'avant la polémique, je prenais plaisir à m'y promener. Je découvrais ce que les gens pensaient de moi, que ce soit en mal ou en bien. Je prenais parfois note de quelque suggestion me concernant. Twitter était un baromètre de popularité, en somme ; c'était un sondage permanent. Mais cette plateforme m'a fait trop de mal.

Rester sur Twitter équivaut pour moi à cautionner la violence gratuite ; la dénonciation calomnieuse et le harcèlement numérique.

Il faut quitter définitivement Twitter, j'en suis persuadé. D'ailleurs, j'invite chacune de mes Jeremstarlettes à supprimer son compte. Avant de passer à l'acte, j'aimerais qu'elles postent ce message pour soutenir mon combat :

#NonAuHarcèlementNumérique
#JeSoutiensJeremstar.

Quittez Twitter. Twitter, c'est un combat de catch permanent ; un combat dans la boue, cela s'entend. Chaque coup porté est une abomination. C'est à celui qui terminera l'autre de la manière la plus efficace possible, sans pression. Attention, mesdames et messieurs ; tout est permis ! Injures à caractère homophobe. Incitation à la violence. Racisme. Menaces de mort.

Faites-le, mes Jeremstarlettes. Non seulement par devoir, mais aussi pour l'amour de moi. Rejoignez-moi ailleurs. Sur Snapchat, sur Instagram, sur TikTok, peu importe : ces applications sont beaucoup plus agréables à fréquenter. Je serai ravi de vous y rencontrer.

Au moment où sont écrites ces lignes, une fois n'est pas coutume, je commence à angoisser. On va me reprocher de cracher dans la soupe, je le sais. J'entends déjà les reproches fuser.

« Jeremstar a fait son beurre sur les réseaux sociaux et maintenant, il s'amuse à les critiquer, dis donc ! Il est drôlement culotté ! »

Je me suis construit sur les réseaux sociaux ; je suis devenu célèbre par leur biais, c'est vrai ; mais j'estime que ce détail biographique ne devrait pas m'interdire de critiquer l'utilisation qu'en font les gens désormais.

Vous qui doutez : c'est justement ma connaissance des réseaux sociaux qui fait que je suis légitime pour les dénoncer. L'utilisation que j'en ai eue par le passé fait de moi un fin connaisseur de leurs rouages, de leurs dangers et de leurs horreurs.

Enfin, j'aimerais que la chose soit formulée ici de manière claire : ça n'est pas parce qu'on vous sert de la soupe au restaurant que vous n'avez pas le droit de la renvoyer quand vous la trouvez indigeste ou mal cuisinée. Bien au contraire.

Je ne peux pas m'empêcher de penser à ma communauté de Jeremstarlettes adorées. J'espère évidemment me tromper, mais j'ai l'impression que sur les réseaux sociaux, personne n'est réellement protégé.

Je ne sais pas ce que vous en pensez.

Si je me suis tant débattu ; moi, Jeremstar ; qu'adviendra-il d'une jeune personne qui doit faire face à une problématique similaire ?

J'imagine qu'il y a un combat à mener. Il y a des améliorations à apporter, sans doute ; qui permettront d'éviter qu'un autre innocent ne subisse l'absurde déferlement de haine que m'ont infligé les réseaux sociaux l'an dernier.

CONSEIL À MES LOUSTIQUES

Le harcèlement c'est très grave !

Je me répète, mais le harcèlement est une chose sérieuse ; c'est pourquoi il faut être bien entouré et aimé (merci Lorenzo <3). Si vous êtes harcelés à l'école ou sur Internet, si vous n'arrivez pas à en parler à vos proches, venez au moins en parler à Jéjé sur http://Harcelement.online. Sur mon forum, vous pourrez échanger avec des amis qui souffrent de problématiques similaires et je m'engage à vous aiguiller vers des professionnels compétents et dignes de confiance.

Le harcèlement, c'est grave ; il peut mener à la dépression et même au suicide. En aucun cas il ne faut rester seul. C'est la raison pour laquelle vous trouverez une liste plus complète des contacts à appeler à la fin de mon livre.

CHAPITRE 9

J'aimerais que soit votée la loi Jeremstar

Une semaine avant d'en être moi-même victime, ironie du sort, j'interviewais Marlène Schiappa sur le revenge porn et le harcèlement numérique pour l'émission d'Ardisson.

Une semaine avant, donc ; jour pour jour, je lui posais cette question tristement annonciatrice de mauvaise nouvelle :

– Demain, je lui demandais ; l'un de nos téléspectateurs se réveille pour découvrir que sa sextape circule sur Internet. Quels sont les recours possibles ?

– Il faut aller au commissariat, m'a-t-elle répondu dans mon souvenir. On a mis en place des plateformes PHAROS, il faut signaler en ligne…

Si j'étais déjà peu convaincu par les possibilités qu'offrait la loi sur le moment, j'ai malheureusement compris que mes craintes étaient justifiées quand l'horreur m'a frappé le coin du nez.

J'avais son numéro. Forcément, la première idée qui m'est venue a été de lui envoyer un texto.

Les réseaux sociaux ne répondaient pas à mes courriers répétés. Marlène Schiappa étant excessivement compétente en la matière, je me suis dit qu'elle aurait le pouvoir de m'aider.

« 72 heures que rien n'est supprimé, je lui ai écrit. Ma carrière est foutue. Je n'ai plus la force de lutter. »

Au moment où ces lignes sont rédigées, je me remémore nos échanges et l'émotion me gagne. Elle a été très gentille avec moi, Marlène Schiappa. D'une grande humanité. Tout à fait adorable malgré un emploi du temps ultra-chargé. Elle a tout fait pour me rassurer.

Je me souviens que pendant le « CardonnaGate », ses témoignages de soutien ont été ceux qui m'ont le plus apaisé. Rendez-vous compte, mes Jeremstarlettes ; c'était la Secrétaire d'État, quoi !

« Marlène Schiappa me sauvera », je répétais sans arrêt. À mon père, à mes amis, à mes partenaires professionnels ; à ma mère.

« Marlène Schiappa me sauvera. » Je le pensais en toute sincérité, et je mettais dans cette croyance toute l'énergie du désespoir.

Pour moi, cette femme, c'est simple, c'était Dieu. Et on ne dit pas non à Dieu, n'est-ce pas ?

« Je suis à deux doigts d'en finir », je lui disais parfois. « Je n'ai plus de larmes pour pleurer. »

Et la Secrétaire d'État me répondait. « Tout le monde sait que tu es un mec bien ». « Surtout, ne fais pas de bêtise. »

Elle se comportait un peu avec moi comme une mère, à sa manière. Ses mots me touchaient. Elle me répétait que je pourrais un jour sortir de mon merdier et grâce à elle, j'en venais presque à le penser !

« Marlène Schiappa me sauvera. »

J'ai eu une personne de son cabinet au téléphone. Elle était charmante, cette dame ; mais je me rappelle ce bref entretien comme de l'un des plus humiliants de mon existence.

Pourtant si près du but, je me suis lamentablement effondré. Une vraie lavette. En ligne avec elle, je pleurais tellement que j'avais du mal à m'exprimer.

Il a fallu réexpliquer l'affaire. Formuler des demandes précises. La morve me coulait du nez. Entre deux sanglots, à elle aussi, il me semble avoir avoué que je voulais me suicider.

Elle m'a demandé si j'étais allé porter plainte et si j'avais fait des signalements, via les formulaires qu'on trouve sur les réseaux sociaux et des signalements PHAROS. Évidemment j'avais fait tout ça et elle m'a dit qu'il n'y avait plus qu'à attendre…

Cette femme a-t-elle envoyé des courriers ? Des SMS ? Des mails ? Je n'en ai pas la moindre idée, mais je crois qu'elle l'a fait. Mais derrière, personne n'a agi.

Bienvenue en 2019, les loustiques ; dans un monde où les réseaux sociaux rient au nez de l'État !

Inutile de vous dire que je suis sorti de cette expérience plus désespéré que jamais et que ma boîte de mouchoirs n'a pas suffi à essuyer tout ce que j'ai continué de pleurer.

Je n'ai pas pour projet de mentir dans ce livre, mes Jeremstarlettes. Vous le savez.

Quand le « CardonnaGate » m'a éclaboussé, j'éprouvais un sentiment d'impuissance tel que beaucoup de mes proches m'ont invité à faire pirater les comptes de mes agresseurs, histoire de mettre fin à leur logorrhée.

– Il faut les faire taire, on me disait. T'as pas un hacker parmi tes contacts ?

– Non, je répondais. Par ailleurs, il est hors de question que je les accompagne sur la pente savonneuse de l'illégalité.

J'ai préféré la voie de la justice, la voie de la sagesse. Ai-je eu tort ? Aurais-je gagné du temps en me faisant justice moi-même ?

De toute évidence, la loi française est inapte à protéger contre le harcèlement numérique.

Qu'est-ce qui se passe quand tu as un problème comme le mien, en vrai ?

Tu vas dans ton commissariat de quartier, effrayé, choqué.

« Bonjour, tu dis ; une vidéo de moi en train de me masturber circule sur les réseaux sociaux à vitesse grand V. J'ai à tout prix besoin que vous m'écoutiez. »

Tu poireautes quatre heures ; ton truc a mille fois le temps d'être relayé… Après quoi ta plainte est transmise à un magistrat. C'est l'histoire sans fin, ce machin-là.

Il existe une inadéquation totale entre l'instantanéité des réseaux sociaux et la lenteur du système judiciaire français. Quel dommage, quand il est tellement important que les victimes parlent et se défendent sans peur, sans honte… Surtout, sans avoir l'impression qu'il faudra mille ans avant que leur malheur rencontre une solution.

Je voudrais que mon expérience serve à quelque chose, mes Jeremstarlettes ; j'ai besoin de me dire que j'ai souffert l'enfer pour servir une cause.

Alors voilà. Je vous livre ici quelques propositions, certes naïves, mais sincères ; qui relèvent pour moi de la logique la plus élémentaire.

Vous connaissez mon caractère excentrique. Comme je vois toujours grand, j'aimerais que les parlementaires puissent un jour débattre et voter la loi Jeremstar.

Elle serait articulée tel que suit.

Loi Jeremstar, alinéa premier.

Comment s'y prend-on, en France, pour contacter les réseaux sociaux utilement ? Quand on n'a pas des millions d'abonnés, j'entends ; et qu'on ne vous octroie pas un « Partner Manager » ?

Eh bien la réponse est simple. C'est impossible.

Il y a des FAQ, des formulaires. Mais jamais personne derrière. J'aimerais qu'il soit possible d'entendre une voix. De parler à quelqu'un. D'être mis en relation avec un être humain. Est-ce que c'est trop en demander ?

Je ne sais pas pour vous ; mais moi, j'en ai marre de cocher des cases. C'est la raison pour laquelle j'exige que la loi française contraigne chaque plateforme à mettre en place une hotline gratuite, disponible 24 heures sur 24. Une cellule d'urgence, qui soit capable de prendre des mesures drastiques sur-le-champ.

De la même manière qu'on passe un coup de fil pour bloquer sa carte bleue en cas de vol, l'idée serait qu'on puisse réduire au silence son offenseur.

Je ne sais pas si la chose est réalisable, en vrai ; mais j'avoue que cette idée me plaît.

LOI JEREMSTAR, ALINÉA DEUX.

Pendant « mon » affaire, j'aurais aimé pouvoir mettre Twitter en demeure de faire cesser les agissements de mon tortionnaire. Je n'ai pas pu le faire. Il aurait fallu envoyer des courriers aux USA, trouver un avocat là-bas… Payer. Bien évidemment sans aucune garantie de résultat.

En tout état de cause, qui est pénalement responsable, en France, des horreurs qui peuvent se dire sur Twitter ? Personne ?

Alors voilà : j'exige que soient désignés des directeurs de publication pour Twitter, de même que pour Instagram. Je veux que soient nommés des gens qui assumeraient à titre personnel la responsabilité des horreurs qui passent entre les mailles du filet.

Loi Jeremstar, alinéa trois.

À toutes fins utiles, j'aimerais livrer ici quelques bribes de mon premier entretien à la Police judiciaire.

Je devais porter plainte contre mon cyberagresseur, vite. Le faire condamner. Par chance, j'ai été reçu rapidement.

Je vous explique, les loustiques. J'avais constitué tout un dossier, que j'avais soigneusement trié sur une clé USB. Dessus, il y avait des heures de dénonciations calomnieuses diffusées sur Snapchat, sur Instagram… Il y avait aussi les captures des centaines de messages orduriers qu'il avait postés sur Twitter.

Les gens qui m'ont reçu ont été d'une gentillesse et d'une patience admirables. Par contre, mes aïeux, quelle histoire !

J'ai eu la déception de constater que les réseaux sociaux, les forces de l'ordre y comprenaient que dalle. Ils ne les avaient jamais utilisés. Ils les confondaient.

Je ne leur en tiens pas rigueur ; car qui étaient ces personnes ? Des quarantenaires ?

Allez expliquer à quelqu'un qui n'y connaît rien que mon tortionnaire perdait un compte pour en créer dix autres ailleurs ? Allez lui expliquer pourquoi il a choisi telle plateforme plutôt qu'une autre ; qu'il utilisait l'une pour renvoyer vers l'autre, monétisée quand la première ne l'était pas…

Mon Dieu. La personne qui me reçoit se met devant son ordinateur. L'ordinateur rame. Indéfiniment.

– Et c'est quoi, ça ? me demande la dame. C'est un Snap ?

– Non, madame. Ça, c'est un Insta live.

– Mais je ne comprends pas. Je croyais qu'on ne pouvait poster que des photos, sur Instagram ?

J'ai assisté, médusé, à la débâcle des policiers. Ce n'est pas qu'ils y mettaient de la mauvaise volonté, hein ! Bien au contraire. Je les ai d'ailleurs vus, se plier en quatre pendant de longues heures… Mais les pauvres étaient complètement dépassés, et j'en venais à me trouver embarrassé de leur infliger une journée aussi compliquée.

Le harcèlement numérique est une course contre la montre. Chaque minute perdue à expliquer des choses qui relèvent du bon sens, ce sont 150 messages qui poussent comme autant de fleurs toxiques.

Il faut aller vite. C'est une question de réputation, une question d'honneur ; quasiment une question de vie ou de mort.

J'exige par conséquent que les forces de police soient sensibilisées aux problématiques liées au numérique.

LOI JEREMSTAR, ALINÉA QUATRE.

J'estime que les cyberoffenseurs avérés devraient se voir interdire l'ouverture de lignes Internet. De même que l'accès aux réseaux sociaux.

C'est la raison pour laquelle il faudrait que soit mis en place un fichier national des agresseurs numériques. Je voudrais que les indélicats y soient répertoriés, avec leur carte d'identité et une adresse en cours de validité.

LOI JEREMSTAR, ALINÉA CINQ.

Il y a quelques années, plusieurs de mes connaissances qui téléchargeaient illégalement des films ont reçu des courriers Hadopi. Dans mon souvenir, les sanctions s'articulaient en trois temps : un avertissement, une amende, et en dernier recours, l'interdiction de contracter un abonnement auprès d'un fournisseur d'accès. Quelle belle idée !

Bien qu'elle ait hérissé le poil de certains internautes en 2009, il me semble que la loi Hadopi démontrait que le gouvernement était dans l'air du temps.

Pourquoi ne le démontrerait-il pas aujourd'hui encore ; non pas pour protéger des intérêts financiers, mais des intérêts humains ?

Voilà ce que je propose, par conséquent.

1. Tu postes un commentaire insultant ; qu'il contrevienne à la loi ou non ; tu reçois un avertissement.

2. En cas de récidive, on te colle une amende béton.

3. Tu finis banni de l'Internet à vie comme un malpropre si tu continues. Interdiction formelle d'entrer dans un magasin SFR, Free ou Orange. Comme au casino ! On te laisse pas rentrer, on te fout à la porte à grands coups de pieds…

LOI JEREMSTAR, ALINÉA SIX.

Quand j'ai porté plainte contre mon bourreau, les policiers m'ont expliqué l'opacité des réseaux sociaux. Les difficultés qu'ils rencontraient pour communiquer avec eux, de même que pour leur faire ouvrir leurs fichiers d'abonnés. La chose m'a profondément choqué.

Je ne sais pas ce que vous en pensez, mes Jeremstarlettes…

C'est bien joli, ce que font les réseaux sociaux ; vendre leur fichier d'abonnés à des publicitaires pour qu'on reçoive toujours plus de pubs ciblées… Mais pourquoi ne l'ouvrent-ils pas plutôt de manière utile ?

Il faut SOMMER les réseaux sociaux de collaborer avec la police et avec la justice françaises pour que les tortionnaires du numérique puissent être rapidement trouvés et mis hors d'état de nuire.

LOI JEREMSTAR, ALINÉA SEPT.

Permettez-moi de vous raconter une dernière anecdote. Un jour, pendant la polémique, alors que je naviguais sur mon interface YouTube, tranquille ; j'ai découvert avec horreur que mes vidéos avaient été démonétisées.

J'ai cru que j'allais mourir. J'ai immédiatement appelé mon avocate en lui demandant d'agir.

« C'est le monde à l'envers, lui ai-je dit. Rendez-vous compte, Maître. Tous les comptes de mes agresseurs sont encore en ligne. Ils peuvent diffuser ce que bon leur semble ; propos orduriers, homophobes, dénonciations calomnieuses, images pornographiques… À côté de ça, c'est moi qu'on pénalise ! Quand les agresseurs mènent grand train ; c'est à la victime de payer ! »

Dans quel monde les victimes se font-elles pénaliser en lieu et place de leurs tortionnaires ? Aujourd'hui encore, quand j'y pense, j'en pleure.

Mon avocate a contacté YouTube, pour leur demander de s'expliquer. Quelques jours plus tard, nous avons reçu ce courrier :

« Google Ireland Ltd dispose du droit de déterminer si le placement de publicités, en conjonction avec un ensemble de contenus donnés, est pertinent pour ses clients annonceurs. À cet égard, elle doit bien évidemment tenir compte des risques de dévalorisation des publicités susceptibles de découler, par exemple, de leur association avec des contenus de personnalités publiques faisant l'objet de campagnes de révélations médiatiques. »

Je vous passe la suite. Sachez juste qu'après avoir adressé ce document à mon avocate, YouTube a réactivé la monétisation de ma chaîne illico.

Même si j'en ai été agacé sur le moment, je trouve que la mesure qu'a prise YouTube dans le cadre de mon affaire était tout à fait exemplaire.

PAR MESURE DE PRÉCAUTION, j'aurais aimé que Twitter et Instagram suspendent les comptes de mes cyberagresseurs, de même que les miens ; le temps que les choses se tassent ; qu'on comprenne ce qui se passe…

Si ces deux plateformes avaient agi de la sorte, nous n'en serions pas là aujourd'hui ; du moins, je le crois.

Que leur aurait par ailleurs coûté un tel geste ?

Par le biais de ce livre, j'aimerais interpeller les pouvoirs publics.

Mounir Mahjoubi, Secrétaire d'État chargé du numérique… Je ne sais pas si vous serez encore en poste au moment où ce livre sortira en librairie. Lorsque « mon » affaire a éclaté, vous n'avez pas daigné répondre à mes dizaines de sollicitations… Au moment où j'écris ces lignes, alors que Bilal Hassani se fait harceler et agresser sur les réseaux sociaux je lis dans les médias que vous prenez enfin la mesure de ce fléau. C'est une bonne chose évidemment. Mais faut-il être qualifié à l'Eurovision pour être soutenu ? Que faites-vous des autres citoyens qui subissent le même sort ? L'injustice n'est-elle pas la même ? La souffrance n'est-elle pas aussi violente ?

Le problème des violences numériques est dans l'air du temps et j'ai l'impression que les choses n'iront pas en s'arrangeant.

Il faut agir, je ne pense pas me tromper. Ça n'est pas comme si l'Internet était une lubie, ou un phénomène de mode, voué à progressivement s'éteindre dans les prochaines années. De toute évidence, nous ne pourrons plus jamais nous en passer.

Le temps presse. J'exige un engagement. Je veux des solutions. Maintenant.

Puisque vous ne voulez pas avoir affaire à moi, je demande à être reçu par Emmanuel Macron. Directement.

J'ai besoin d'entendre de lui quelles mesures seront immédiatement prises pour protéger les citoyens français des monstruosités auxquelles les exposent les réseaux sociaux.

J'aimerais que l'expérience de l'Internet redevienne une chose agréable, en somme ; et que personne n'y soit plus en danger. C'est peut-être une revendication bête… Mais si mon calvaire pouvait servir à quelque chose et protéger quelqu'un… Alors je me dirais que je n'ai pas tout perdu pour rien.

PENSÉE POUR MES LOUSTIQUES

Les loustiques, je compte sur vous ! Pour que plus personne ne se sente en danger sur Internet, il faut mobiliser les pouvoirs publics. Ce n'est pas parce que les violences numériques sont « invisibles » – on ne voit pas les ecchymoses, les plaies, les cassures – qu'elles ne sont pas réelles et qu'elles ne font pas chaque jour de nombreuses victimes. Pour agir, pensez toujours au hashtag : #NonAuHarcèlementNumérique. N'hésitez pas à l'utiliser chaque fois que vous êtes témoin d'un comportement inapproprié sur les réseaux sociaux pour afficher le cyberagresseur sur-le-champ et faire changer la honte de camp.

CHAPITRE 10

Trop de putes-à-papier ont participé à mon lynchage médiatique

Mon affaire est née sur les réseaux sociaux. Elle avait vocation à y rester ; d'ailleurs, j'aurais aimé que ce soit le cas.

La vérité, c'est que c'est la presse traditionnelle, qui par souci de vendre du papier en racolant ma communauté, a rendu les accusations de mes agresseurs plausibles. C'est moche, ce qu'ils ont fait.

En plus d'avoir entretenu le flou sur mon éventuelle culpabilité, ils ont crédibilisé leurs témoignages, sans se livrer à la moindre vérification. En se comportant ainsi, ils ont apporté du poids à leurs mensonges. Ils leur ont donné raison. Comment peut-on en effet imaginer que des témoignages délirants atterrissent dans *Le Monde* ? Si c'est dans *Le Monde*, c'est forcément que c'est vrai, n'est-ce pas ?

La presse traditionnelle est responsable de ma disgrâce. Au même titre que peuvent l'être Twitter ou Pascal Cardonna.

Le producteur de Thierry Ardisson avait été clair à ce sujet. « Tant que l'affaire ne sortira pas de la niche des réseaux sociaux, ça ira. » Sous entendu… Si elle en sort, en revanche… Eh bien tu perdras ta place dans l'émission.

Le jour où il m'a sorti ça ; c'est devenu ma pire angoisse, les Jeremstarlettes ; ma pire peur. Je me levais chaque matin, en espérant ne pas me retrouver en couverture de quelque torchon.

Qui a été le premier à franchir le pas ? Je ne m'en souviens pas. Mais la catastrophe évidemment arriva.

Le « CardonnaGate » a fait la couverture de *Libération*, les loustiques. Même dans mes rêves les plus fous, je n'aurais pas pu imaginer un truc pareil. J'étais dans tous mes états.

« C'est perdu d'avance, me suis-je dit au moment de le feuilleter. Ces gens ne me connaissent pas. Pire, ils me méprisent. Comment pourraient-ils chercher à comprendre si je suis oui ou non victime d'une injustice ? »

Le jour où le papier est sorti, j'avoue que j'aurais aimé pouvoir acheter tout le stock français ; me rendre dans chaque kiosque à journaux de Paris pour les cacher n'importe où, quelque part ; et les ôter des yeux du monde.

Incompréhension. Choc. Stupeur et tremblements. Comment ces gens, que j'imaginais infiniment intelligents, pouvaient-ils accorder de l'attention à des racontars issus des réseaux sociaux ? Ne se rendaient-ils pas compte que les différents protagonistes de l'histoire n'étaient rien de mieux que des folles écervelées qui auraient vendu père et mère pour accéder à la notoriété ?

Moi qui tenais l'investigation journalistique en haute estime, je suis tombé des nues. Que dire, au passage, des caricatures ignobles qui illustraient le sujet ? De l'air absolument débile que m'avait volontairement donné le caricaturiste ?

« Pascal Cardonna, prédateur dans l'ombre de Jeremstar. » Quand je découvre le titre, je suis bouche bée. Je ne comprends pas. « Prédateur dans l'ombre de Jeremstar », sans déconner !

J'essaye de comprendre la signification de cette phrase. Je tente de l'analyser.

Dans l'ombre de Jeremstar.

– Bon sang, ça veut dire quoi ? je demande à Lorenzo.

– Bah, que le type est moins connu que toi, bébé ! Que c'est un inconnu qui existe à travers toi !

– Tu crois ? Moi, ça n'est pas ce que je vois. *Dans l'ombre de*… Pour moi, il y a l'idée d'une puissance supérieure qui pèse. Un peu comme si c'était moi qui l'avais poussé à agir.

Toutes les interprétations sont possibles. Qu'il était à ma botte. Que je suis le marionnettiste, derrière lui. Master of Puppets.

– Nan, me dit Lorenzo. Je vois pas ça comme ça. Moi, je le vois plus en mode : le gars qui profite de ta lumière pour faire des saloperies en cachette.

Quand je vois cette couverture, bon sang ; je me dis que la presse se range du côté des calomniateurs, des affabulateurs. Des cyberagresseurs. Je me dis que je m'en prends plein la gueule pour par un sou, que c'est trop facile. Je deviens fou.

Dans tous les cas, il semblerait que mon malheur fasse plaisir. Je le ressens dans tout un tas d'autres papiers qui sortent à la même période, et que j'ai le malheur de lire. J'y découvre un mépris infini qui me scie.

On ne me reproche plus d'être pédophile, par moments ; mais d'être Jeremstar, tout simplement ! Un trublion du Web qui a des préoccupations dérisoires, un sens de l'humour graveleux. Un pauvre con.

Jeremstar pas drôle. Jeremstar abruti.

Il faut subir de voir dix ans de carrière et de travail résumés à une suite sans fin de vulgarités, de pitreries et de plaisanteries potaches, de cris : « Salope ! » « T'es une bonne salope, toi ; quand même. »

Qu'en était-il des choses positives que j'avais pu faire dans ma vie ? La manière dont j'exhortais la jeunesse à fuir les sirènes de la téléréalité ? Mes bouquins ? Ardisson ? Mon combat contre le harcèlement scolaire ?

Rien à ce sujet n'a jamais été dit. L'image de moi que m'a renvoyé le miroir médiatique était insoutenable. J'étais détruit.

Je vais vous donner un exemple de la manière dont « mon » affaire a été traitée par un grand titre de la presse traditionnelle. Préparez-vous à tomber des nues, mes Jeremstarlettes. Je vous garantis que celle-là, vous ne l'attendez pas.

Quand il a été écrit qu'un gamin m'accusait de l'avoir violé pendant une soi-disant soirée alors que j'étais en Thaïlande à la date dite, j'ai perdu la tête. Je devais réagir. J'ai contacté une journaliste de mes connaissances. Je l'ai suppliée de préciser son dernier article. J'ai scanné mon putain de passeport, donc. J'ai pris la page où figurait le tampon ; en la suppliant de mentionner le fait, ô combien essentiel, que je n'étais pas en France au moment des faits qui m'étaient reprochés.

Je connaissais la fille depuis des années. Elle ne pouvait pas me laisser dans la merde comme ça, je pensais. Je me trompais.

– Ça ne vaut pas un nouvel article, qu'elle m'a dit. Je suis désolée. Mais je peux éventuellement faire un rectificatif. Ajouter un renvoi en bas de page, ou alors un astérisque…

– Ne fais pas ça ! j'ai pleuré. Personne ne lira et tu le sais. Car enfin, qui retourne à un papier une fois qu'il l'a déjà parcouru ?

– Si j'écris un papier pour dire que tu n'étais pas en France au moment où t'es censé avoir violé le gosse, personne ne le lira non plus…

Cette conversation est vraie, les Jeremstarlettes. Je vous jure.

– Mais je suis innocent, j'ai sorti à la fille. Tu te rends compte du mal que tu me fais en refusant de mettre en lumière ma version des faits ?

– M'enfin, Jérémy. Les lecteurs veulent te voir coupable, elle m'a dit. Ils se fichent éperdument de la vérité et moi, je dois faire mon métier. On peut peut-être s'arranger, par contre… Pourquoi tu ne m'accordes pas le scoop de ton premier entretien post-polémique ? Ça me rendrait bien service !

Il a fini par sortir, son rectificatif pourri : « il semblerait que Jeremstar n'ait pas été sur place au moment des faits. »

Pour ceux d'entre vous qui imaginaient ma stupidité et mon inculture abyssales, je suis désolé : vous apprendrez que je suis très sensible aux mots et à la manière dont ils sont utilisés.

Quand ma culpabilité était présentée comme un fait acquis, donc ; et formulée au présent ; mon innocence était formulée au conditionnel.

J'ai été scié, les loustiques, vous n'avez pas idée.

Combien d'heures avons-nous passées, ma directrice de la communication et moi, à tenter de diffuser les VRAIES informations par téléphone et par texto ?

« Allez donc voir ci. » nous disions. « Et si vous vous intéressiez plutôt à ça ? »

Personne n'écoutait. Tout ce qu'on voulait, c'était extirper de moi quelques mots qui achèveraient de faire passer l'autre pour un salaud.

« Et sinon, Cardonna, il est vraiment pédophile ? »
« Il a recours à la prostitution, ou pas ? »

Il fallait presque enquêter pour le compte des médias, leur fournir des éléments auxquels ils refusaient obstinément de s'intéresser. J'ai scanné mon passeport, putain ! Rendez-vous compte. L'ultime preuve de mon innocence. Vous n'imaginez pas à quel point je me suis senti humilié de devoir m'abaisser à un tel geste.

Je ne garde pas de souvenir particulier des autres couvertures qui m'ont mentionné pendant la polémique, les loustiques. Sauf de celle de cet effroyable titre qu'est *Public*. Celle-ci m'a beaucoup marqué parce que clairement, les limites avaient été dépassées. J'ai d'ailleurs été contraint de les attaquer.

« La vermine dans de sales draps », ils mettaient ; sur une photo dégueulasse de moi. « Dépôts de plaintes. Corruption de mineurs. Réseau pédophile. »

Le matin où est sortie cette pourriture, j'ai un moment cru m'être mal réveillé. Mon ventre s'est vidé, en mode descente d'organes. Je ne pouvais plus bouger ni parler. Je me suis contenté de rester immobile, debout entre deux portes, en pyjama. Il a fallu que Lorenzo intervienne pour me tirer de ma catatonie.

– Qu'est-ce que tu regardes, il m'a demandé ; ça va, bébé ?

Au cas où vous vous poseriez la question, c'est le mur, que j'étais en train de regarder. J'étais en état de choc, mon regard s'est figé.

Lorenzo me passait la main devant les yeux.

– Reviens, bébé ! il disait. Viens t'asseoir près de moi, ça va aller.

Je ne pense pas que mon mec réalisait.

– Ce qui se dit sur les réseaux sociaux, c'est de la merde, j'ai tenté de lui expliquer. Les choses passent. C'est de l'air, le Web ; c'est un concept... Mais le papier, bon sang... Le papier, c'est physique ! On peut le toucher. C'est quelque chose qui existe, quelque chose qui reste... C'est comme si le Web, c'était le métro. C'est quelque chose de sous-terrain, quelque chose d'obscur. Évoquer mon affaire dans la presse imprimée, c'était la sortir de terre pour la mettre à la vue de tous, en pleine lumière.

Ce matin-là, je savais que cette somme incongrue de raccourcis serait disponible, à la vue du tout-venant ; dans tous les kiosques de France, dans les aéroports, dans les gares...

J'ai vécu la titraille mensongère de Public comme une catastrophe. Au-delà d'elle, évidemment ; le papier parlait de gens que je ne connaissais pas. De soirées auxquelles je n'étais pas... Surtout, il parlait des petites affaires d'une personne que je n'étais pas, en l'occurrence Pascal Cardonna.

Il y a quelques jours, j'ai tendu quelques papiers que m'ont consacrés *Le Monde* et *Libé* à une personne qui ne connaissait rien à l'affaire. Juste pour avoir son sentiment, comme ça. Sa première réaction a été la suivante.

– OK, elle m'a dit. Première chose, il est évident que tu n'as rien à voir dans tout ça. Toutes les "victimes" qui témoignent n'évoquent que ce mec, Babybel. Deuxième chose, tu es cité dans le papier moins d'une dizaine de fois. Pourquoi, dans ce cas, ta photo apparaît-elle sans cesse ? Je ne comprends pas.

Une simple lecture lui aura suffi pour pointer du doigt ce que cette campagne de dénigrement a eu de pire : un insupportable amalgame.

– Pourquoi utilise-t-on ton nom, alors que tu n'as rien à voir dans tout ça ?

– Bien, parce que Babybel n'est personne, pardi… Et que tout le monde se fout de sa vie.

Une fois n'est pas coutume, je suis le dindon de la farce, la planche à billets. Mon nom se trouve indéfiniment accolé à celui de la seule personne mise en cause pour écouler du papier.

Autre exemple. « Affaire #JeremstarGate : un jeune homme porte plainte pour viol sur mineur. » Pour accompagner ce titre, une photo de moi. Alors que la seule ET UNIQUE personne visée par la plainte est Pascal Cardonna.

Pendant la polémique, beaucoup de mes Jeremstarlettes s'en sont insurgées ; et les quelques messages que j'ai vu passer sur Twitter m'ont permis de ne pas perdre totalement foi en l'humanité.

Je me rappelle celui d'une certaine « Myriame », en particulier ; qui s'est permise d'interpeller Franceinfo plus, le site sur lequel était sorti le papier.

« Mettez la photo de celui qui est accusé, au lieu de faire croire que c'est Jeremstar ! » elle disait. Aidée par Photoshop, Myriame a corrigé le visuel du papier en mettant la photo de qui de droit. Ce geste m'a touché.

Il faut se rendre à cette évidence cruelle, mes Jeremstarlettes. En 2019, l'exercice de la presse se limite à la fabrication de titres, les plus racoleurs possibles. À la manipulation de photos.

Les gens ne lisent plus. Il faut par conséquent faciliter l'ingestion d'information. Réduire l'effort au maximum. Paupériser le contenu.

Pour la pratiquer, je connais la manière dont la presse est consommée sur le Web. Sur les fils d'actualité, notamment sur Twitter ; seul le titre apparaît, éventuellement accompagné d'une ligne. La titraille fait office de résumé-vérité. A-t-on lu l'intitulé de l'article ? L'information principale est passée. C'est terminé. Aux yeux du lecteur, tout le reste n'est que littérature.

Du temps où j'étais étudiant, les gens lisaient *20 Minutes* dans le métro. L'information condensée à son maximum ; de manière à ce qu'elle soit consommée pendant les 20 minutes qu'était censé durer le trajet. En 2019, j'ai l'impression que de vingt minutes, le temps d'attention est tombé à quelques fragments de secondes seulement. Les gens sont-ils plus paresseux ou sont-ils plus cons qu'avant ?

Écoutez-moi bien, mes Jeremstarlettes. Je ne le dirai jamais assez, et c'est sans doute la principale leçon à tirer de mes emmerdements récents…

En dehors de l'habituel « cessez de croire ce que vous lisez sur Twitter », ma première recommandation ; j'aimerais ajouter celle-ci : CESSEZ DE VOUS FIER AVEUGLÉMENT À CE QUE VOUS LISEZ DANS LA PRESSE ÉGALEMENT. Un titre de presse, pourvu qu'il ait un grand nom, ne détient pas forcément la vérité absolue.

Essayez d'avoir un regard critique, je vous en supplie. Ne vous arrêtez pas à une photo et à un titre, injustement choisis pour attirer l'œil du chaland.

Dans le cadre de « mon » affaire, la presse traditionnelle a cherché à rivaliser avec la presse en ligne. Ce qui l'a poussée à abandonner toute forme de déontologie.

Si j'ai jadis été une pute-à-clics, j'estime que trop de putes-à-papier ont participé à mon lynchage médiatique.

Voilà ce que je pense, les loustiques. Trop de journaux ont choisi de solliciter le témoignage de mon agresseur avant de se préoccuper du mien.

En donnant la parole à mon tortionnaire, ils l'ont encouragé dans sa transe délatrice. Ils ont contribué à sa notoriété. Ils l'ont starifié ; et ça, je ne peux pas le tolérer.

C'est à cause des médias traditionnels que le « CardonnaGate » a pris une telle ampleur. Ils n'ont fait que compliquer et aggraver l'affaire. Pire, ils ont fait une affaire… d'une non-affaire ; pour le seul plaisir de générer de l'audience en traînant mon nom dans une boue infâme.

Si j'ai été évincé de l'émission d'Ardisson, je le dois aux médias traditionnels, malheureusement. Ils ont planté le dernier clou d'un cercueil dans lequel je n'aurais jamais dû être enterré. Ils ont généré un effet loupe.

Vous connaissez l'histoire de l'insecte qu'on met sous un verre grossissant, en plein soleil ? Au bout de quelques secondes, l'insecte grille… Eh bien je suis cet insecte, et une attention imméritée – inutile – m'a totalement tué.

Au moment de sa sortie, je sais que le contenu de ce bouquin sera relayé dans la presse. J'aimerais donc profiter de ce court chapitre pour adresser aux journalistes un message.

J'espère que le jeu en valait la chandelle, les amis. Avez-vous davantage vendu en torturant mon nom que vous le faisiez auparavant ?

Vous allez être amenés à parler de moi à nouveau. Soyez plus précautionneux cette fois, je vous en conjure. Au cas où vous l'auriez oublié, Jeremstar n'est pas qu'un nom. C'est aussi une personne, un homme.

Jeremstar c'est moi. J'ai un cœur et j'ai une dignité, que vous le vouliez ou pas.

J'espère que cette affaire nous aura à tous permis de grandir. Moi, à mon petit niveau ; et puis vous, qui vous rendrez peut-être compte, à travers ce court récit, que la course au lead peut faire du mal à une vie.

CHAPITRE 11

J'ai besoin de vous, mes Jeremstarlettes

Le 22 mars 2018, j'ai annoncé chez Yann Barthès que je ne recevrais plus jamais de candidats de téléréalité. N'est-ce pas la meilleure décision que j'ai prise de ma vie, en vrai ?

On me demande souvent de les reprendre, mes satanées baignoires. Mon ton corrosif manque, on me dit sans arrêt.

Il paraît que je distribuais la parole de manière équitable, que j'étais amusant.

« Sans toi, les infos qu'on nous transmet n'ont plus aucun intérêt. »

Inutile de m'écrire, de me mentionner, de me taguer, tout ce que vous voulez. C'est peine perdue, je ne reviendrai pas. Jamais. Je persiste et je signe.

La vérité, c'est que je n'ai jamais été aussi heureux et épanoui que dans ce que je fais aujourd'hui. Et cela implique me trouver loin de la téléréalité et de ses pathétiques mesquineries.

Combien de candidats ont mon numéro, désormais ? Trois ? Je me sens si apaisé, maintenant que je me suis débarrassé de ces gens. Si vous saviez.

J'en viens même à penser que la téléréalité est en train de décliner. Je la vois en perte de vitesse… Pour être tout à fait honnête, je pense avoir choisi le bon moment pour sauter du train.

Mon passage dans *Quotidien* m'a beaucoup marqué. En y découvrant mes Snaps les plus absurdes mis bout à bout, j'ai éprouvé une honte profonde. Elle m'a saisie à la gorge. Sur le plateau, j'étais à deux doigts de pleurer.

Le miroir télévisé m'a mis face à l'ineptie totale de mon comportement et de mon personnage. Son reflet était sans pitié.

Au final, le « CardonnaGate » aura au moins eu ceci de positif qu'il m'a incité à prendre un nouveau virage.

Pipi. Prout. Caca. « Qui a pété. » « Salope. » « Je suis excité comme une pute. »

Après avoir été confronté à la hideur de mon image, j'ai choisi de bannir certains mots de mon vocabulaire. Plus de « vermines purulentes », donc. Vous l'avez sans doute remarqué, je m'adresse à ma communauté de « loustiques » désormais.

J'ai remis en cause chacune des choses que je faisais, et j'espère que cette prise de conscience satisfait.

Quand le « CardonnaGate » m'est tombé sur le coin de la gueule, j'ai fait l'équivalent d'un burn-out gigantesque. Il a fallu repenser mes activités, me réinventer.

Je me sentais mal dans mes baskets, je patinais dans la médiocrité, j'étais en train de crever. J'ai donc décidé de ne plus subir le rythme effréné de la notoriété et d'imposer ma propre allure à mes abonnés.

J'ai formulé le vœu de ne plus mettre ma santé en danger ; de même que celui de ne plus me sentir sans cesse déprimé ou stressé.

J'ai pris la décision d'enfin penser à moi, et j'espère que ma communauté m'encouragera dans cette nouvelle voie.

Pour mon salut, j'ai réfléchi à ce que j'avais envie de faire de ma vie. Produire davantage de contenu autour de mon personnage. Exploiter ce que les gens plébiscitent et qu'il y a de mieux en moi. Il paraît que je suis drôle… Si c'est là ma plus grande qualité, pourquoi ne pas m'y consacrer ?

Ce que j'ai fait dans ma carrière est formidable. Je le sais. C'était inespéré. J'ai réussi à fédérer une communauté. Mais jusque-là, je ne lui ai proposé que du divertissement, du vide ; et j'avoue que j'en ai assez.

Marre de regarder le train passer comme une vache, marre de brasser du vent, de célébrer la culture du néant.

J'ai décidé de m'engager en faveur de causes qui me sont chères, donc. Le harcèlement numérique, vous l'avez compris… Mais aussi le harcèlement scolaire.

C'est une problématique que j'ai souvent évoquée au cours de ma carrière, le harcèlement scolaire. À chaque fois que j'en parlais dans mes Snaps, je récoltais énormément de messages et de commentaires.

En dédicace, sur trois cents adolescentes présentes, combien en rencontrais-je qui pleuraient dans mes bras en me racontant qu'elles subissaient des monstruosités ?

Dix ? Peut-être vingt ?

Mes Jeremstarlettes me considèrent comme un confident, comme un grand frère. Je le sais. D'autant que j'en ai moi-même souffert.

« Tu es la première personne à qui je parle », elles disaient.

Parfois, après avoir beaucoup ri en ma présence, une petite me glissait au creux de l'oreille un émouvant « merci ».

Si j'ai pu permettre à quelques-unes de ces jeunes personnes de me quitter avec le sourire, c'est peut-être stupide, mais je considère que j'ai réussi ma vie.

Alors voilà, les loustiques. Ma plateforme d'entraide a été lancée cette année. « Harcelement. online » J'espère qu'elle pourra un peu aider…

Peut-être ne vous en êtes-vous pas rendu compte, mais mes partenariats publicitaires aussi, ont évolué !

D'autres pays que la France existent. Las de me justifier auprès d'imbéciles patentés, j'ai fait le choix d'amorcer de nouvelles collaborations avec des agences de communication étrangères. Des gens sensés, qui connaissent suffisamment l'Internet pour comprendre que je n'ai rien à me reprocher.

M'avez-vous vu, jouer aux dominos avec Enrique Iglesias sur YouTube ? Ça change des candidats de téléréalité, n'est-ce pas ?

La vidéo que j'ai tournée avec lui est exactement dans la direction que je souhaite adopter.

La première fois que je l'ai regardée, j'ai senti les larmes monter.

J'étais tellement fier. Je faisais enfin ce dont j'avais toujours rêvé : produire un contenu publicitaire humoristique, de grande qualité…

En plus d'une immense restructuration éditoriale, j'ai entrepris une refonte totale de mon entourage.

Vous, qui me lisez : si vous m'aimez, je vous demanderai de m'encourager dans cette voie au lieu de me freiner.

Malgré tous mes efforts, je reçois tous les jours des messages qui ne cessent plus de m'énerver.

« Et pourquoi on voit plus truc ? » « Et pourquoi tu filmes plus machin ? »

Que les choses soient une bonne fois pour toutes clarifiées. Sachez que si vous ne voyez plus certaines personnes dans mes Snaps, c'est qu'elles m'agacent ou qu'elles me portent préjudice.

Ces personnes ont perdu pied, je ne me sens plus à l'aise à l'idée de les côtoyer.

Il faut s'en remettre, mes Jeremstarlettes ; la vie est ainsi faite.

Les gens vont, ils viennent. Ceux dont on est un jour proche s'éloignent.

Ne cherchez pas à comprendre. Sachez juste que je n'offre plus de seconde chance aujourd'hui. La moindre personne qui s'amuse à m'agacer se trouve désormais éjectée, sans que je lui laisse seulement le loisir de se justifier.

Bye, planches pourries ! Ne me donnez plus de vos nouvelles et bon vent !

On me demande souvent ce que devient Pascal Cardonna. Pour être tout à fait franc, je ne pourrais pas m'en moquer davantage.

Ce que je peux vous dire, c'est que j'en ai assez de l'entendre crier partout qu'il est mon « ami ». Je le redis, un ami n'est pas quelqu'un qui prend plaisir à saboter la carrière d'autrui ; encore moins quelqu'un qui vous demande de la sacrifier pour l'accompagner dans les boues où le conduisent un comportement inadéquat.

Qu'il m'ait servi des Apéricubes, fait à manger et qu'il m'ait promené dans la région nîmoise ne fait pas de lui une personne de laquelle je dois tout accepter.

Pascal Cardonna a profité de moi. Il a abusé de ma confiance. En quelques notes audio, il a ruiné le travail de dix années et ça, je ne lui pardonnerai jamais.

Il paraît qu'il s'amuse toujours à Snaper ses dîners, dites-vous ! L'été dernier, il m'a semblé voir passer un message qui avait valeur d'annonce : il disait, je crois, organiser une soirée chez lui et invitait les gens à venir s'amuser avec lui.

Mon Dieu, ai-je pensé; ce type n'en a-t-il pas eu assez ?

Même s'il n'a rien fait de mal, pour ce que j'en sais, il faut croire que cet effroyable scandale ne lui a pas servi de leçon…

Ce que je soupçonnais le concernant s'est matérialisé. Pascal Cardonna est devenu accro à une notoriété injustifiée, à laquelle il a été exposé par mon entremise.

L'interview qu'il a accordée l'an dernier à *Libé* m'a atterré. « Je suis une star des réseaux sociaux », il disait. « On a fait rire des millions de gens. (…) Tout ça m'a rendu très célèbre, tous les jeunes me connaissent. »

Que la chose soit claire. Pascal Cardonna n'existe plus pour moi.

Car enfin, quel est le but de cet homme-là ? Continuer à vivre dans l'illusion que son existence a un quelconque intérêt ?

Je ne m'aventurerai pas plus loin dans mon analyse, je ne suis pas psychiatre.

Au moment où sont rédigées ces lignes, je découvre qu'il s'est fait liposucer goitre et bajoues. Voici qu'il pose pour un magazine people, au sortir du bloc ; avec un pansement qui lui donne l'air d'un œuf de Pâques… Au secours.

« Jeremstar ne fait plus rire personne », s'est-il permis de dire dans *Télé Loisirs*. Et lui, qui fait-il rire ?

Aucun mot n'existe qui pourrait décrire le ridicule de son attitude. Après plus d'un demi-siècle passé sur cette terre, franchement…

Maudit soit ton nom, Cardonna. Je te condamne aux limbes de l'anonymat. Que tu n'aurais jamais dû quitter selon moi.

Je me cherche encore, mes Jeremstarlettes. Un jour, je me trouverai peut-être. Il paraît que mon rapport à l'humain est à revoir. Vous croyez que je l'ignore ?

La vérité, c'est que si j'ai fréquenté Cardonna de manière assidue pendant des années ; c'est parce qu'il m'offrait sur un plateau ce dont je manquais. Il contribuait à meubler ma solitude.

Les années qui passent accentuent ma peur de l'abandon, ma détresse. Heureusement que mon mec est là !

Ça paraît sans doute horrible formulé comme ça, mais c'est vrai. À la hauteur où il se trouve,

Jeremstar a très peu d'amis. Il a beaucoup de compagnons de route. Des personnes avec lesquelles il s'entend ponctuellement. Jusqu'au moment où ils outrepassent les limites.

Malgré ce qui m'est arrivé, j'avoue que j'ai encore du mal à savoir, qui de mon entourage est fragile et qui ne l'est pas. Ce problème, je sais que je ne m'en débarrasserai jamais. J'espère juste ne pas en pâtir encore une fois. Je pense avoir assez dégusté, vous ne trouvez pas ?

Mon ultime message s'adressera à mes Jeremstarlettes adorées.

Si je n'ai pas pu communiquer avec vous pendant le temps qu'a duré la polémique, sachez que le fait de savoir que vous existiez m'a aidé à tenir le coup.

Vous êtes indispensables à ma vie, vous êtes ma thérapie, mon journal intime. Vous êtes mon équilibre. Merci.

Ce livre est le livre de la vérité. Le livre de la reconstruction. Le livre du renouveau. Avant lui, j'en ai sorti deux autres. J'étais fier de les partager avec ma communauté ; mais celui-ci, je pense que je le défendrai toute ma vie.

Une tournée de dédicace accompagne son lancement, évidemment. Je vous supplie de venir m'y rencontrer, où que vous habitiez. Vous pouvez retrouver les dates de ma tournée sur mes réseaux sociaux.

Même si vous pensez que vous n'avez pas votre place. Même si vous pensez que vous êtes trop âgées.

J'ai besoin de vous plus que jamais, vous m'avez trop manqué. Je veux pouvoir vous voir, vous remercier en personne, vous parler.

J'ai besoin de vous, je le répète et je n'éprouve aucune honte à le dire. Vous m'imaginiez surhumain, peut-être ; une idole du numérique. Je me reconnaîtrai ce défaut : je ne suis qu'un être humain, qui commet parfois des erreurs et qui cherche sans cesse à s'améliorer. Je ne suis rien de mieux qu'un jeune homme anodin ; quelqu'un qui a besoin d'amour et de soutien.

J'ai besoin de vous, mes Jeremstarlettes. Vous êtes mon unique salut. Vous êtes tout ce qu'il me reste. Sans vous, que deviendrai-je désormais ?

MEA CULPA

J'ai ma part de responsabilité dans tout ça

Aujourd'hui, quand on a dix-huit ans, on s'imagine qu'on peut traiter un mec de pédophile et que ça va attirer la lumière. On poste le contenu de sa plainte bidon sur Twitter. On ment allègrement à la police, on fout les gens dans la merde.

Allez hop !

On ne craint personne, on ne respecte rien ; pas même l'idée de justice. On part du principe qu'on peut traiter n'importe qui de n'importe quoi, comme ça…

« Et puis ça n'est pas grave parce que si j'admets par la suite avoir menti, alors tout s'arrête ! »

J'ai l'impression de rêver. Peut-on tuer quelqu'un avant de dire « Pardon, je voulais devenir célèbre, je l'ai pas fait exprès », et voir son crime effacé ?

La plupart des jeunes d'aujourd'hui veulent tous devenir célèbres ; ils sont mal éduqués, ils sont sans pitié. Quelle est ma part de responsabilité dans ce merdier ? Pour la première fois de ma vie, je n'ai plus trop envie de ricaner.

Il y a quelques années, j'ai voulu me faire connaître pour me faire connaître, c'est vrai. Mais je l'ai fait à ma manière. Sans avoir recours à la calomnie et sans mentir, jamais.

On m'a reproché de ne pas avoir de talent. Je réalise en fait que j'en ai. Le talent de travailler. Celui de comprendre le monde pour savoir où me positionner.

Trop de jeunes gens qui me suivent tombent dans le panneau de l'argent facile. Mea culpa. C'est de ma faute, tout ça !

Ils vont au plus simple. Ils ne cherchent pas à inventer. Ils pensent que manipuler les réseaux sociaux suffira à les faire percer.

J'en suis désespéré.

Tenez. Je n'oublierai jamais cette conversation, que j'ai eue avec un ado de 16 ans, pendant une dédicace. Était-ce à Angers ?

Le garçon me suppliait de le suivre sur Instagram pour gratter un peu de ma base d'abonnés. Il ne voulait pas lâcher.

« C'est quoi ton talent ? je lui ai lancé. Qu'aimerais-tu faire de ta vie ? »

Il m'a répondu qu'il n'en avait pas la moindre idée.

C'est une chose que j'ai souvent constatée. Les gamins, de nos jours, ne s'intéressent à rien. On leur pose la question au collège, au lycée.

« Ben je sais pas », ils répondent. « J'ai pas décidé. »

– Et tu vas faire quoi, après ton bac ? j'ai insisté.

– Ben, je sais pas. Je vais me lancer sur les réseaux sociaux.

– Du droit, peut-être ?

– Non, je sais pas. Je vais me lancer sur les réseaux sociaux !

– À quoi t'intéresses-tu ? Tu aimes les voyages ? Tu t'intéresses à la mécanique, peut-être ?

– Ouais, non, je ne sais pas… J'aime traîner sur les réseaux sociaux, je crois…

Instagram est devenu le métier à la mode. Comme le fut la téléréalité en son temps. C'est le nouvel Eldorado. Créer un compte Instagram, uploader des photos ; puis, quand on a un nombre suffisant d'abonnés, les monnayer.

Devenir « influenceur ». En voilà, une belle idée de métier !

Des agences de micro-influencing ouvrent tous les jours, qui sont spécialement dédiées à des comptes qui n'ont que 10 000 abonnés.

C'est facile d'avoir 10 000 abonnés ! Il suffit de clasher deux ou trois personnes connues… Tout est tentaculaire, tout se relie. Même des nobodies peuvent y arriver. Des mères de famille. C'est un mode de vie qui ne nécessite aucun effort particulier, sinon celui de se prendre en photo toute la journée.

Sur Instagram, les gens postent des photos de vacances, des saynètes de leur vie quotidienne, plus ou moins bien travaillées.

– Voilà mon rêve, a poursuivi le jeune. Faire comme tous les candidats de téléréalité. Acheter des merdes pour quelques centimes sur Ali Express, en changer le packaging et les revendre une fortune.

La catastrophe à laquelle il faut dorénavant faire face s'appelle donc Ali Express. Kits de blanchiment dentaire, montres…

– M'enfin, jeune homme… Prendre les internautes pour des cons en leur vendant de la camelote n'est pas une activité ! T'as déjà pensé à faire les choses proprement ? À réfléchir à un produit qui aurait une valeur ajoutée ?

– Bah non, penses-tu… C'est trop compliqué… En vrai, j'ai besoin de quoi, pour lancer mon projet ? De quelques abonnés… Ensuite, des influenceurs calés feront ma publicité.

Je suis sidéré par tant de paresse. Atterré.

J'aimerais citer un autre exemple qui m'a fait halluciner. En rendez-vous avec le dirigeant d'une boîte de « com », un jour, j'entends une histoire insensée. Autour d'un café, il propose de me payer pour assurer la mise en lumière d'un musicien. Un rappeur, si je me souviens bien.

– C'est cool, je lui dis. Tu me balances un son, que je puisse écouter ?

Le mec de l'agence est gêné.

– C’est-à-dire qu’il veut se lancer…

– OK. Mais sinon, c’est sympa, ce qu’il fait ?

Le type n’en a pas la moindre idée.

– Ben ouais ! qu’il dit ; il a été convenu qu’il écrirait la chanson en fonction des influenceurs-relais !

Je suis stupéfait.

– En gros, si t’acceptes de parler de lui ; il te clashera pour buzzer.

Comment un truc pareil est-il possible ? Le mec rit :

– Oh tu sais, un beat généré sur le bon logiciel ; quelques mots qui parlent d’une personne qui cartonne, et l’affaire est dans le sac ! Les mains dans les poches, c’est fastoche !

– Mais c’est qui, ce type, au juste ?

– Personne… Un mec qui bosse dans un magasin. Il te vénère. Il nous a donné une enveloppe de 20 000 contre la garantie qu’on ferait de lui quelqu’un comme toi.

Il m’arrive d’être effaré par la vision qu’ont certaines de mes Jeremstarlettes du monde et de leur futur professionnel.

Encore un exemple. Une copine à moi, cette fois.

– J’aimerais bien me lancer dans une formation de coiffeuse, elle me lance au milieu d’une conversation. Ça fait des années que j’y pense, mais j’hésite.

– C’est une super idée ! Pourquoi tu le fais pas ?

– Parce que je n’ai pas assez d’abonnés sur Insta.

Véridique.

En 2019, les gens pensent que pour lancer un business, il faut avoir des abonnés. Ils prennent toute la problématique de création d'entreprise à l'envers. Tu cherches un emploi ? Postule sur Instagram, tiens !

Ça me donne envie de pleurer.

Ils s'imaginent que la popularité sur les réseaux sociaux est la condition sine qua non de toute réussite sociale. On ne veut plus devenir candidat de téléréalité, désormais ! À quoi bon se casser la nénette quand il suffit d'alimenter ses comptes en ragots putassiers pour se faire remarquer ?

C'est en partie de ma faute, tout ça. Mea culpa.

Moi le premier, j'ai mis en avant ma réussite numérique. J'ai grassement été rémunéré par des marques qui voulaient atteindre ma communauté et chaque fois qu'on m'a demandé combien je gagnais, je m'en suis vanté.

Au final, je réalise que le message que je m'échine à transmettre sur la valeur du travail et de l'inventivité est passé à la trappe.

« Faire de la téléréalité plutôt que s'emmerder au chantier », j'ai un jour lancé. J'aurais mieux fait de tourner sept fois ma langue dans ma bouche avant de parler.

« Tu as un potin sur un people ? Envoie-le à Jéjé. »

En tournant des baignoires pendant des années, j'ai assuré la promo d'un système de clashes que je ne peux plus supporter.

Mon enseignement a mal été digéré par une certaine catégorie de gens, sans doute peu cultivés, qui ont tout misé sur la paresse et le manque de respect.

Je le comprends désormais : le prix à payer quand on est le dindon de cette farce est trop lourd à assumer.

Je sens mon public partir à la dérive. Mes cyber-agresseurs, de même que leur manière de se comporter, achèvent de m'effrayer.

Interrogée par le *Journal du Dimanche* pendant la polémique, ma directrice de la communication a eu cette phrase choc qui résume l'étendue de la problématique :

« Jérémy a plébiscité un système de délation et en a fait son fonds de commerce. Il a créé des monstres. »

Jamais personne ne m'aura si bien mis face à la cruelle vérité : les abominables créatures auxquelles j'ai été confronté ne sont rien de plus que mes descendants directs. Une version grossièrement actualisée de moi. Mes héritiers.

J'ai été l'idole de mes propres bourreaux. Je leur ai servi de modèle. De qui suis-je au final la victime, sinon de moi-même ?

Je ne souhaite pas avoir pour progéniture des personnes qui baignent dans la pourriture. Je refuse de vivre une minute de plus en me disant que je pousse une génération entière à se nourrir de préoccupations inutiles et vulgaires.

Alors voilà. Si mon message a mal été interprété, j'aimerais qu'on le retienne une bonne fois pour toutes désormais.

Comment se protéger du numérique ? Quelqu'un qui a fait son beurre dessus vous l'explique, allez.

Si vous avez peur que votre sextape finisse en ligne, eh bien n'en faites pas. Voilà.

J'avoue que je suis ahuri de voir passer des campagnes de prévention gouvernementales qui véhiculent ce message :

« Ne partage pas la photo qu'on t'a envoyée et qui ne t'était pas destinée. » « Partager, c'est harceler. »

La chose n'est pas absurde, mais en vérité… Le premier message ne serait-il pas d'expliquer à une ado de seize ans qu'elle n'a pas besoin de filmer ses ébats avec son copain ? Qu'il est parfaitement inutile – à moins qu'elle ait pour objectif de se lancer dans la pornographie – de poser dans sa chambre pour des photos sexy ?

Ça sert à quoi, franchement, ces conneries ?

Toi, qui me lis. Ne te filme pas en train de faire l'amour avec ton petit ami, je t'en supplie. Tu es jeune, tu l'aimes de tout ton cœur, je sais… Pardon d'être franc, mais qui dit que dans un mois, vous ne vous disputerez pas comme des chiffonniers ?

Mieux vaut agir de manière prudente et raisonnée. La moindre vidéo, la moindre photo, si elle a le malheur d'exister, pèsera toute ta vie au-dessus de ta tête comme une épée de Damoclès.

Contente-toi de vivre les choses, ne fais pas la même erreur que Jéjé.

Tant que tu y es, interroge-toi. Pourquoi te répands-tu sur les réseaux sociaux, en vrai ? Est-ce que c'est parce que « tout le monde le fait » ?

Dans quel but fréquentes-tu Twitter ? Est-ce pour t'informer ? À moins que tu ne cherches à t'y divertir, peut-être ?

En admettant que ce soit le cas ; qu'est-ce qui t'y plaît réellement ? Si c'est le fait de voir des gens lancer des rumeurs et s'insulter, j'avoue avoir du mal à comprendre ce qu'il y a de marrant là-dedans.

Dernière question : est-ce que tu t'arrêtes sur le bord de la route pour regarder les victimes d'accidents de voiture en espérant qu'elles meurent ?

Si tu réponds que oui, dis-toi que tu fais exactement la même chose en ricanant quand un garçon est comme moi victime de harcèlement.

Pour reprendre la métaphore de l'accident, c'est comme si tu lui mettais un coup de pied supplémentaire alors qu'il gît déjà par terre.

La vie réelle ne se déroule pas sur Twitter. Ça n'est pas vrai.

Je me suis moi-même laissé prendre à ce jeu. Pendant la polémique, j'étais persuadé que ce que j'y lisais se concrétiserait dans la réalité. Je pensais qu'on me cracherait à la gueule dans la rue. Je me trompais.

Internet est un monde parallèle. C'est autre univers, avec ce qu'il compte d'âmes perdues qui s'inventent des destins.

Privilégie donc les rapports humains. Entretiens-toi avec des personnes faites de chair et de sang.

On dit que les réseaux sociaux favorisent l'isolement : en tant qu'utilisateur patenté, je ne peux que confirmer.

Le harcèlement numérique est un fléau gravissime. Quand on le subit, on a l'impression qu'on ne s'en sortira pas. On perd toute estime de soi. On se sent abattu. Mais au final… On survit à tout, n'est-ce pas ?

Regardez, les loustiques. Je suis encore là, je respire, j'existe.

Je pense avoir vécu ce que l'Internet pouvait infliger de pire. Si je l'ai surmonté, sachez que vous pouvez le faire à l'échelle du lycée si vous souffrez.

C'est vous qui décidez.

Coupez tant qu'il en est encore temps. Déconnectez. Il fait beau, regardez ! Pourquoi ne pas sortir retrouver vos amis, au lieu de converser par écrans interposés ?

Toutes les filouteries, tous les mensonges, ne peuvent pas être acceptés pourvu qu'ils mènent à une éphémère notoriété.

Mes cyberagresseurs ne s'en sont pas cachés : ils n'avaient aucun autre but que celui de devenir célèbres, ou carrément de me remplacer. Je les vois maintenant faire des placements de produits.

Il n'y a aucune gloire à générer de l'argent facile en écrasant autrui. Qu'auraient-ils fait de leur vie s'ils n'avaient pas réussi à m'abîmer ainsi ?

Bien mal acquis ne profite jamais. Le karma se chargera de renvoyer mes bourreaux aux limbes numériques dans lesquelles ils sont nés.

En attendant, les amis, ne faites pas comme eux. Trouvez votre voie et faites en sorte de la suivre, quoi que cela puisse vous coûter en termes de sacrifices.

Lisez. Choisissez-vous un idéal pour lequel vous vous battrez. On a tous une passion, un talent caché… Il faut l'identifier.

Ne me répondez pas que votre plus grand talent consiste à « avoir des abonnés », sans quoi je vais me fâcher !

Avoir des abonnés n'est pas une activité. De même que jouir de voir des gens s'étriper sur Internet et prendre part à la mêlée.

Cette horrible affaire aura eu ceci d'utile qu'elle est la preuve par A plus B que tout ce qui circule sur la Toile n'est pas vrai.

Méfiez-vous des réseaux sociaux, donc ; je ne le dirai jamais assez.

Ne participez pas au lynchage numérique en « likant ». Évitez d'alimenter les polémiques.

Renoncez à l'idée d'accabler qui que ce soit. Surtout, posez-vous toujours cette question : Et si on me faisait tout ça, à moi ?

C'est un message d'espoir que je voudrais ici partager. Je suis avec vous. Je me sens mieux. J'espère que mon témoignage vous donnera de la force, si toutefois vous en manquez.

La force de vous battre. La force de vous relever. La force d'avoir du caractère.

Rien ne mérite qu'on se roule par terre et qu'on cesse d'exister.

Ne laissez pas les autres vous détruire. Ne laissez personne vous piétiner qui cherche à briller.

J'aimerais que cette maxime soit le cœur de mon livre, son message fort.

Un jour après l'autre. Un pied devant l'autre.

Coupez Internet. Posez ce livre.

Allez-y, mes Jeremstarlettes. Le moment est venu.

Cessez de vous cacher. Assumez-vous. Vivez.

LE CHAPITRE BONUS

Je t'aime aussi, Papa.

J'aimerais, si tant est que pareille chose soit possible, que mes cyberagresseurs prennent toute la mesure du mal qu'ils m'ont fait. Également, du mal qu'ils ont fait à ma famille, par mon entremise.

Je vais vous faire une fleur, mes Jeremstarlettes. Je sais que ce que je m'apprête à faire assouvira le fantasme de beaucoup de gens qui m'aiment ; de même que celui d'un grand nombre de mes détracteurs.

Puisque j'ai décidé d'être on ne peut plus transparent dans ce livre… Eh bien, nous y sommes. Je vous fais cadeau de ma boîte mail personnelle, JEREMSTAR@YAHOO.COM. Vous pouvez y aller, c'est full access. Après tout, ma correspondance privée n'est-elle pas un récit de la polémique en elle-même ?

Vous y trouverez tout, vous verrez : la confession de mes angoisses ; mes immenses déceptions, de même que mes espérances dérisoires.

Je n'ai rien à me reprocher, n'en est-ce pas la preuve formelle ?

La vérité est ce qu'elle est, les faits sont là. Bienvenue dans la peau de Jeremstar, les loustiques. Bienvenue dans l'intimité de son cœur, dans l'abomination qu'a été sa vie.

J'aimerais que ces quelques messages, livrés sans filtre, fassent comprendre à tous les bourreaux potentiels qui me liront à quel point le harcèlement numérique est une chose grave. L'ignoriez-vous ? Derrière chaque pseudonyme existe un être humain ; une personne qui a un père, une mère, une grand-mère Claudette. Une carrière.

Le harcèlement numérique ne touche pas qu'une personne en plein cœur. C'est une traînée de boue dévastatrice, un ouragan gigantesque, une catastrophe naturelle.

Vous qui me lisez et qui vous apprêtez à publier un Tweet ordurier… Je vous imagine très bien, je vous vois. Vous êtes à un doigt d'envoyer. Stop. Réfléchissez. Écoutez un peu Jéjé. Franchement, quel bénéfice allez-vous tirer de cette destruction en cascade ? Vous trouvez ça amusant, de pourrir la vie des gens ?

Je me répète peut-être, mais je ne suis pas le seul à avoir souffert, les amis. Dans mon dernier livre, je vous avais présenté ma maman, Nelly. J'avais fait le choix de centrer ma biographie sur ma relation avec elle. (La plus problématique de mon existence.) Je sais que mon père en a été profondément blessé et j'aimerais lui demander pardon pour ça.

Quand il est sorti, papa a couru le chercher au magasin Carrefour le plus proche de chez lui. Il était tout guilleret, le pauvre. « Je vais l'acheter, Jéré, qu'il m'a dit. Je suis en chemin. » Dix minutes après, il était furieux, infiniment triste, détruit. Dix minutes après, je recevais de lui ce SMS terrible : « C'est dégueulasse. Adieu, Jérémy. »

Je suis navré. Je ne l'ai pas fait exprès. Et je voudrais que soit rétablie ici un minimum d'équité. J'aimerais dire dans ce livre que j'aime de manière équivalente ma mère et mon père. Tu as eu énormément de peine, papa ; et j'en ai eu par ricochet. Mais je ne t'oublie pas. Pendant la polémique, j'ai été très touché par la manière dont tu t'inquiétais pour moi. Nous n'avons pas toujours eu des relations faciles. Je ne te vois pas souvent, effectivement.

Oui, j'ai un père, mes Jeremstarlettes. Vous en doutiez peut-être ? Il s'est occupé de moi. Il m'a emmené en vacances. Il m'a appris à faire tout un tas de trucs marrants.

Je te dédie ce chapitre, Zeuillon. J'aimerais que tu saches que pendant le « CardonnaGate », j'ai été infiniment touché par tes témoignages d'affection.

De : G g
Envoyé : mercredi 17 janvier 2018 17:16
À : Jeremstar Officiel

Jérémy,
Ton portable ne répondant plus, j'ose espérer que tu vas bien.
Je viens de découvrir tout ce battage sordide autour de toi. Garde la tête haute, mon fils. Je suis avec toi. Bouddha a un jour dit : face à un problème il

y a deux solutions. Soit tu peux le résoudre, soit tu regardes ailleurs.
Tu es quelqu'un de bien, Jérémy. Je ne crois pas en tous ces mensonges ; et même si quelque chose est vrai, je m'en contrefous.
Sois fier de ce que tu as fait. Tu as fait prendre conscience à beaucoup de gens, de ce que pouvait être la dangerosité des émissions de téléréalité. Laisse tomber ce faux univers et reconstruis-toi ailleurs. Ça n'est pas grave.
S'il y a des choses à prendre à ta charge, assume-les. Je serai toujours là pour toi et pour t'aider.
Sois fort, Zizou. Je t'envoie tout mon courage, ma lucidité, toutes mes forces et mon honnêteté de père. J'espère que ton adresse mail est toujours valide. Si tel est le cas envoie-moi des nouvelles de toi. S'il te plaît. Je suis prêt à venir te rejoindre pour t'aider. Pour cela, réponds-moi. S'il te plaît. Dis-moi où tu es. Ton papa qui t'aime.

De : Jeremstar Officiel
Envoyé : mercredi 17 janvier 2018 17:52
À : G g

Merci beaucoup, Zeuillon, pour ce magnifique mail qui me fait très chaud au cœur. Je suis ému. J'ai changé de numéro. Voici le nouveau : 06 XX XX XX XX.
Je suis évidemment abattu par tout cela, mais je ne lis pas les horreurs qu'on dit sur moi sur les réseaux sociaux.
Bien entendu, je n'ai absolument rien à me reprocher. Je te joins le communiqué de presse que je viens de publier. Je reviendrai vers toi rapidement.
Je tiens quand même le coup. Mon petit copain est avec moi, ainsi que mes amis. Je sais que je ressortirai fort de tout ça.

Pour l'instant, je ne suis plus dans l'émission de Thierry Ardisson, en attendant que les choses se soient éclaircies… Mais ils m'ont promis de ne pas me lâcher. Voilà. Encore merci pour ton mail. Je t'aime.

De : G g
Envoyé : mercredi 17 janvier 2018 19:07
À : Jeremstar Officiel
Objet : Re :

Ouf. Je suis rassuré par ton message. Merci, mon Zizou.
Fais attention, ne reste pas seul. D'ailleurs, je devrais venir quelque temps auprès de toi, histoire de te changer les idées. Moi je suis libre. On pourrait « déconner » un peu ensemble, en dehors de tes obligations ? Dis-moi. Dans tous les cas on reste en communication.
Ne t'occupe pas de tes détracteurs. Je sais que tu vas en sortir vainqueur et renforcé.
Ton communiqué de presse est impeccable. Garde tout ton talent, mon Zizou ; ainsi que toute ta confiance. Tu ne mérites pas d'être en dessous de ton honnêteté.
Allez je te laisse. Je tiens à toi. Je t'aime.
Garde confiance en toi. Je suis, comme tant d'autres, avec toi.

De : G g
Envoyé : mercredi 17 janvier 2018 22:10
À : Jeremstar Officiel
Objet : Re : Communiqué de presse

Jéré,
Je pense que le coup gravissime porté à ta sensibilité devrait susciter la mise en place de règles de sécurité

strictes sur Internet. Tout le monde en parle, mais aucune mesure concrète n'a encore été prise et rien, pour ce que j'en sais, n'a été débattu à l'Assemblée Nationale. Peut-être auras-tu l'opportunité de faire bouger les choses. Je sais que ça n'est pas ta priorité, mais je dis cela pour essayer de t'aider.
Dans l'immédiat, ne t'en fais pas trop.

De : G g
Envoyé : jeudi 18 janvier 2018 18:57
À : Jeremstar Officiel
Objet : Re : Communiqué de presse

Bonjour Jérémy,
Je ne te cache pas qu'en tant que père, je suis inquiet et remué. Je me sens touché et agressé, puisqu'on te touche. Cependant, je fais face. Ne t'inquiète pas pour moi. Donne-moi juste de tes nouvelles.
Je ne regarde plus les réseaux sociaux. Je l'ai fait au départ de toutes ces conneries. J'ai rapidement pris conscience de la petitesse de leurs auteurs. Cela suffit bien évidemment à ce que je sois à tes côtés pour t'accorder toute ma confiance et te redire tout mon amour pour toi. Courage mon Zizou, à plus !

De : G g
Envoyé : samedi 20 janvier 2018 12:33
À : Jeremstar Officiel
Objet : Re : Communiqué de presse

Hello Zizou,
Hier, je suis allé prier à l'église de Chassieu, là où on t'a baptisé. Garde le moral. Essaie tout de même de répondre au téléphone lorsque je t'appelle, d'accord ? Je pense très fort à toi.

De : G g
Envoyé : dimanche 21 janvier 2018 22:42
À : Jeremstar Officiel
Objet : Garde ESPOIR

Jérémy,
Garde espoir. Je sais que tu ne vas pas bien. Personne, après l'agression que tu as subie, n'irait bien. Tu vas remonter la pente un peu plus tard. Il faut savoir qu'il y a plein de gens qui t'aiment et qui s'intéressent à toi ; pas à cette actualité sordide, délétère et fausse. Ceux qui te connaissent et te considèrent à juste valeur sont ceux que tu ne perdras jamais. Les autres sont petits ; et tu es bien plus intelligent et éduqué que ces personnes.
Tu n'es pas fini, mon fils ; car je te sais courageux. Nous sommes tous avec toi : ta famille, tes amis, tes confidents. Personne ne juge. Je sais que toutes ces histoires te fatiguent. Reste encore à l'abri si tu le peux.
J'ai regardé LTD ce soir. Tu m'as manqué. Tout cela est injuste. Cependant, j'ai été heureux d'apprendre que Thierry Ardisson ne t'avait pas lâché (signe de vérité) et que Raquel Garrido t'avait défendu. JUSTICE sera faite POUR TOI, c'est sûr. Continue de croire en la vie et en l'amour. Tu verras, après ce cauchemar, la Vérité sera là.
J'aimerais faire bien plus encore pour toi, peut-être créer un comité de soutien. Pourrais-tu me dire ?
Courage, je t'embrasse de tout mon cœur. Dis-moi si tu as besoin de quelque chose…
Ton papa qui t'aime.

De : G g
Envoyé : dimanche 21 janvier 2018 23:31
À : Jeremstar Officiel
Objet : Garde ESPOIR

J'aimerais avoir de tes nouvelles, Jérémy. Je sais que tu ne vas pas bien.
Donne-moi juste des nouvelles de ta santé, fais un effort s'il te plaît. Je ne sais plus comment faire. J'ai besoin aussi d'être rassuré.
Gros bisous.

De : Jeremstar Officiel
Envoyé : lundi 22 janvier 2018 23:55
À : G g
Objet : Re : Coucou

Salut Zeuillon.
Ne t'en fais pas, je suis avec mon petit copain qui me fait à manger et s'occupe de moi. Je suis entre de bonnes mains. Je fais des choses normales, je regarde des films. Je devrais bientôt faire mon retour chez Ardisson. Merci beaucoup pour tous tes mails, en tout cas ; ils m'ont remonté le moral et parfois fait pleurer. C'est touchant.

De : Jeremstar Officiel
Envoyé : mardi 23 janvier 2018 17:26
À : G g

Sale journée aujourd'hui.... La polémique reprend avec des gens qui déposent de fausses plaintes, maintenant... C'est horrible. Le cauchemar reprend.

De : G g
Envoyé : mardi 23 janvier 2018 18:52
À : Jeremstar Officiel
Objet : Re : Courage zizou

Eh oui, ça n'est pas fini. Il faut que tu acceptes. C'est comme un cancer, pour le moment. Mais tu vas le vaincre. J'ai confiance en toi.
Ton avocate sait prendre les bonnes mesures. Explique-lui bien tous les désagréments que l'affaire occasionne pour toi : ton moral, ta santé nerveuse… Il faut en parler avec elle pour qu'elle puisse le notifier. Aussi, pour qu'elle puisse t'aider.
Pourquoi ne pas te confier à un(e) psy ?
En tout cas, reste entouré. Je pense que tu ne sors pas trop ; mais si tu le fais, ne sors jamais seul pour le moment. Essaie également de relativiser. Après tout, tu t'en fous des racontars et des ignominies des autres ! Vraiment, tu vaux bien mieux que tous ces malfrats. Reste confiant, mon Zizou. Un jour, tout cela s'arrêtera ; et tu mèneras ta barque ailleurs.
Reprends les émissions avec Ardisson, profite de son expérience pour en parler avec lui. Il t'attend sur C8, il l'a publiquement dit et je suis là aussi s'il le faut.
D'un autre côté, j'ai besoin aussi de savoir réellement ta vérité, Zizou. Peux-tu vraiment me donner, sans voile, la vérité, de toi à moi ? Tu sais qu'on peut se parler en toute franchise sur ce qui t'est reproché, ce que tu as « fait » et ce que tu n'as pas fait. Exactement la vérité, je veux dire.
Tu sais que je ne te juge pas. J'ai besoin de savoir pour continuer à t'aider et à te protéger. J'espère que tu le comprendras bien, car je t'aime.
Ton père, un papa. Gros bisous.

De : Jeremstar Officiel
Envoyé : mardi 23 janvier 2018 19:53
À : G g

Le souci, c'est que je n'ai absolument rien fait. Rien de rien. Je n'ai absolument rien à me reprocher. Je me trouve mêlé à une affaire qui implique quelqu'un de mon entourage. Tout me retombe sur la tronche. Un mec a déposé plainte en mentant. L'affaire prend un nouveau tournant. C'est vraiment très grave. Je te laisse regarder sur Google. La personne qui a déposé plainte, je ne la connais même pas…

De : G g
Envoyé : mardi 23 janvier 2018 20:05
À : Jeremstar Officiel
Objet : Re : Courage zizou

J'ai regardé Google, déjà. Il fallait s'y attendre… Ils se régalent tous, maintenant. Je pense que tu t'es trop surexposé. Réellement, étais-tu dans cette histoire ? Étais-tu présent ? C'est important, de dire la vérité. Je sais qu'il y a 3 ans, tu étais à Nîmes. On s'était téléphoné ; moi, j'étais en cure Thermale à Dax… Peux-tu me dire…

De : Jeremstar Officiel
Envoyé : mardi 23 janvier 2018 20:22
À : G g

Mais bien sûr que non voyons, je n'ai jamais assisté à ce genre de choses. Les médias font du sensationnalisme et prennent en compte la plainte d'un mec qui affirme tout et son contraire et qui se contredit sans cesse. Je suis victime d'un buzz sans fin où tout le monde veut m'abattre.

De : G g
Envoyé : mardi 23 janvier 2018 22:39
À : Jeremstar Officiel
Objet : Re : Courage zizou

C'est bien, Jérémy. Et si tu allais faire une déposition supplémentaire à la police ? N'étais-tu vraiment pas au courant ?... Parce que si c'est vrai, le problème est que tout le monde t'associera à ça. À tort, je sais bien. La police aussi. Tu ne sais vraiment rien ? À part ces fêtes où il t'invitait, tu n'as jamais rien vu ?

De : G g
Envoyé : mardi 23 janvier 2018 23:14
À : Jeremstar Officiel
Objet :

Tu peux me dire... je suis là pour t'aider.

De : G g
Envoyé : jeudi 25 janvier 2018 15:02
À : Jeremstar Officiel
Objet : Laisse parler...

Salut Zizou,
Je viens de prendre la température de « l'affaire », et ça n'est pas si mal. Laisse parler... et continue à avoir confiance en la justice et en ton avocate. J'espère que ton moral ne diminue pas. Tu dois rester courageux. C'est un sale moment à digérer, ça ira mieux après.
Pour ma part, cette déflagration a eu un léger effet sur moi. Mais bon. Il faut continuer, je pense ; sans trop intervenir ; comme tu l'as fait jusqu'à présent. Tu as la chance d'avoir une directrice de la communication et des renforts juridiques.

Donne-moi quand même des nouvelles de toi... même brèves.
Comment occupes-tu tes journées ? L'essentiel étant que tu sois en bonne santé.

De : Jeremstar Officiel
Envoyé : jeudi 25 janvier 2018 16:19
À : G g
Objet : Re : Laisse parler...

Ben écoute aujourd'hui, c'est horrible. Je viens de voir ce qui allait sortir demain dans les magazines. Ardisson, je suis écarté pour l'instant. Je pense que c'est foutu. Les médias titrent tous sur moi alors que l'affaire ne me concerne pas. La justice est lente, rien ne se passe. Je ne saurais te l'expliquer tant tout cela est complexe.
Je ne peux plus sortir, je reste enfermé avec mon copain. Dieu merci, il est d'un soutien énorme.
Les journées sont interminables, devant la TV. C'est la dépression. Voilà. Et les médias aiment le sensationnel, donc je suis chaque jour sali un peu plus. Pourtant, je suis 100 % innocent.

De : G g
Envoyé : vendredi 26 janvier 2018 00:11
À : Jeremstar Officiel
Objet : Re : Laisse parler...

Jérémy,
N'attends pas d'être submergé par la dépression. Tu dois te faire aider, comme je te l'ai expliqué. Ça n'est pas une honte. Ce que tu viens d'écrire n'est pas fameux... Et si tu partais en voyage avec ton copain, quelque temps loin de tout ça ?

C'est bien, que ton copain soit présent à tes côtés. Mais pars. Tu ne peux pas rester comme ça, Zizou. C'est l'occasion de voyager à deux, non ?
Ardisson, l'argent, la presse, tu t'en moques. C'est facile à dire, je sais. En tout cas, il faut que tu t'en sortes. Il faut que tu te refasses une santé.
Laisse tout entre les mains de ton avocate et pars.
Ton copain, il pense quoi de tout ça ?

De : G g
Envoyé : vendredi 26 janvier 2018 13:26
À : Jeremstar Officiel
Objet : Courage !

Je sais que tu vas mal, et tout le monde le sait. Il faut essayer de relativiser, Jérémy ; en te disant que tu n'es pas le premier « people » à faire la Une des magazines. Ne t'inquiète pas, accepte-le. Tu verras qu'un jour, tout cela s'apaisera.
Fais-moi confiance. Ne te laisse pas aller. Le plus dur, c'est en ce moment. Il est normal que tu pleures. Tu dois te remettre du violent coup que tu as reçu. La police et la justice sauront s'occuper de celui qui a un jour déclaré vouloir être ton ennemi et te briser.
Tu es debout, Jérémy ; alors pleure toutes les larmes de ton corps le temps qu'il faudra, mais espère. Ces larmes sont ta défense et l'aide de ta survie.
Pleure un bon coup. Je t'aime. Courage.

De : Jeremstar Officiel
Envoyé : vendredi 26 janvier 2018 23:44
À : G g
Objet : Re : Je pense à toi

Merci pour tes mails, ils me font chaud au cœur. Les journées sont toujours aussi tristes et déprimantes.

Je suis cloîtré sans pouvoir sortir à cause des paparazzis, mais je survis…
Avec ma conseillère en com. nous avons une stratégie. Je serai bientôt blanchi. Je garde espoir, même si c'est dur.

De : G g
Envoyé : vendredi 26 janvier 2018 00:31
À : Jeremstar Officiel
Objet : Je suis avec toi

Garde le moral. Téléphone-moi si ça ne va pas.
Je pensais aussi à une chose – c'est peut-être un peu tôt pour le moment –, mais si j'allais à l'antenne, plus tard, pour témoigner du sadisme qui règne sur Internet ? Et si je tentais des courriers, pour n'importe quelle chaîne de TV ? Me faire inviter ?
Je te jure que je suis prêt à le faire, pour faire bouger les choses ; pour toi avant tout.
Il faut que tu t'en sortes, Zizou. Moi, je suis naturellement avec toi. Ne sombre pas.
GARDE ESPOIR. COURAGE. GROS BISOUS.

De : Jeremstar Officiel
Envoyé : vendredi 26 janvier 2018 03:34
À : G g
Objet : Re : Je suis avec toi

Oui, j'essaierai de te téléphoner, mais en ce moment je ne fais que pleurer. Demain, des horreurs sortent encore dans le magazine Public… Je suis en couverture…
Peut-être que mon copain devrait t'appeler pour te parler… Moi, j'ai pas trop la force… Ressasser les mêmes choses avec lesquelles je me torture toute la journée…

Je ne retournerai plus chez Ardisson. C'est fini pour moi. Je suis triste, j'aimais tellement. C'était une belle concrétisation et tout s'effondre à cause de choses fausses… C'est vraiment terrible.
Et non, pour les plateaux TV. Surtout pas. Tu ne peux pas y aller, ça me foutrait dans une sacrée merde… C'est inenvisageable…
Ne contacte personne, s'il te plaît. Reste discret.

De : G g
Envoyé : samedi 27 janvier 2018 12:14
À : Jeremstar Officiel
Objet : Re : Je pense à toi

Écoute bien ta conseillère en com. Je suis heureux que tu sois entouré de gens compétents qui t'aident et savent reconnaître les valeurs que tu possèdes. Applique à la lettre ce qu'elle veut entreprendre pour te tirer d'affaire. Tes détracteurs paradent tous en ce moment, mais ce sont eux qui plus tard, auront tout à perdre.
Arrives-tu à avoir provisions et vivres pour manger ? Es-tu chez toi, en réalité ? Je ne te pose pas ces questions pour être indiscret ; c'est simplement pour avoir une idée et mieux connaître ta situation pour te venir moralement en aide.
Je sais que tu ne mérites pas qu'on te salisse.
Courage. Je suis avec toi jusqu'au bout de l'unique Vérité qui est la tienne.
Ton père qui croit en toi.

De : G g
Envoyé : samedi 3 février 2018 16:57
À : Jeremstar Officiel
Objet : Coucou

Salut Jérémy…
J'aimerais bien avoir de tes nouvelles. Je sais que tu n'es pas au top, mais bon… Essaie tout de même de me faire signe ? Je suis inquiet. Moi aussi, tout ça me bouleverse.
Voilà, mon Zizou. Bisous.

De : Jeremstar Officiel
Envoyé : dimanche 4 mars 2018 19:07
À : G g
Objet : RE : Allez tchao bonsoir !

Salut Zeuillon...
Je suis à Paris. Je suis rentré après avoir passé deux semaines à Perpignan. Toujours compliqué pour moi, de sortir. Vendredi, je pars en Islande une semaine pour être tranquille. J'espère que tu vas bien. Il faut qu'on s'appelle. Je pense à toi.
Le moral revient un peu, je suis optimiste pour mon retour. J'ai eu le temps de réfléchir à ce que je voulais et à ce que je ne voulais plus. Je pense arrêter la téléréalité et me consacrer à des choses plus intelligentes et utiles.
En ce moment, je m'occupe un peu comme une ménagère. Je prends du plaisir à faire mon ménage, à cuisiner... Pour la première fois de ma vie, j'ai fait une quiche moutarde thon tomates ! Ce soir, une copine vient chez moi. On va faire des crêpes et se faire des masques.
En tout cas, je suis touché par ton soutien. Je saurai m'en souvenir. Lire tes mails pendant cette affaire – où

je n'avais quasiment aucun contact avec qui que ce soit – m'a remonté le moral… Alors merci.
Je te laisse, je dois étendre ma machine. À plus tard au tel dans la semaine.

De : G g
Envoyé : mercredi 7 mars 2018 19:41
À : Jeremstar Officiel
Objet : Re : Coucou

Bonjour Jérémy,
J'espère que ce mail te parviendra… Je suis heureux d'apprendre ton positivisme. C'est bien, mon Zizou. Je t'encouragerai toujours.
Je viens d'avoir mamie au téléphone. Elle sait que tu remontes bien la pente. Elle m'a confié avoir souvent prié pour toi, et ton rétablissement progressif lui donne énormément de plaisir et de joie. Ta grand-mère Claudette t'aime.
À bientôt,
Je t'aime comme un fou… Comme un soldat ! Salut, Adjubaye !
Le Zeuillon Zanzibar.

De : G g
Envoyé : lundi 12 mars 2018 18:43
À : Jeremstar Officiel
Objet : Islande

Salut Jéré,
As-tu eu mon dernier mail ?
J'aimerais quand même que tu me donnes de tes nouvelles ; d'autant plus que tu m'en as fait la proposition avant ton départ en voyage… J'ai tenté de te téléphoner, mais comme d'habitude, silence radio.

J'espère que tu vas bien, que tu es bien arrivé en Islande ; que tu pourras recharger tes batteries et regonfler ton moral.
Réponds-moi, s'il te plaît. Donne-moi de tes nouvelles.
Bises !

De : Jeremstar Officiel
Envoyé : mardi 13 mars 2018 00:08
À : G g

Salut Zeuillon... Oui, je sais que c'est compliqué de me joindre. Je suis assez détaché de mon téléphone depuis cette polémique. Mais je pense souvent à toi. Promis, je t'appelle quand je reviens d'Islande.
Je rentre ce week-end. C'est un bon bol d'air pur et ça me change bien les idées.

De : G g
Envoyé : mercredi 21 mars 2018 10:12
À : Jeremstar Officiel
Objet : Re : Re salut Zeuillon

Coucou !
J'ai été heureux aussi de t'avoir au téléphone hier. Je sais que tu es un garçon intelligent et que tu vas réussir d'autres choses en ne restant pas sur les moments cauchemardesques que tu as vécu. Je ne suis pas trop inquiet pour toi.
Je t'embrasse très fort, mon Zizou des peluches !
Ton papa qui t'a… lol

De : Jeremstar Officiel
Envoyé : mercredi 21 mars 2018 01:32
À : G g

À moi aussi, cela m'a fait plaisir, de t'avoir au téléphone hier.
Je t'embrasse, ton fils qui t'...... Lol

REMERCIEMENTS

C'est dans les mauvais moments qu'on prend conscience de beaucoup de choses. Entouré de faux amis et de personnes néfastes, il n'y a pas eu grand monde de présent pour moi pendant cette sombre période.

Je voudrais remercier en premier lieu mon chéri, Lorenzo. Sans toi je n'aurais pas eu la force d'affronter tout ça. Merci à toi, ma beauté, d'avoir été si présent pour moi, parfois en t'oubliant toi-même. Merci pour ta présence rassurante, ton dévouement et ta patience. Il n'y a qu'avec toi que j'avais envie d'être à ce moment-là et personne d'autre n'aurait pu m'aider. Je n'oublierai jamais ce beau cadeau que m'a fait la vie : toi. Je t'aime très fort.

Merci à Clarisse Mérigeot, ma protectrice. Tu as parfois des mots durs et un caractère de feu, mais je sais que sans ta bienveillance et ton implication, je n'en serais pas là aujourd'hui. Je suis fier et heureux de t'avoir auprès de moi.

Merci à Mathilde Cassaignau.

Merci à ma petite maman d'avoir été présente d'une façon si touchante que j'en verse encore des larmes en écrivant ces lignes. Ton aide m'a été précieuse et m'a rempli le cœur de bonheur. Nous ne nous sommes pas souvent dit « je t'aime » par pudeur, mais j'aimerais te le crier fort.

Merci à mon papa d'avoir été si bienveillant et à mon écoute. J'ai été très touché que tu fasses de cette injustice une affaire personnelle, jusqu'à vouloir aller au front pour me défendre. Tes mots ont eux aussi contribué à apporter un peu de lumière quand tout était noir. Je t'aime, Zeuillon.

Merci à mes amis pour leur soutien et à ceux qui m'ont entouré comme ils ont pu : Loïc, Cécilia, Lorène, Sabrina, Mathilde, Raquel Garrido, Caro. Merci à Emma pour ces petites soirées jeux de société, qui m'ont tant changé les idées pendant ces affreux mois. Merci à ceux qui ont pris de mes nouvelles également (parfois de manière inattendue).

Merci à mon éditeur Hugo & Cie de m'avoir donné la possibilité de livrer la vérité et d'entamer mon nouveau combat : celui que je mènerai toujours contre le harcèlement numérique.

Enfin, merci à mes Jeremstarlettes. C'est surtout grâce à vous que j'ai trouvé la force de me battre et de revenir. Je vous aime énormément. Vous êtes mes confident.e.s et mon moteur. Vous êtes toujours bienveillant.e.s lorsque je vous rencontre ou lorsque j'échange avec vous sur les réseaux sociaux et ça, ça n'a pas de prix. Je suis extrêmement fier d'avoir une si jolie communauté. Je ne saurais même pas comment vous remercier tant votre soutien illumine ma vie. Je vous aime du plus profond de mon cœur.

Au moment où ce livre part à l'impression, nous apprenons que :

Aniss Zitouni a été mis en examen le 8/01/2019 pour diffamation et injures publiques.

Annoir Sinnaour devait faire l'objet d'une mise en examen au mois de mars 2019 pour diffamation publique et injures.

Le magazine *Public*, sa directrice de la publication Claire Leost et le journaliste Loic Torino-Gilles devaient faire l'objet d'une mise en examen au mois de mars 2019 pour diffamation publique et injures.

L'administration judiciaire est lente, mais justice sera faite.

LES CONTACTS IMPORTANTS

Mon site : http://Harcelement.online

Harcèlement scolaire :

- Le site officiel de l'éducation nationale : https://nonauharcelement.education.gouv.fr/
- La page facebook : https://facebook.com/nonauharcelementalecole/
- Tu peux appeler le 3020.

Harcèlement numérique :

Si tu es victime de cyber harcèlement ou de cyberviolences tu peux appeler le 0800 200 000 et consulter le site e-enfance.org

CHAPITRE INÉDIT

Après avoir subi l'enfer, je vis ma meilleure vie !

Quand le livre *Jeremstar, la Vérité* est sorti ; un producteur m'a convié dans ses bureaux pour me proposer de faire de son lancement quelque chose de fou et d'inédit. Un pari insensé. Un interrogatoire policier, mené en direct, sur la scène d'un théâtre prestigieux. Bobino. Il était question, m'a-t-il expliqué, d'organiser « un événement aussi hybride que spectaculaire » : une petite pièce, suivie d'une conférence de presse interactive et d'une dédicace de plusieurs heures.

« Pardon ? » J'ai réagi sur-le-champ. *« What the hell is going on ! »*

Depuis le temps que je rêvais de faire une réapparition publique digne de ce nom…

I was back, quoi. *I was ENFIN back* !

Mais vous connaissez ma propension à être défaitiste, les loustiques ! Je vous passerai donc la suite… Les irrémédiables « qu'est-ce que je vais faire ? », « comment je vais faire ? », « qu'est-ce que je vais dire ? »… Ces quelques questions ont acquis, au fil des années ; le statut de *running gag* au sein de mon entourage. « Personne ne viendra, je répétais ; car soyons honnêtes : j'ai été absent de la vie publique pendant trop longtemps ! Les gens ne m'aiment plus, voire pire ! Il se peut qu'ils m'aient carrément oublié ! »

Je me rappelle avoir quitté ce rendez-vous la tête basse, tout persuadé que j'étais que ça ne marcherait pas. « Le producteur va péter un câble, je me revois dire dans la voiture du retour. Le peu de notoriété qui me reste s'éteindra dans un vaste fiasco ! *Et pschiiiiit, Jérémy !* »

Est-il par ailleurs nécessaire de préciser que je m'attendais au pire ? Me faire agresser, siffler, huer… Pour parler simple, j'étais terrorisé. D'autant que les délais étaient courts. J'avais à peine plus de deux mois pour convaincre neuf cents personnes de venir me rencontrer à la seule force de mes réseaux… Sans compter qu'il fallait que je trouve quelqu'un pour « brûler les planches » avec moi !

Pour m'accompagner, j'ai tout de suite pensé à ma copine Enora Malagré. Son nom m'est venu d'instinct, comme ça… Pourquoi ? Parce que je l'imaginais parfaitement dans un rôle de fliquette agressive, je sais pas… Je trouvais qu'elle avait ce côté un petit peu… Roquet ! Du coup, je la voyais très bien me hurler dessus comme un putois et, pour une raison que j'ignore, cette idée m'enchantait.

Je ne pense pas m'être trompé en la choisissant pour mimer ce qui devait représenter une version « comique » du pire moment de mon existence médiatique. Un interrogatoire, rendez-vous compte ! Dans un contexte aussi lourd, j'avais désespérément besoin de légèreté et je pressentais qu'elle contribuerait ; par sa personnalité si pétillante, attachante et vive, à ôter à la situation un peu de sa gravité.

Comment vous dire, mes Jeremstarlettes ? Je l'adore, ma petite Enora. C'est une fille auprès de laquelle je me sens en confiance. Je la sais douce, marrante. Surtout, Enora avait un peu de l'expérience du théâtre de boulevard qui me manquait.

Je ne vais pas vous mentir, les loustiques. Mes souvenirs de cette période sont flous tant elle a été pour moi angoissante. Mais je me rappelle le jour où je suis venu la rencontrer dans ses bureaux, pour lui faire découvrir son texte. Quand Enora était détendue et qu'elle avait toute confiance en la qualité de mon futur spectacle, j'ai, pour ma part, fondu en larmes… Avant même de me lancer dans la lecture des premières lignes.

– Qu'est-ce qui se passe ? elle m'a demandé.

J'ai pleuré comme jamais, les loulous ; je vous le promets.

– J'en peux plus, je lui ai lancé. J'ai l'impression que je vais pas y arriver.

Ce qu'a fait Enora à ce moment-là, je ne l'oublierai pas. Elle m'a pris dans ses bras.

– Calme-toi ! elle m'a dit. T'inquiète pas, mon chat… Moi, je suis fière de toi. Le texte est bien chiadé… Moi je sais qui c'est, le vrai Jérémy ! Et en vrai, j'ai hâte que vous voyiez ce qui se cache derrière le polo de ce petit gars, là, a-t-elle ajouté en me tapotant la poitrine du bout du doigt. Ce grand cœur, là…

Bien avant de monter sur scène à mes côtés, le premier rôle qu'a joué Enora auprès de moi a été celui de la bienveillance. Et aussi ridicule que cela puisse sembler, ce jour-là, cette jeune femme, bien qu'à peine plus âgée que moi… a été une mère pour moi. Tel Romulus et Remus, j'étais prêt à lui manger la tétine pour en extraire du lait !

Pour ce qui est de mon spectacle à Bobino, vous apprendrez que la mise en scène s'est faite sur place. La salle nous a été mise à disposition pendant deux heures… La veille. En mode improvisation totale. Et je la revois, ma petite Enora… Venir ce jour-là en pleine crise d'endométriose ; répéter le temps qu'elle a pu tenir, une heure ; dans des circonstances abominables. Quand n'importe qui m'aurait dit « Non, je suis désolée, mais je suis trop malade, là ; je peux pas », ma copine était là pour moi. Sans se plaindre un seul instant, malgré l'affreuse douleur qui lui tiraillait les entrailles. Quelle fabuleuse leçon de courage !

Alors voilà. Puisque le moment s'y prête, j'aimerais profiter de ces quelques lignes pour m'adresser à elle directement… Nous y sommes, Enora. J'aimerais te dire merci d'avoir été pour moi d'un soutien indéfectible pendant la mise en place de ce grand défi qui devait définir ce que serait la suite de ma vie ; ce moment charnière, cet instant clé de ma carrière… Merci à toi, louloute. Du plus profond de mon cœur. Tu m'as permis de continuer à y croire. Tu m'as rassuré. Grâce à toi et par toi ; je me suis senti écouté, consolé, cajolé, câliné… Comme j'en avais éperdument besoin à ce moment de ma vie. Tu as été la main tendue. Tu as été l'épaule. Ta sincérité, ta sensibilité et ta fidélité m'ont ému. Si je garde de mon passage à Bobino un souvenir aussi agréable et empreint de nostalgie ; c'est en partie grâce à toi.

Il faut dire que j'étais tellement angoissé, le jour J ! Caché derrière le rideau de la scène, je me souviens avoir longuement scruté mon public, que j'imaginais perdu à jamais ; venir me retrouver comme si nous ne nous étions jamais quittés. Je ne saurais vous décrire ce sentiment autrement qu'un immense soulagement.

Bon… Je n'ai pas pu m'en empêcher, j'avoue… Je n'ai pas pu m'interdire d'y passer la tête une fois… Puis deux… Puis trois… Quitte à susciter la colère de mon producteur. « Car enfin, me disait-il ; ces choses-là ne se font pas ! La star n'apparaît pas avant que le rideau soit levé ! » Par ailleurs, que m'importait, j'avais besoin de me rassurer, je crois ;

de faire le plein d'une énergie aussi positive que merveilleuse.

– Oh la la, je sais pas si ça va vous plaire… Je sais pas si je vais y arriver ! j'ai lancé.

– Mais siiiiiiiiiii ! ont hurlé les premiers rangs d'une seule voix.

Ma Communauté était bel et bien là, chauffée à blanc. Elle applaudissait déjà à tout rompre alors que je n'avais pas entamé mon show ! Et c'était la foire d'empoigne, dites-vous ! Les placements n'étant pas nominatifs, mes Jeremstarlettes se jetaient comme des affamées vers les premiers rangs, pour être au plus près…

Bobino s'est joué un samedi et sachez que ce samedi m'a redonné autant foi en l'humanité qu'en moi.

En ce 6 avril 2019, donc ; entre 11 heures et 17 heures ; les gens n'étaient pas devant Netflix, non ! Ils étaient bel et bien venus retrouver leur Jéjé, dont ils avaient, à leur goût, été trop longtemps privés.

Je me visualise dans ma loge. Pardon pour ce détail un brin scabreux, mais j'ai eu le temps d'uriner, allez… Soyons généreux… Quinze fois ? Sans doute était-ce le trac ; mais ce jour-là, je dois bien avouer que ma vessie était aussi pleine que l'était la salle !

Allers-retours incessants aux toilettes, stress, refus d'ingérer toute boisson quitte à en avoir la gorge desséchée… J'imagine que mon sordide manège intestinal a dû m'occuper trois bons quarts d'heure… Mais poursuivons. Sans que j'aie seulement eu le temps de dire ouf ; le producteur s'est présenté à moi. Il m'a tendu un micro-casque. Oh, je me le rappelle bien, ce micro-casque ! Cela vous semblera peut-être dérisoire, mais pour moi… Quand il me l'a donné… Je me rappelle m'être instantanément dit que j'étais Lady Gaga, ou bien soyons fous… Florence Foresti ! J'ignore si vous le comprendrez, mais j'ai eu l'impression d'enfiler quelque chose que je décrirais comme une mue de serpent… Une nouvelle peau pour une nouvelle vie !

Alors, j'ai regretté, je l'avoue, de ne pas porter une tenue à la Mylène Farmer, et d'apparaître aux yeux de mon public descendant du ciel ; vêtu d'un costume couvert de paillettes dorées… Qu'à cela ne tienne : ce jour-là, je n'étais certes que moi-même, mais j'étais infiniment heureux et fier.

Je me rappelle avoir fait des mouvements dans le couloir des loges. Ce couloir aux tentures rouges, dans lequel Dalida avait déambulé, tout comme moi.

« Bonjour, je m'entraînais. Je le hurlais : BONJOUR ! » C'est à ce moment que j'ai réalisé : ce casque était devenu une nouvelle partie de moi dont je ne pourrais plus jamais me séparer. Il était devenu mon Instagram, mon Snap, mon téléphone ; l'extension de moi-même qui serait la plus essentielle à ma vie désormais. Ce micro-casque ne servirait pas qu'à amplifier ma voix, non. Il SERAIT ma voix. Mieux encore, il symboliserait le restant de mon existence.

Ensuite, tout s'est enchaîné. Il a bien fallu y aller. « OH MY GOD », j'ai pensé. Je vous raconte pas la PANIQUE… Je me revois avec Enora, en bord de scène. Le rideau était levé. J'avais également pris un ami à moi, que mes Jeremstarlettes connaissent sous le nom de « roi du silence », pour jouer le rôle d'un policier.

Il faut m'imaginer, les loustiques… Trépignant d'impatience, tremblant de peur, doutant, pleurant ; réclamant d'aller aux toilettes, encore.

Je me souviens après cela de câlins, de mains posées sur moi, d'une énergie que je n'avais jamais connue jusque-là. En mode torero à deux doigts d'entrer en corrida : « Allez, c'est ton moment, vas-y, mon gars ! »

Retour en images. *Vue de la coulisse. Côté Cour. Intérieur jour.* Les lumières s'allument. La régie lance une bande préenregistrée. Il y a une musique dramatique, il y a une voix. « Oh putain, je lance d'instinct. Merde ! C'est à moi ! »

Le micro était branché et toute la salle en a profité. Tout mortifié que j'étais, les gens ont hurlé de rire. Et ce qui était à la base une erreur technique est devenu un grand classique *à la Jeremstar*. Surtout, cette bourde m'a permis de réaliser que mon public m'était acquis. La glace était brisée, le silence rompu.

C'est alors que j'ai compris. Je m'étais fait tout un monde pour rien, ENCORE. Je n'avais pas grand effort à fournir pour faire rire, au bout du compte… Sinon celui d'être désespérément moi-même et de me livrer à mes pitreries les plus habituelles.

Mais c'est une fois sur scène, que j'ai saisi à quel point ma Communauté m'aimait. Jamais je n'aurais pu le soupçonner. Ce que j'ai vécu, cette fabuleuse décharge d'amour, de partage, de confiance, de passion… Tout cela m'a dépassé totalement. C'était un truc de fous, tout simplement !

Au premier rang, quand je pleurais, les gens pleuraient. Ils en venaient même à anticiper les dialogues, et jouer à ma place des lignes que j'ignorais moi-même deux jours avant de me présenter sur scène ! Ils me défendaient comme si leur vie en dépendait et, comble du comble, s'insurgeaient contre Enora comme si elle était une vraie policière ! En l'insultant !

J'étais aussi ému que perplexe. C'était hallucinant. Tout pris qu'ils étaient dans le jeu, les spectateurs étaient devenus des témoins à décharge, des manifestants prêts à sacrifier leur vie pour que soit enfin lavé mon honneur.

– Mais pourquoi vous voudrait-on tant de mal, monsieur Jeremstar ? lançait Enora.

Et vas-y que ça répondait :

– Parce que t'es trop drôle.

– Parce que t'es trop beau.

– Parce que les gens sont que des jaloux, voilà tout !

À chacune des questions de ma fliquette d'opérette, des voix indignées s'échappaient de la masse de mes admirateurs. Par la magie du spectacle, j'étais à la fois devenu leur fils, leur frère, leur meilleur ami. Cette profusion de sentiments sublimes m'a laissé émerveillé.

J'ai vécu un moment de grâce, les loustiques. Mon public et moi étions en parfaite harmonie. Il comprenait mes angoisses. Il vivait mes appréhensions. Il ressentait ma douleur jusqu'à éprouver le besoin d'intervenir pour me défendre des injustices qu'on m'avait infligées. Moi qui pensais avoir été oublié, j'ai découvert que notre proximité n'était que renforcée. Au final, mes larmes coulaient sur les visages des membres de ma Communauté, en lieu et place de ravager mon maquillage : la chose n'est-elle pas formidable ? Mes fans étaient devenus neuf cents exemplaires de moi ; neuf cents copier-coller de chair et de sang qui ressentaient, par un miracle que je peine toujours à m'expliquer ; les plus intimes de mes émotions.

Alors j'ai fait durer le « show », les amis. Je l'ai fait durer, durer… Jusqu'à, peut-être, lui conférer quelques longueurs indigestes… Il m'arrivait, par moments, de voir ma pauvre Enora être à deux doigts de s'écrouler d'inquiétude sur son bureau en me voyant broder… Il arrivait même que ma copine, qui avait le texte sous les yeux ; s'en serve pour me faire rebondir urgemment. Elle avait sans doute peur que je fasse durer le truc, par pur plaisir, jusqu'au bout de la nuit.

À Bobino, Enora aura également joué ce rôle, donc ! Elle aura été mon souffleur, regardant indéfiniment le temps passer ; jusqu'à me couper de manière brutale quand, trop souvent, je m'égarais.

Quand je me suis rendu compte que le moment était venu de saluer les gens, sous leurs applaudissements ; j'ai ressenti un profond déchirement. Bobino n'avait, à mon sens, pas duré assez longtemps. Au-delà de ça, j'ai été pris d'un bonheur immense. Au sortir de scène, si vous saviez comme je me sentais léger ! Cette petite prestation avait suffi à tirer un trait définitif sur mon affreux passé. Et puis ma mère était là, et je n'en reviens toujours pas. Je ne sais pas si vous réalisez, mais ce jour-là, elle a pris son train toute seule depuis Lyon pour venir me voir. Elle est allée à la gare. Elle est montée dedans, toute seule… Je n'y croyais pas : faire Lyon-Paris, aller-retour ; rien que pour moi, alors qu'elle ne connaissait personne…

Après le show, elle est venue me voir dans ma loge. Elle qui ne s'était jamais intéressée à ce que je faisais, voici qu'elle semblait fière. « Tu gaspillais ton temps, elle m'a dit. Tu étais fait pour la scène ! Je l'ai toujours su, Jérémy ; depuis que tu étais petit. » Le monde est fait d'une bien curieuse façon : j'ai l'impression que c'était la première fois qu'elle décelait chez moi quelque chose qui méritait qu'elle y accordât de l'attention. Elle était très émue, ce jour-là, ma mère. Tout comme moi. Et je voudrais vraiment en profiter pour lui redire que j'ai été touché par sa présence et que je l'aime.

Pour ce qui est de la suite, vous la connaissez, les loulous… Bobino a été une révélation. Après la représentation, j'ai eu la chance de pouvoir rencontrer chacun des spectateurs présents. Tous me répétaient à quel point j'avais été bon. « À quand ton *one man show* ? » me demandait-on. Allons bon ! J'ai pris sur moi de demander au producteur – en toute humilité, cela s'entend –, de m'organiser une tournée…

« OK, camarade ! » m'a-t-il répondu de but en blanc.

Alors j'avoue… Je ne peux m'empêcher d'avoir une pensée émue pour les jeunes humoristes qui se trouvent contraints de jouer dans des caves pour dix personnes quand on m'offre d'emblée les théâtres les plus merveilleux… Aussi injuste que cela puisse paraître, c'est ainsi : j'ai toujours bénéficié d'une chance insolente dans ma vie. Depuis le début de ma carrière, je savais que je ne patinerais pas dans la bêtise pour le restant de mon existence médiatique.

Je peux désormais vous l'avouer, les amis : mes choix ont été stratégiques. J'ai sacrifié dix années de ma vie à me construire un public à coups de ragots ;

comme l'aurait fait un maçon, brique par brique ; dans l'ultime but de lui offrir un jour quelque chose de décent. Et c'est désormais le moment.

Peut-être que vous l'ignoriez, mes Jeremstarlettes ? Je suis un comédien né. Toute ma vie j'ai voulu faire rire. C'était ma principale préoccupation, mon unique vocation. Monter sur scène. Je nourrissais ce désir depuis longtemps, finalement… Et si je n'avais jamais eu le courage de l'envisager ; aujourd'hui, je regrette d'avoir autant patienté.

Laissez-moi vous raconter une histoire qui vous amusera sans doute, les loulous. Chez ma grand-mère, quand j'avais six ou sept ans ; je mimais des personnages pendant de longues représentations. Pareil quand mes parents invitaient des amis dîner à la maison. Je prenais les gens en otage pour leur infliger d'interminables spectacles de marionnettes… Quand je ne jouais pas avec eux à la maîtresse ! Je les soumettais alors à des dictées. N'y mettaient-ils pas du leur ? Je n'hésitais pas à les coller au piquet. Et Dieu sait que j'adorais ! Je dessinais moi-même des tickets, que je distribuais à ces malheureux que je confinais dans ma piaule pour la soirée. À chaque repas de famille, ou alors entre amis ; j'aimais faire le clown, raconter des âneries… La seule chose qui me procurait satisfaction dans mon entourage, c'était de réussir à faire rire.

Mais revenons-en à nos moutons. Si vous saviez ce que je me suis rendu malade, pour ce *one man show* ! Dieu que j'ai souffert !

« Jeremstar, enfin sur scène. Sa vraie story. » Ça n'était pas Bobino, non. C'était un vrai spectacle, cette fois. Pas une saynète quasi improvisée. Chaque seconde devait en être maîtrisée. Chaque ligne de son texte, au mot près. Un défi de cette ampleur ne se pipeaute pas, en vrai ; et je ne l'ai appris que de manière trop brutale : la Comédie est un métier. Entre les lumières et le son, impossible de se contenter d'un pathétique à peu près.

Pour dire vrai, quand je révisais le bac, je m'y prenais la veille parce que j'angoissais à l'idée d'apprendre… Alors je vous laisse imaginer la panique, les loustiques… Entre crises d'angoisse, diarrhées intempestives, mains moites ; je ne cessais plus de cauchemarder. Chaque nuit, mon spectacle était un fiasco. La mémoire me faisait défaut. J'étais incompétent, nul ; les gens se levaient de leurs sièges, ils s'en allaient. Et voici que je me réveillais invariablement désemparé, tout persuadé que j'étais d'avoir vécu la scène pour de vrai.

Je me levais alors en me disant que je devais redoubler d'efforts pour que tout cela n'arrive jamais. Ces cauchemars m'auront servi d'avertissement, finalement : aussi bien contre l'angoisse que contre ma procrastination habituelle.

Jamais je n'aurai autant travaillé de ma vie, les amis ; vous n'avez pas idée. Que ce soit dans l'avion, quand je partais voir ma mère pour Noël à Lyon ; ou bien dix minutes avant le réveillon… Il m'est même arrivé de me laisser des pense-bêtes dans mon propre appartement ! Je collais des Post-it sur mon frigo ; parfois même jusque dans mes assiettes. J'y notais le contenu des quelques séquences clés que j'avais tendance à oublier. Sans trop vous en dévoiler sur le contenu de mon show, chacune des pièces était consacrée à un sketch !

Vous allez rire, mais l'espace des quelques semaines qu'a nécessité l'apprentissage de mon texte, je suis redevenu le gamin turbulent que j'étais quand je hurlais seul dans ma chambre d'enfant, jusqu'à ce que les voisins de ma mère viennent toquer à sa porte pour lui demander si je souffrais d'un retard mental quelconque.

On se demandait ce qui se passait chez moi. On sonnait.

« Je suis en répétitions, je répondais à mon voisin de palier. L'artiste travaille ! *Back to the business, bitches !* Aucune perturbation émanant de l'extérieur ne lui est supportable ! » Après quoi je lui claquais la porte au nez. « Voilà, je n'ai pas le temps. Tout à fait cordialement. » M'a-t-il pris pour un fou ? Je l'ignore. Toujours est-il que depuis que mon *one man show* a entamé sa tournée et qu'il m'arrive de le croiser, celui-ci me salue respectueusement maintenant.

Vous n'imaginez pas, les loustiques ! Pour être honnête, mon texte, je le connaissais tellement par cœur que j'en venais parfois à m'interroger. « Mon Dieu ! je me demandais, qu'est-ce qui va se passer quand je le jouerai devant un public pour de vrai ? » Je craignais qu'il n'y ait plus la moindre surprise. J'avais peur de finir blasé. Mais ça n'est pas ce qui s'est passé. Face à vous, mon texte prend à chaque représentation une nouvelle dimension. Grâce à ce que me transmet le public, grâce à son émotion. Je me souviens de l'énergie de chaque ville et du visage de chacune d'entre vous, mes Jeremstarlettes adorées ! Et je sais qu'il en sera de même pour chacune des dates que m'offrira ma merveilleuse tournée. Surtout, je n'ai plus peur de monter sur scène. Et si je dois vous parler en toute franchise, c'est l'idée de devoir jouer un jour une dernière date, qui me laisse terrifié.

Vivre ces moments de partage me comble de satisfaction. Je suis fou de bonheur et tout heureux que je suis, j'ai l'impression d'avoir été vacciné contre les coups du sort. C'est vrai. Maintenant qu'on m'a tout fait, plus rien ne me surprend jamais. Je me consacre à des projets qui m'enrichissent. J'ai l'impression d'avoir trouvé un peu de cet équilibre, qui a trop longtemps manqué à ma vie…

Au moment où vous lisez ces quelques lignes, mon spectacle *Seul en Scène* tourne dans toute la France. J'ai déjà assuré mes premières dates : à Rennes, à Lille, à Strasbourg… Je me trouve à nouveau derrière un rideau, à regarder la salle se remplir. Les vents ont tourné et je sens qu'ils me sont plus favorables que jamais. Pour la première fois de ma vie, des gens sont venus applaudir mon talent. « Mon talent », je dis bien : quelle révolution !

À ce sujet. Je réalise en ce moment que mon public est en pleine mutation. Il grandit avec moi, il évolue au gré de mes aventures… Et s'il y a un truc dont je suis fier, laissez-moi vous dire que c'est bien de ça !

Ma Communauté était-elle, un temps, éprise de téléréalité ? Je lui ai raconté chacun de ses travers pour l'en protéger. Vit-elle aujourd'hui au rythme des influenceurs qui envahissent ses smartphones ? Je m'efforce de la mettre en garde contre leurs arnaques et de lui expliquer que « l'influence » – quoi que ce mot puisse bien vouloir dire –, n'est pas un métier.

Jusqu'à présent, je m'étais raconté dans des livres, sur ma chaîne YouTube, dans mes snaps… Ce que je vous propose aujourd'hui, c'est une interaction totale, sans aucun intermédiaire. L'écran de mon téléphone s'est brisé. Il ne nous sépare plus désormais. Il y a vous. Il y a moi. Puis il y a le son de ma voix tel qu'il est : parfois ému, souvent tendu, mais toujours comblé, sans qu'aucune 4G n'ait le mauvais goût de le déformer. Il n'y a plus rien de virtuel, cette fois, du réel, uniquement du réel.

Ce spectacle, je l'ai voulu à mon image. Il est à la fois drôle et grave. Si vous venez me voir jouer, et je ne peux que vous y inviter ; je vous promets tout un panel d'émotions. Vous rirez, oui… Mais vous en sortirez aussi déroutés.

Ce que je vous offre dans ce *one man show,* c'est ma vision du monde. Ce sont les secrets de mon cœur. Mon parcours, semé d'autant d'embûches que de bonheurs.

Si je devais tirer une leçon de tout cela, c'est qu'il faut toujours croire en soi. Ne jamais renoncer à ses rêves. N'en suis-je pas la preuve formelle ?

Toute ma vie, j'ai l'impression d'avoir attendu, tapi dans l'ombre, le moment d'embrasser ma vocation. Rien n'arrive par hasard et j'aimerais que chacun d'entre vous sache qu'aucune ambition n'est jamais ridicule, que tout est possible pourvu qu'on soit travailleur et patient.

Toi, par exemple, qui es en train de me lire… Tu veux devenir la première femme Président de la République ? Mets-y toutes tes tripes.

Quant à toi, qui doutes de toi… Construis ton existence en fonction de tes choix. Je sais que des milliers de possibilités de carrière sont à la portée de tes bras.

Je ne me lasserai jamais de le répéter à ma Communauté : si vous avez un talent, ne regardez pas le train passer. Donnez-vous les moyens d'exister.

Être heureux dans la vie, c'est faire ce qu'on aime, et je vous conjure de trouver dans chacun de vos désirs une possibilité d'épanouissement personnel.

Abandonner, subir… Je trouve que ces mots ne devraient faire partie d'aucun vocabulaire.

Trop de gens de mon entourage sont malheureux d'avoir renoncé à leurs aspirations et s'imposent une existence qui ne leur convient pas. Pourquoi n'agissent-ils pas ? Par fainéantise, sans doute. À moins que ce ne soit par lâcheté, ou par peur…

Le destin n'est-il pas une chose aussi imprévisible que merveilleuse ? Après avoir subi l'enfer, je vis ma meilleure vie. Oserai-je dire à quel point je suis content que se soit opérée une rupture aussi radicale dans ma destinée ? Le temps de respiration aussi abominable que forcé, que vous connaissez ; m'a permis de remettre en question mon existence d'artiste.

Le Jeremstar d'aujourd'hui est un Jeremstar tourné vers l'avenir. C'est un jeune homme qui a l'ambition permanente d'aller toujours « plus loin ». Maintenant, dites-vous que je me prends même à m'imaginer dans des films !

Au moment où vous découvrez ces pages inédites c'est un nouveau chapitre de ma vie qui s'ouvre. Ce qui vous semble ici être une fin – un texte qui vient parachever mes deux derniers bouquins – est en fait une renaissance. Quoi qu'il puisse m'arriver, quelles que soient les merdes que l'univers puisse encore décider de m'infliger, sachez que Jeremstar ne cessera jamais d'exister. Il fourmille de vie et d'idées.

Maintenant, j'aimerais vous parler d'un fantasme qui ne m'a jamais quitté. Faire l'Olympia, les loustiques… Oui, oui, vous ne rêvez pas ! L'Olympia !

Et puisque nous en sommes à tout nous dire… Vous apprendrez qu'il y a quelques années, j'ai été approché par un producteur véreux, qui a profité de ma naïveté… Bref. Pour forcer ma signature, ce malfrat m'avait juré que je m'y produirais. Le moins qu'on puisse dire, c'est que ce mufle a mis du cœur à m'embobiner ! Il a même poussé le vice jusqu'à m'envoyer par mail des simulations visuelles, sur lesquelles apparaissait mon nom, en d'immenses lettres rouges ; sur la devanture de l'édifice adoré.

« JEREMSTAR À L'OLYMPIA »

Des étoiles plein les yeux, je me suis laissé berner… Mais finissons-en avec cette histoire sordide. J'ai attaqué le type en justice, et n'en déplaise à ce malotru ; je suis aujourd'hui en haut de l'affiche !

Quelques mois après cet incident fâcheux, je réalise surtout que l'idée était loin d'être absurde. Je le ferai un jour, mon Olympia ! D'ailleurs, je vous invite à m'y aider, si vous le voulez… Que diriez-vous de vous mobiliser pour m'aider à prendre ma revanche sur le sort ? Je suis sûr que vous pouvez faire de ma première tournée un succès qui m'ouvrira les portes de cette salle que j'ai si ardemment désirée. Et si la chose venait à arriver, les loulous ; je vous en fais ici la promesse solennelle : sur la façade de l'Olympia n'apparaîtra pas l'inscription « JEREMSTAR » seule, cette fois… Mais bien « JEREMSTAR ET SES JEREMSTARLETTES » ! Car c'est à vous que je dois tout, n'est-ce pas ?

TABLE DES MATIÈRES

MA BIOGRAPHIE OFFICIELLE

LA VÉRITÉ, TOUTE LA VÉRITÉ

Composition et mise en pages
Nord Compo à Villeneuve-d'Ascq